教育硕士（语文）专业学位系列教材

语文教育研究方法

主编　徐林祥

副主编　屠锦红　乔　晖　许　艳

华东师范大学出版社

·上海·

图书在版编目（CIP）数据

语文教育研究方法/徐林祥主编. —上海：华东师范大学出版社，2010
教育硕士（语文）专业学位系列教材
ISBN 978 - 7 - 5617 - 7770 - 1

Ⅰ.①语… Ⅱ.①徐… Ⅲ.①语文课－教学研究－中小学 Ⅳ.①G633.302

中国版本图书馆 CIP 数据核字（2010）第 093274 号

语文教育研究方法

主　　编　徐林祥
副主编　屠锦红　乔　晖　许　艳
责任编辑　赵建军
责任校对　施　玮
装帧设计　卢晓红

出版发行　华东师范大学出版社
社　　址　上海市中山北路 3663 号　邮编 200062
网　　址　www.ecnupress.com.cn
电　　话　021 - 60821666　行政传真 021 - 62572105
客服电话　021 - 62865537　门市（邮购）电话 021 - 62869887
地　　址　上海市中山北路 3663 号华东师范大学校内先锋路口
网　　店　http://hdsdcbs.tmall.com

印刷者　江苏扬中印刷有限公司
开　　本　787 毫米 ×1092 毫米　1/16
印　　张　15.25
字　　数　332 千字
版　　次　2010 年 6 月第 1 版
印　　次　2025 年 1 月第 11 次
书　　号　ISBN 978 -7 -5617 -7770 -1/G · 4504
定　　价　32.00 元

出 版 人　王焰

（如发现本版图书有印订质量问题，请寄回本社客服中心调换或电话 021 -62865537 联系）

序

　　一门学科的发展,首先在于研究方法论的突破。随着社会的根本转型与变革,中国语文学科的改革、发展与重建必须重新审视与思考学科自身的研究方法论问题,这就必须着力于提升语文教育研究工作者的研究意识和研究能力,凝炼学术群体共同的研究问题,基于语文教育的变革性实践,从而取得学科发展的根本性突破。这是近几十年来,我国广大教育工作者反复思考与探索的一个重要问题。

　　考察中国教学思想与教学实践的发展史,中国语文学科的教学方式经历了"积累"、"训练"、"陶冶"三个发展阶段。特别是近百年的改革探索,中国的语文教学观,从关注学生语言材料的积累、学生知识与技能的培养,到关注学生个体生命体验的尊重和学生整体语言素养的达成,实现了从"工具论"向"发展论"的根本性转换。语言学习与伦理教化相结合,工具性、人文性、文化性相统一,逐渐形成中国语文教育的重要特色及教学传统。也正是依据变革性的教学实践,广大教师开始确立现代教育观念,认识到:现代语言学习的发展观体现为学习的选择性、实践性、社会性和创新性;现代语言学习是在实践、交往活动基础上的"价值引导"与"自主建构";现代语言学习是一种建构性与生成性的文化。

　　目前的问题是,中国的语文教育现代化发展面临诸多困惑和问题。例如,语文课程与教学中的语文工具性和人文性的统一问题,这关系到对语文学科性质的再认识。又如,语言学习的内在机制与学习特点的认识问题,这一问题涉及言语学习的基本过程与学生言语学习的独特性,学生生活实践中言语学习的积累与领悟,言语互动的学习机制,对话和交往与学生言语能力的生成,不同的语文学习方式与教学策略的实效性,学生个性差异发展与教学策略的多样选择,语言的理性(概括性)与感性(艺术语言)关系及其培养,个人经验与言语的理解和表达,学生言语技能的有效训练,语言的"社会化"与"个性化"特色等问题。还有,基于不同的语言学习的实践性,"公共语言"、"他人语言"、"个人语言"三方的互动问题,语言学习教学的进程设计研究……人们渴望寻求解决这些问题的合理答案。由徐林祥教授主编的《语文教育研究方法》一书的问世,正是基于语文学科改革与发展的实际对时代发展要求的回应。

　　《语文教育研究方法》一书包括三个部分共16章。第一部分集中阐释了语文教育研究的基本理论,第二部分系统论述了语文教育研究的一般过程,第三部分全面介绍了常用的语文教育研究方法。该书力求在理论层次、内容组织和编写体系等方面,实现对原有框架的超越和突破。作为国内第一部以语文教育研究方法为主要议题的著作,与已有的大量的教育研究方法著述相比较,该书的特色在于:

一、是一部集中论述语文学科教育研究方法的研究著作

在内容的选择与设计上,该书紧密结合语文学科特点,围绕语文学科发展的若干基本问题展开深入探讨。特别是,该书将一般教育研究方法与语文学科教育研究相结合,将国内外教育研究方法的最新研究成果与语文学科教学的理论和实践相结合,运用了大量富有语文学科特点的研究案例,从而为构建新的语文教育研究方法体系做了很好的尝试。应该说,该书所体现的构建理论与指导实践的双重意义,将有助于从事或将从事语文学科教学研究的语文教育工作者了解语文教育研究的原理与过程,掌握语文教育研究的基本方法,提高语文教育科学研究的水平和能力。

二、是一本面向教育硕士专业学位研究生的教学用书

教育硕士是以教师职业为背景的有着特定内涵的专业学位,研究生都是参加工作几年甚至十几年的教师,他们有着丰富的一线教学经验。教育硕士专业学位课程的学习,定位于培养植根于教育科学专业知识、能融合学术有效性与职业有效性的"学者型"教师。教育硕士专业学位研究生需要了解并掌握开展实地调查、形成假设、设计实验、筛选经验、分析数据和科学论证等教育科学研究的过程与方法,进而提高科研意识,了解科研规范,确立科学精神,在现实工作中发现问题、研究问题、解决问题,在教育研究实践中最终实现由经验型向研究型、由教书型向专家型的角色与能力的转换。《语文教育研究方法》一书,适合这一特殊对象群体,对于语文学科教育硕士的专业成长无疑是有帮助的。

三、体现了教育研究方法课程学习的鲜明特点

该书的鲜明特点突出表现在:

(1)高的课程学习目标定位。作为现代社会现代意义的教师,不仅应该具有哲学家的理论思维头脑,而且应该具有进行科学研究的实际能力。他们会进行教育实验,有强烈的改革意识。他们应该是具有独立思考和创造革新精神的开拓性人才。因此该著作以为 21 世纪我国教育的发展培养改革家作为课程的指导思想,通过学习,使学习者具有一定的历史意识、现实意识、研究意识、方法意识以及学术规范意识,有一定的理论分析能力,以及进行教育科学研究的初步能力;同时了解当前国内教育改革信息以及一定领域的前沿研究课题,激发从事教育研究的热情,培养勇于探索创新、实事求是、严肃认真的科学态度。

(2)在语文教育研究的基本理论、研究的一般过程及具体研究方法分析的基础上构建课程内容体系,结构严谨,体系完整,内容丰富,且有诸多独到见解。

(3)关注研究技能的养成。通过个案研究、行动研究、叙事研究等方法使学习者真正把握进行课题的选题及论证、文献综述报告的撰写、进行调查研究和教育实验研究等方法的要领。

(4)力求理论与实际结合,强调系统学习方法论原理的同时加强实践环节。密切联系学校语文教育教学改革的研究实际,反映了国内语文教育改革鲜活的经验以及国外研究的新进展,有较强的现实针对性。

(5)体现研究性学习和探究式学习特点,教学与科研结合,加强典型案例分析,可读性强,有助于引导学习者实现从理论到行为的转换。

无论是一般的教育研究,还是语文学科的教育研究,均是一项复杂的系统工程。我们期待

本书的编著者在语文学科变革性实践的基础上,借鉴相关学科的研究成果,通过深入地实践探索和理性思考,在语文学科教育研究方法的理论构建方面不断取得新的认识成果,从而为我国教育研究方法论的发展做出贡献。

裴娣娜

2009 年 7 月 28 日

引　言

　　教育研究是以教育问题为对象,以科学方法为手段,遵循一定的研究程序,以获得规律性知识为目标的系统研究过程。教育研究方法是进行教育研究和构建教育理论的方式。

　　早在 2000 多年前,先秦儒家学者孔子、孟子、荀子就开始研究教育方法。据考为孟子学生乐正克所作的《学记》,总结了先秦儒家的教育经验,是我国乃至世界教育史上最早的教育学专著,其中就有许多关于教育方法的论述。

　　与教育方法的研究相比,人们自觉地从事教育研究方法的研究要晚得多。直至 20 世纪初,随着社会科学、自然科学研究方法的逐步丰富与发展,教育研究方法的体系才初步形成。教育研究不仅引进、移植了社会科学研究的调查法、历史法、文献法、比较法,也引进了自然科学研究的归纳法、实验法、统计法,从而奠定了现代教育研究方法的基本格局。

　　在我国,教育研究方法作为一门科学,可以说是"西学东渐"的产物,是在老一辈教育工作者借鉴西方教育研究方法的过程中逐步形成的。早期的论著有:罗廷光的《教育科学研究大纲》(中华书局 1932)、朱智贤的《教育研究法》(正中书局 1934)、钟鲁斋的《教育之科学研究法》(商务印书馆 1935)、陈选善的《三十年来教育中之科学方法》(载《教育杂志》1935 年第 25 卷第 8 期)和《教育研究法》(世界书局 1944)。这些论著是我国教育研究方法研究的第一批成果。

　　教育研究方法受到广大教育工作者的普遍重视,应该说是 1978 年改革开放以后的事。1985 年,瞿葆奎主编《教育学文集》,特设《教育研究方法》卷,该卷由叶澜、施良方选编,1988 年由人民教育出版社出版。全卷选文共 45 篇,其中国内外学者的论文分别为 21 和 24 篇,按内容分为五类:一是反映教育研究的历史与现状;二是有关教育研究方法论的探讨;三是阐明不同类型的教育研究方法的一般特征和原理;四是介绍常用的教育研究方法的操作原理和规则;五是教育研究成果的评定与推广。

　　自 20 世纪 80 年代开始,我国学者自己撰写的教育研究方法的专著和教材相继问世,丰富了我国教育研究方法的研究成果,提升了我国教育科学研究的水平,推动了我国教育科学的发展。其中有代表性的,如:陈震东著《教育科学研究方法》(人民教育出版社 1980 年版),李秉德主编《教育科学研究方法》(人民教育出版社 1986 年版),李方编著《现代教育科学研究方法》(广东高等教育出版社 1989 年版),叶澜著《教育研究及其方法》(中国科学技术出版社 1990 年版),赫德元、周谦编译《教育科学研究法》(教育科学出版社 1990 年版),董奇著《心理与教育研究方法》(广东教育出版社 1992 年版),裴娣娜著《教育研究方法导论》(安徽教育出版社 1995 年版),叶澜著《教育研究方法论初探》(上海教育出版社 1999 年版),袁振国主编《教育研究方法》(高等教育出版社 2000 年版),杨小微主编《教育研究方法》(人民教育出版社 2005 年版),

陈时见主编《教育研究方法》(高等教育出版社 2007 年版)等。

近十年来,随着教育改革的不断深入,人们越来越重视对教育研究方法的探讨,国外一些重要的教育研究方法著作,也先后译成中文出版,拓宽了国人研究的视野,促进了我国教育研究方法的研究。如:威廉·维尔斯曼著,袁振国主译《教育研究方法导论(第六版)》(教育科学出版社 1997 年版);梅雷迪斯·D.高尔等著,许庆豫等译《教育研究方法导论(第六版)》(江苏教育出版社 2002 年版);C. M. Charles 著,张莉莉等译《教育研究导论(第三版)》(中国轻工业出版社 2003 年版);理查德·沙沃森、丽莎·汤编,曹晓南等译《教育的科学研究》(教育科学出版社 2006 年版);乔伊斯·P.高尔等著,屈书杰等译《教育研究方法实用指南(第五版)》(北京大学出版社 2007 年版);罗伯特·C·波格丹等著,钟周等译《教育研究方法:定性研究的视角(第四版)》(中国人民大学出版社 2008 年版)等。此外,重庆大学出版社自 2004 年以来陆续出版的一套介绍社会科学方法问题的书系——"万卷方法"丛书,其中也有多种与教育研究方法相关的译著,如埃文·塞德曼著,周海涛主译《质性研究中的访谈:教育与社会科学研究者指南(第三版)》(重庆大学出版社 2009 年版)等。

至于国内关于语文教育研究方法的研究,起步更晚,成果更少。我们所能见到的这方面著作仅有以下几部:郭根福著《小学语文教学科学研究方法》(广西教育出版社 1991 年版),董菊初著《语文教育研究方法学》(语文出版社 1998 年版),朱绍禹著《语文教育科研导引》(东北师范大学出版社 2001 年版),张孔义、方龙云著《语文教育科研导论》(浙江大学出版社 2003 年版),李海林著《语文教育科研十讲》(浙江教育出版社 2005 年版),张家胜编著《语文教育研究导论》(科学普及出版社 2007 年版),魏本亚著《语文教育研究方法论》(高等教育出版社 2008 年版)。

郭根福著《小学语文教学科学研究方法》,是我们所能见到的最早的语文教育研究方法方面的著作,虽然全书只有 93000 字。该书分绪论、小学语文教学研究课题的选择、经验筛选法在小学语文教学研究中的应用、调查法在小学语文教学研究中的应用、教学实验法在小学语文教学研究中的应用、移植法在小学语文教学研究中的应用、教育统计学与小学语文教学科学研究、小学语文教学研究的总结、小学语文教学科学研究成果的评价等九章,简要介绍了小学语文教学科学研究的基本方法和一般程序。

董菊初著《语文教育研究方法学》,是第一部全面阐释语文教育研究方法的专著。全书分导论、原理篇、方法篇、技术篇、技巧篇五个部分,对语文教育研究的思维模式和方法论,观察法、调查法、实验法、经验总结法、个案研究法、内容分析法、比较法等具体方法作了阐释,还介绍了抽样、情报、统计、测量等技术在语文教育研究中的应用,以及研究论文的表达技巧。

朱绍禹著《语文教育科研导引》,系作者为全国中小学教师继续教育编写的教材。全书包括语文教育科学研究的性质和意义、语文教育科学研究的方法、语文教育科研选题、研究报告和论文撰写、语文教育科研的资料信息等六讲内容。

张孔义、方龙云著《语文教育科研导论》,是作者面向中小学一线教师开展语文教育科研活动写的指导书。全书分九章介绍了语文教育科研课题的选择与设计、资料的收集与运用、经验总结、行动研究、调查研究、实验研究、测量研究和数据处理,并对近十年语文教育实验研究作了述评。

李海林著《语文教育科研十讲》，是作者在自己上课用的讲稿基础上改编的一本专为中小学语文老师从事教育科研的参考书。全书十讲，标题分别为：科研对我们意味着什么、开展语文教学研究的准备、读书的要求和方法、选定研究论题的几种实用策略、资料的搜集和使用、开展语文教学研究的基本方式、语文教学研究论文的基本类型、语文教学研究的基本方法、写作过程中的思维方法、写作的方法和要求。

张家胜编著《语文教育研究导论》，是一本与语文教育研究方法相关的普及性读物。全书分为基础篇、方法篇、写作篇和资源篇，具体内容包括：语文教育研究课题的选择与设计、语文教育研究资料的收集和整理、语文教育研究常用的研究方法、语文教育研究论文基础等。

魏本亚著《语文教育研究方法论》，为首部以"语文教育研究方法论"命名的著作。全书共三篇十章。原理篇三章：语文教育研究的性质、对象及价值，语文教育研究范式，语文教育研究的原则与基础。范式篇三章：语文经验主义研究范式，语文实证主义研究范式，语文自然主义研究范式。实践篇四章：语文教育研究的选题与设计，收集、整理、分析语文研究资料，语文教育研究成果的表述，语文教育研究成果的评价。

以上几本书，或为讲稿教材，或为专门著作，或偏重实践指导，或兼顾理论构建，或通俗浅显，或严谨规范，各有特色；同时，作为语文教育研究方法的著作，大都以中小学语文教师为主要读者对象，旨在提高中小学语文教师从事教育科学研究水平和能力，相同之处也是十分明显的。

这几本书与上文介绍的国内外教育研究方法的著作，为我们进一步研究语文学科教育科学研究方法，探讨语文教育研究的具体过程和语文教育研究方法的使用策略，构建新的语文教育研究方法论体系，指导当前的语文教育科学研究实践，提供了必要的基础。

本书作为全国教育硕士（语文）专业学位研究生教材，是国内第一部以"语文教育研究方法"命名的著作。我们在编写时，尽可能将教育研究方法的最新研究成果与语文学科教学的理论和实践相结合，揭示语文学科教育研究的过程和教育研究方法的内涵特征、具体操作及其相互联系；尽可能做到既适应语文学科教学方向教育硕士专业学位研究生的教学需要，又满足一般语文教育工作者从事语文教育科学研究缺少相关图书的实际需求。

全书共十六章，包括三个部分：第一部分为第一、二章，阐释语文教育研究的基本理论，包括语文教育研究的对象、类型、价值、基础、特点与原则；第二部分为第三至六章，论述语文教育研究的一般过程，包括课题选择、方案设计、资料搜集整理与使用，以及成果表达；第三部分为第七至十六章，根据语文教育研究的方式，结合语文学科特点和具体案例，介绍了文献研究法、量的研究法、实验研究法、调查研究法、质的研究法、案例研究法、叙事研究法、历史研究法、比较研究法、行动研究法等常用的语文教育研究方法。

本书介绍的这些语文教育研究方法，大致可分为五种类型：文献研究、定量研究、定性研究、比较研究和行动研究。从事语文教育研究通常都需要查阅相关文献资料，了解已有研究成果，乃至进行文献研究。基于实证主义的定量研究方法（如：量的研究、实验研究、调查等）与基于解释主义的定性研究方法（如：质的研究、案例研究、叙事研究、历史研究等），各有其特点。就目前我国语文教育研究的情况来看，从事定性研究的较多，从事定量研究的较少，这可能与语文教育研究者的研究习惯及思维方式有关。事实上，具体的研究过程常常是一个定性研究与定量研究的连续统一体，即在定量研究中往往有定性研究的参与，在定性研究中往往有定量研究的参与。这两类研究方法的互补，将使我们对语文教育问题的本质作出更为充分的揭示。比较研究包括同类比较与异类比较，横向比较与纵向比较，定量比较与定性比较，因而是一种综合研究。行动研究与上述研究的不同之处在于这是一种实践研究，其研究的对象是行动，以及赋予这些行动以意义和重要性的观点与历史环境。

　　本书介绍的这些语文教育研究方法，都有可资利用的价值，也都有一定的局限性。实际的语文教育研究过程，往往是多种研究方法综合运用的过程。正如有学者所指出："现代学科演变的趋势表明，每一门学科采用单一的研究方法已经不足以充分把握研究对象，往往需要采用几种不同的研究方法，从不同的视角、按不同研究规范对研究对象进行综合考察。"①

　　我们希望本书能有助于语文学科教学方向教育硕士专业学位研究生和一般语文教育工作者了解语文教育研究的原理与过程，掌握语文教育研究的基本方法，提高语文教育科学研究的水平和能力。然而，学习语文教育研究方法的知识与运用语文教育研究方法的能力，既有联系，又有区别。要把书本关于语文教育研究方法的知识，转化为自己运用语文教育研究方法的能力，还需要亲历语文教育研究实践，在语文教育研究实践中体察、形成真正属于自己的研究方法。

徐林祥
2009 年 6 月 30 日

---

① 陈桂生：《教育研究空间的探求》，福建教育出版社 2007 年版，第 150 页。

目录

目
录

一、客观事实

客观事实是进行语文教育研究的实践基础。这里的"客观事实"，主要指语文教育工作者所具有的来自语文教育实践的（直接的或间接的）、能反映语文教育客观规律的经验事实。这一条是包括广大一线语文教师在内的所有语文教育工作者要想有效开展语文教育研究活动的最基本的条件。应该说，在这方面，我们一线的语文教师有着绝对的优势。一线语文教师工作的主要形式就是教学，日复一日年复一年地经历着教育实践，积累着"客观事实"。一线语文教师在实践中积累的大量经验虽然不能直接等同于规律，但这其中确实包含着某些规律。我们语文教师不应妄自菲薄。

实践出真知，要检验真知也只能诉求于实践。对语文教师而言，搞科研的一个重要目的是为了求得语文教育的真知或者检验既有的"真知"，以便更好地教书、育人，而这一切都离不开语文教育实践。语文教育实践给语文教师提供了"生产"真知的素材，也提供了检验真知的途径，因为语文教育实践给语文教师提供了最丰富最实在的经验事实。这些都是一些深居阁楼、闭门科研的专家学者们所羡慕的。我们广大一线的语文教师应该抓住这个优势，做一个有心人。正如罗丹所言："美是到处都有的，对于我们的眼睛，不是缺少美，而是缺少发现。"[①]我们语文教师应学会去发现语文教育实践中的"美"——语文教育的规律，点点滴滴，把这些规律记下来，并且用实践中的事实案例去印证，这就是科研，科研并不神秘，就是这么简单。

事实上，所有的语文教师们眼中的"客观事实"，都会打上主观的烙印。语文教育研究中所讲的"客观事实"，在实际情形中的具体表现，都是每个教师的实践经历与经验。因此，我们语文教师应该学会有意识地积累、整理自己的教学经历与经验。一个很好的途径便是写教学日志。现在是网络时代，条件允许的话，也可以通过写"博客"的方式来进行。这多多少少有些在网上发表的意味，会被关注，可能会增加点兴趣。通过写教学日志，可以有效地积累、整理我们的实践经历与经验，时间久了，这将是一笔极其宝贵的科研资源。

二、科学理论

科学理论是进行语文教育研究的理论基础。对于语文教育研究活动而言，具备一定的理论基础是不可或缺的。实际情况表明，广大一线语文教师缺的不是相关语文教育的"客观事实"，而正是相关的科学理论。某种意义上讲，理论是科研的生命，无论是从科研课题的选择、方案的设计、资料的选用、方法的择定等来看，还是从科研的最后成果的表达来看，理论都深隐其中、无处不在。没有一定的科学理论作背景，科研是难以进行的，即使勉为其难，也只能沦为平庸之作，难登大雅之堂。

语文教育研究应具备的科学理论，主要有四个方面：一是教育学与心理学，二是课程论与教学论，三是语文教育学，四是语言学、文章学、文艺学。其中：教育学、心理学、课程论与教学论的理论是所有搞教育的或教育研究的人都必须具备的。一些语文教师认为，搞语文教育研究，只要把语文教育学及语言学、文章学、文艺学的理论搞清楚就够了。这其实是一种极大的

---

① 《罗丹艺术论》，人民美术出版社 1978 年版，第 62 页。

误解。从根本上讲，语文教育学的许多理论都根植于课程论与教学论，都直接或间接受教育学与心理学的指导。教育学、心理学、课程论与教学论，它们从一个更大的范畴框定着或者导向着语文教育学的相关理论，不去研读教育学、心理学、课程论与教学论，会让自己的视野变得狭隘，从而让自己"目光短浅"。

事实上，从思维过程来看，所谓"研究"有点像我们讲的"阅读"。老师们都知道，"阅读"是一种对话，任何人阅读一个文本都是有"前理解"的，都是用自己内部已有的认知思维结构、情感结构和阅读经验来与文本交流，找到一个所谓"共享视域"。你的"前理解"越广阔，越深厚，你看到的"视域"也就越广阔，越深厚。同样，我们作研究，我们的研究对象就是"实践"，你的理论水平就是"前理解"，你的理论水平越高，你看到的研究对象就越丰富，就能看到研究对象的更深刻的层次上。[①] 总之，我们语文教师要想让自己在探讨研究中得心应手，在论证阐释时游刃有余，必须拓宽自己理论的"前理解"，不可只是止于某一门学科的理论，因而教育学、心理学、课程论与教学论都须广泛涉猎与研读。

这里，我们提供一个书目给大家参考，希望这些书能够实现改造、充实、提升我们广大语文教师的理论水平，从而增强语文教育科研的能力。书目分四个方面：

● 关于教育学与心理学

叶澜著《教育概论》，人民教育出版社 2006 年版。

黄济著《教育哲学通论》，山西教育出版社 1998 年版。

袁振国主编《当代教育学》，教育科学出版社 2004 年版。

钟启泉、高文、赵中建主编《多维视角下的教育理论与思潮》，教育科学出版社 2004 年版。

彭聃龄主编《普通心理学》，北京师范大学出版社 2001 版。

林崇德著《发展心理学》，浙江教育出版社 1998 年版。

皮连生著《学与教的心理学》，华东师范大学出版社 2006 年版。

陈琦、刘儒德主编《教育心理学》，高等教育出版社 2005 年版。

● 关于课程论与教学论

施良方著《课程理论——课程的基础、原理与问题》，教育科学出版社 1996 年版。

施良方、崔允漷主编《教学理论：课堂教学的原理、策略与研究》，华东师范大学出版社 1999 年版。

张华著《课程与教学论》，上海教育出版社 2002 年版。

黄甫全主编《课程与教学论》，高等教育出版社 2003 年版。

钟启泉主编《课程论》，教育科学出版社 2007 年版。

钟启泉编著《学科教学论基础》，华东师范大学出版社 2001 年版。

---

① 李海林：《语文教育科研十讲》，浙江教育出版社 2005 年版，第 15 页。

王策三著《教学论稿》,人民教育出版社 2005 年版。

裴娣娜主编《现代教学论》,人民教育出版社 2005 年版。

● 关于语文教育学

《叶圣陶语文教育文集》,教育科学出版社 1980 年版。

《吕叔湘语文论集》,商务印书馆 1983 年版。

《张志公语文教育论集》,人民教育出版社 1994 年版。

张隆华、曾仲珊著《中国古代语文教育史》,四川教育出版社 1995 年版。

李杏保、顾黄初著《中国现代语文教育史》,四川教育出版社 1997 年版。

顾黄初、李杏保编《二十世纪前期中国语文教育论集》,四川教育出版社 1991 年版。

顾黄初、李杏保编《二十世纪后期中国语文教育论集》,四川教育出版社 2000 年版。

倪文锦、欧阳汝颖主编《语文教育展望》,华东师范大学出版社 2002 年版。

韩雪屏著《语文教育的心理学原理》,上海教育出版社 2001 年版。

曹明海等著《语文教育文化过程研究》,山东人民出版社 2005 年版。

周庆元著《语文教育研究概论》,湖南人民出版社 2005 年版。

张中原、徐林祥主编《语文课程与教学论新编》,江苏教育出版社 2007 年版。

朱绍禹、庄文中主编《国际中小学课程教材比较研究丛书·本国语文卷》,人民教育出版社 2001 年版。

江苏母语课程教材研究所编《当代外国语文课程教材评价》,江苏教育出版社 2004 年版。

● 关于语言学、文章学、文艺学

索绪尔著《普通语言学教程》,商务印书馆 1999 年版。

徐通锵著《基础语言学教程》,北京师范大学出版社 2001 年版。

邵敬敏主编《现代汉语通论》,上海教育出版社 2001 年版。

曾祥芹著《现代文章学引论》,中国文联出版社,2001 年版。

童庆炳主编《文学理论教程》,高等教育出版社 2004 年版。

傅修延著《文本学》,北京师范大学出版社 2004 年版。

王德春、陈瑞瑞著《语体学》,广西教育出版社 2000 年版。

索振羽著《语用学教程》,北京大学出版社 2000 年版。

　　以上图书,有的需要精读,特别是关于语文教育学方面的一些经典之作;有的需要了解,知道它的大体内容,需要时可以信手拈来。总之,要能做到在使用时,知道它们的存在。

三、方法技术

　　开展语文教育研究,离不开科学的方法技术作支持。"方法技术"构成了我们开展语文教育研究的又一个重要基础。语文教育研究的方法技术，具有一定的层级性，主要表现为三个层面：哲学方法、一般科学方法以及具体研究方法。

哲学的方法是各种科学研究中最基础、最普遍的方法。它不同于分析、抽象、归纳、综合等一般的思维方法，它是最广泛的带有普遍意义的认识框架和思维路线。马克思主义辩证唯物论和历史唯物论就是这样一种哲学方法，它是完整的、科学的方法论。它是在概括总结各门具体科学研究成果基础上，根据自然、社会、思维的最一般的规律得出的最具普遍意义的方法论。在语文教育研究中，马克思主义哲学方法论价值主要体现在其基本范畴、思想方法对语文教育研究的指导。具体而言，主要表现在以下几个方面：第一，理论与实践相结合的原理。每一位搞语文教育研究的人都应明白，再好的理论如果不能付诸实践，不能接受实践的检验，只是止于理论，为了理论而理论，那么，这样的理论是没有价值的；反之，任何时候，教育实践也不能离开教育理论的指导，没有教育理论指导的教育实践是一种盲目的行为，在一定的理论指导下，进行教育实践与教育研究，这样才能有效、高效。第二，矛盾对立统一的原理。矛盾理论在语文教育研究中的运用主要体现在两个方面：一是矛盾主次的分析，一是矛盾转化的分析。语文教育中有许多问题的争鸣都与矛盾主次有关，比如语文学科的性质工具性与人文性的问题，语文知识与语文能力的问题，教与学的问题等等。要正确处理好这些关系，就必须弄清楚这样的观点：第一，构成事物的各种矛盾的关系不只是一种简单的主次关系，它们还存在着相互依存、相互渗透等多种关系。因此，在处理这些矛盾时，不可想当然地、草率地用主次的关系去框定。第二，即使事物之间存在主次关系，这种主次关系也不是一成不变的，在一定的条件下主次关系就可能发生变化。不能用僵化思想去分析问题。第三，事物的普遍联系的原理。语文教育领域的各种事物与现象都是普遍联系的、相互作用的，具有系统性。譬如研究语文教材，不光是研究语文教材本身，可能还要涉及语文教育史的研究、语文课程资源的研究、语文课程标准的研究、语文教师以及学生的研究等等。因此，要把普遍联系的观点贯彻到整个语文教育研究的始终。第四，事物的质量互变的原理。任何事物都有质和量的规定性。量变积累到一定程度就会发生质变。没有量的质和没有质的量是不存在的。这就告诉我们，进行语文教育研究，既要重视定性分析也要重视定量分析，既要通过质的分析来揭示语文教育发展的本质变化，也要通过具体的数据来描述语文教育发展的水平，解释变化的原因。

一般科学方法，是指认识某一类事物或各类事物的某一方面的规律与特性的方法。它细分起来，可以分为两层：一层是以系统科学为代表的横断科学所采用的系统方法；另一层是以对象性质、所属类别做区别的自然科学方法、社会科学方法与科学学方法等。[①] 任何一类研究都需要综合运用思维工具、技术工具和符号工具，都要有一套从发现问题到检验结论正确性所具备的顺序与规范，以保证认识、研究活动的有效展开。这些工具、程序、规范的特定结构性组合，便形成所谓的"研究范式"。

关于"一般科学方法"中的"系统方法"，人们谈得最多的是"三论"，即系统论、信息论、控制论。"三论"是相互联系的，其中的概念、原理、规律是相互渗透的。系统论是把研究的对象视

---

① 叶澜：《教育研究方法论初探》，上海教育出版社1999年版，第11页。

为完整的、有机的系统,从整体的结构与功能去研究问题。控制论是从控制的角度去研究在各种控制作用下某个系统的运转规律,控制系统如果离开了信息,就无法实行控制。信息论是从信息的获取、转换、传递、储存的过程来研究系统的运动规律。系统论、信息论、控制论具有跨学科的性质,是现代科学即自然科学与社会人文科学发展综合的结果。它们所提供的如整体系统原理、有序性原理、动态原理、反馈原理等,作为科学思维与认识手段,是将哲学方法在各种科学研究中的具体化。系统论、信息论、控制论对语文教育研究具有一定的普遍意义,因而它也是指导语文教育科学研究的方法论。

具体研究方法,是适用某一个具体的学科的专门的研究手段与技术策略。语文教育研究的具体方法很多,诸如语文教育文献研究的方法、语文教育历史研究的方法、语文教育叙事研究的方法、语文教育调查研究的方法、语文教育行动研究的方法、语文教育案例研究的方法、语文教育实验研究的方法、语文教育比较研究的方法等。这些本书都要详述,这里就不再展开了。

四、兴趣意志

兴趣和意志是进行语文教育研究重要的情意保障与基础。从心理学的角度来看,所谓兴趣,它指的是个体力求认识某种事物或从事某项活动的心理倾向,它表现为个体对某种事物或从事某项活动的选择性态度和积极的情绪反应。我们可以想象,如果语文教师对语文教育没兴趣,那么,他的经验再多、理论再强、方法再高,也无济于事,因为不是他不"能",而是他不"想"、不"愿";问题不在"智商",而在"情商"。孔子说:"知之者不如好之者,好之者不如乐之者。"(《论语·雍也》)国外学者皮亚杰也指出:"强迫工作是违反心理学原则的,而且一切有成效的活动必须以某种兴趣为先决条件。"[1]心理学大量研究均表明,兴趣确实与人的活动成效成正相关。

兴趣有直接兴趣和间接兴趣之分。所谓直接兴趣,指的是那些由于对事物或活动本身感到需要而引起的兴趣。所谓间接兴趣,指的是对事物或活动本身没兴趣,而是对事物或活动可能达到的结果感到需要而产生的兴趣。在语文教育研究中,对语文教育研究活动的间接兴趣,广大语文教师是有的而且可能还相当浓厚,因为科研的结果可能会给自己带来职称的晋升。但对语文教育研究活动的直接兴趣,实际情况表明,广大语文教师还是比较欠缺的。一线语文教师对语文教育研究活动本身感兴趣的确实不多。我们认为,间接兴趣固然有用,但毕竟是外在的刺激,一遇到挫折,这个间接兴趣可能就会减弱乃至消失。真正持久的、有力的还属直接兴趣,因为直接兴趣才是内在的、真正的内驱力。当然,对语文教育研究活动本身感兴趣不是一件容易的事,我们语文教师不妨从点滴做起,一开始做一些容易的课题,确保能把它做好,做得优秀,然后慢慢提升课题的难度。那些容易的课题做好了,要把成果(主要是学术论文)整理好,力争去发表,自己的论文被发表了,被关注了,甚至被引用、被转载了,此时自己会逐渐对科研活动本身感兴趣,时间久了,原先的对语文教育研究的间接兴趣会慢慢转变为直接

---

① 〔瑞士〕皮亚杰:《教育科学与儿童心理学》,文化教育出版社 1981 年版,第 176 页。

兴趣。

　　平心而论,搞科研是非常艰辛的一件事,要坐得住冷板凳,有时光靠兴趣还不行,还要得靠坚强的意志作后盾。心理学上把意志界定为:意志是人自觉地确立目的,并根据目的主动调节自己的行为,努力克服困难以实现目的的心理过程。关于意志的作用,古今中外的学者多有论述。孔子就特别看重意志的作用。他把"有恒者"的地位提得很高,并用以鼓励自己的学生:"善人吾不得而见之矣,得见有恒者,斯可矣。"(《论语·述而》)孟子也非常强调这一点,他说:"有为者譬若掘井。掘井九仞而不及泉,犹为弃井也。"(《孟子·尽心上》)。荀子更是把恒心与积学联系在一起,认为在学习上,要"积"就要有"恒",无"恒"就谈不到"积"。所谓"不积跬步,无以至千里;不积小流,无以成江海。"(《荀子·劝学》)国外也有不少学者重视意志在学习中的作用。如美国著名心理学家特尔曼在其《天才的发生学研究》一书中写道:"在最成功和最不成功的人之间差别最大的四种品质是:取得最后成功的坚持力,为实现目标不断积累成果的能力,自信心和克服自卑的能力。"[①]总之,缺乏意志,很少有深入、持久的认识过程。在语文教育研究活动中,会遇到这样那样的困难挫折,甚至是别人的讥笑嘲讽,我们语文教师一定要有坚强的意志,相信自己一定能行! 一定能做好! 天才出于勤奋,本领源于功夫,坚强的意志会让我们实现美好的梦想。

第二节　语文教育研究的特点

　　语文教育研究,作为一种特殊的认识活动,有自己的特点。认清其特点,将有助于我们更加有效地开展语文教育研究活动。语文教育研究的特点,概括起来讲,主要有六个方面。

一、复合性

　　从语文教育研究的主体来看,语文教育研究具有复合性的特点。

　　语文教育研究绝不是语文教育理论工作者的专利,包括一线语文教师在内的广大语文教育实践者都是研究人员,都是研究主体。和那些专门从事语文教育理论研究的工作者相比,广大一线语文教师直接从事教育教学的实践,有着现成的研究对象,可谓"近水楼台先得月",因此更容易发现语文教育的大大小小的问题。从发现问题到分析问题,再到解决问题,事实上就是语文教育研究的全过程。广大语文教师要努力学会分析问题和解决问题。事实上,在实际情形中,探讨语文教育的,除了直接从事语文教育理论和实践的工作者,还有其他专业领域的。譬如王丽主编的《名家谈语文学习》[②]一书中,所列的"名家"绝不仅仅指语文教育家,还有中国科学院院士、全国政协常委、表演艺术家、剧作家、科普作家、美学家、散文家、诗人、翻译家、编辑、建筑史家、漫画研究家、书法家等等。这也许和语文教育主要是母语教育这一特殊性有关。总之,从事语文教育研究的人员,除了主要从事理论工作的,也有主要从事实践工作的;除了研

---

　　①　沈德力等:《非智力因素与人才培养》,教育科学出版社 1991 年版,第 170 页。
　　②　王丽:《名家谈语文学习》,华东师范大学出版社 2007 年版。

究"语文"的,也有研究其他的。

二、丰富性

从语文教育研究的内容来看,语文教育研究具有丰富性的特点。

语文教育研究对象即语文教育问题固有的复杂性、多样性,使得语文教育研究的内容显得丰富多彩。从问题的归属来看,有语文课程方面的问题,如语文课程标准、语文课程内容、语文课程资源,等等;有语文教学方面的问题,如识字写字教学、阅读教学、写作教学、口语交际教学,等等;有侧重理论方面的问题,如语文课程的性质、语文课程的目标、语文课程的基本理念,等等;有侧重实践方面的问题,如语文教学设计的优化、语文教学方法的选择、语文学习方法的指导,等等。从问题的来源来看,有来自语文课程与教学实践的问题,如语文课程与教学设计、语文课程与教学实施、语文课程与教学评价,等等;有来自语文课程与教学实践同理论对立的问题,如语文知识与语文能力之间的关系、语文智育与德育美育的关系、继承传统与改革创新之间的关系、传统教学方式方法与现代教育技术手段之间的关系,等等;有产生于语文课程与教学理论内部对立的问题,如语文的工具性与人文性、文本的整体把握与分析认识、教读与自读,等等;有产生于两种或几种课程与教学理论之间对立的问题,如语文综合性学习与研究性学习方面的问题、继承传统与借鉴外国母语教育经验方面的问题,等等。[①] 语文教育研究的丰富性,提供给了广大语文教育工作者进行语文教育研究广阔的空间。

三、多样性

从语文教育研究的方法来看,语文教育研究具有多样性的特点。

历史地看,在不同的"研究范式"观照下,人们对语文教育研究采用着多种多样的方法。上章在"语文教育研究的类型"一节中,我们从五个方面介绍了语文教育研究的类别。这从一个层面也表明了语文教育研究方法的多元性与丰富性。

客观地说,语文教育研究的方法绝不只是一种,而是一个方法的组合体系。其中每种方法都有它自身的长处,也有它自身的不足。关键在于,我们研究者如何根据自己所选择的研究问题的特性,来选择与之相应的研究方法,从而使每种方法的最大优势都发挥出来;同时,要学会多种研究方法的综合运用,从而实现研究方法的优势互补。在实际研究时,通常都要综合运用多种研究方法。

四、系统性

从语文教育研究的过程来看,语文教育研究具有系统性的特点。

语文教育研究是有目的、有计划、有组织、有秩序的活动过程,尽管语文教育研究类型有别,但一般都包括以下几个步骤:第一,选择和确定研究的课题;第二,检索和利用文献;第三,设计和制定研究方案;第四,撰写和表达研究成果。当然,讲语文教育研究具有系统性,具有常

---

① 张中原、徐林祥:《语文课程与教学论新编》,江苏教育出版社 2007 年版,第6—7页。

规的研究程序,并不意味着研究过程是呆板僵化、千篇一律的。由于语文教育研究目的的不同,研究类型的不同,研究的步骤与程序可以改变、可以跳跃、可以交叉,不同目的的语文教育研究、不同类型的语文教育研究,在完成这些步骤与程序时有着较大的弹性。但从总体上而言,都具有系统连贯性,都显示出从发现问题、到分析问题、再到解决问题的基本的思维路向与研究过程。

五、实践性

从语文教育研究的宗旨来看,语文教育研究具有实践性的特点。

教育是培养人的社会实践活动。教育研究的终极目标是促进教育活动的发展与进步。任何教育研究的结果,无论是直接的或是间接的,都必须指向实践,有助于教育活动的开展和改进,语文教育研究也是如此。

从本质上讲,语文教育研究是适应语文教育实践的需要而产生的,其根本任务就是为语文教育实践服务。语文教育研究的课题都应该来自教育实践中的问题,语文教育研究的成果都应该应用于教育实践并在实践中接受检验。从实践中来,再回到实践中去。语文教育研究只有与语文教育实践相结合,才有价值。只停留于理论层面的研究是缺乏生命力的。满纸艰深晦涩的术语概念,动辄用些舶来的时髦名词唬人,这种玩文字游戏而毫无实际价值的论文是经不起检验的,终究要落入被束之高阁的境遇。

六、艰巨性

从语文教育研究所涉及到的因素来看,语文教育研究具有艰巨性的特点。

著名心理学家皮亚杰曾说:"教育学乃是一门可与其他学科相比较的科学,而且由于它所包括的各种因素的复杂性,这门科学甚至是一门研究起来十分困难的科学。"①语文教育及其研究亦是如此。首先,语文教育的对象是人,语文教育研究对象中的"问题"几乎都与"人"有关。由于影响人的发展的因素多,教育周期长、把握的难度大,且教育效果具有滞后性特点,语文教育研究难以对研究对象进行精确地控制和操作,难以对各种影响因素进行严密的控制,往往会出现各种误差。这些均加大了语文教育研究的难度。其次,语文教育研究是阶段性与连续性的统一。从课题的选定到成果的形成,往往是一环扣一环进行,期间要研究者具备较强的毅力,要坐得住冷板凳。再次,语文教育研究通常是关于母语教育研究,母语人人每天都在用,似乎人人都有发言权,人人都能说出一番道理,往往争论分歧也较多。这些都给从事语文教育研究的人们提出了挑战。

第三节　语文教育研究的原则

从事语文教育研究活动,总要有一定的操作要求,这些要求经过概括化、理论化便形成了

---

① ［瑞典］皮亚杰:《教育科学与儿童心理学》,文化教育出版社 1981 年版,第 13 页。

语文教育研究的一系列原则。语文教育研究的原则是语文教育工作者在语文教育研究活动中必须遵循的行为准则。它是语文教育研究规律的反映和语文教育研究实践经验的总结，是指导语文教育研究活动的一般原理，是更加有效地开展语文教育研究，提高语文教育研究质量的重要保证。事实上，任何一种语文教育研究类型与语文教育研究方法，总要受一定的语文教育研究原则的制约，遵守一定的原则，有助于我们少走弯路。语文教育研究的原则，从总体上讲，主要体现为如下几个方面。

一、继承性与创新性相统一的原则

继承性指开展语文教育研究活动需建立在前人研究的基础之上。进行语文教育研究最忌讳的一点是闭门造车。事实上科学研究中的任何突破，都必然蕴涵着对已有研究成果的继承。有些人搞科研，很少去写综述，这是个不好的习惯。自己不知道已有的高度，又怎么可能知道自己是否突破了已有的高度呢？在语文教育研究中，我们不应该把已有的研究成果完全视为陈旧的而不屑一顾，事实上有许多发现、许多灵感正是来自于对既有研究成果的研究。李海林在《语文教育科研十讲》中提出开展语文教育研究要有四本基本资料[①]，其中头两本是：《二十世纪前期中国语文教育论集》(顾黄初、李杏保编，四川教育出版社 1991 年版)与《二十世纪后期中国语文教育论集》(顾黄初、李杏保编，四川教育出版社 2000 年版)。这两本书收录的全是以往的语文教育研究成果。事实上，现在语文教育研究的许多问题都能直接或间接、或多或少地在这两本书中找到缩影。因此，对于语文教育研究而言，重视前人的研究成果，学习别人成功的研究经验，可以减少研究中不必要的重复劳动，可以给自己研究带来充足的准备，从而提高自己的研究成效，提升自己的研究水平。

当然，强调继承并不意味着无条件地全盘接受，而应该有扬弃的意识，去除消极的、错误的或过时的因素，发扬积极的、正确的和前瞻的因素。在语文教育研究中，继承性主要表现在以下三个方面：第一，选择研究课题的继承性，即研究者在选择研究课题时，要充分顾及到前人哪些问题已经研究过了，哪些问题还没研究过或者研究得还不深刻、彻底；对于那些已经研究过的课题，要考察目前已经研究到了什么样的程度，如果自己再继续研究，那么怎样才超越前人已有的研究成果。无视前人的研究而随意盲目地选题，容易陷入重复劳动的境地。第二，研究设计及研究方法的继承性，即在进行研究设计和选择研究方法时能充分吸收前人的经验，这样往往能出现"他山之石，可以攻玉"的效果。第三，研究成果的继承性，即在研究中可以充分利用前人研究出的相关成果资料，把前人的研究成果作为自己的理论论据或事实论据。

创新性指的是在语文教育研究中，要能发现别人没有研究过的问题，或已经研究但尚不够完善全面的问题，并且能在形式上或内容上有创意地解决问题。只在别人研究的基础上作一些诠释、注解，或只是把别人的研究变个花样说一番，这些都不是真正的研究，更谈不上创新。语文教育研究不是重复别人已有的理论成果，它的目的在于通过研究获取新的知识、发现新的规律，从而更加有效地指导语文教育教学的实践。因此，从某种意义上讲，创新是语文教

---

① 李海林：《语文教育科研十讲》，浙江教育出版社 2005 年版，第 118 页。

育研究的生命力所在,没有创新的科研,是没有意义的。在语文教育研究中创新性主要表现在两个方面:第一,在形式上的创新,所谓"新瓶装旧酒"。也就说,在语文教育研究中有些成果别人已经研究出来,但我们可以重新换一个视角,用另一种新颖的研究设计,新颖的研究方法,新颖的研究手段,来论证阐释这个既定的结论。第二,在内容上的创新。这里主要指向语文教育研究中新的选题、新的观点,即所选择的研究课题是学术界没有探讨过的,或者探讨过但没有解决的、解决不好的问题。我们通过自己的研究,最终能得出新的结论,提出以前没有的或与以前相关研究不同的新思路、新理论。

所谓继承性与创新性相统一的原则,就是要求我们在具体的语文教育研究活动中,处理好继承与创新这对矛盾,创新是基于继承的创新,继承是为了创新的继承。毫无原则的继承以及随意盲目的创新,都是不可取的。

二、理论性与实践性相统一的原则

语文教育的理论研究是不可或缺的,事实上基础理论研究的突破和创新,是一切教育教学改革的前提。"没有坚实的理论研究基础,就不可能有先进的教育理念,也就不可能有科学的教育决策;没有大量、丰富的教育研究数据、资料的积累,就不可能有教育发展或者开发项目的正确规划与设计。"[①]在具体的语文教育研究活动中,一方面,如果缺乏理论的研究,那么语文教育教学的实践往往因缺少理论规律的指导而出现频频碰壁的现象,这样的后果便是直接影响语文教育教学的成效;另一方面,对于语文教育研究本身而言,也需要理论的指导,缺乏必要的理论指导,研究活动容易流于形式,层次不高。研究过程必须在正确的、科学的理论指导下才能取得成效,研究的结果必须经由理性的分析,上升到理论规律的高度方能具有普遍意义,方能真正可以用来指导语文教育教学的实践。

语文教育研究的任务不仅在于解释语文教育现象,揭示语文教育规律,而且还表现在指导语文教育实践上。语文教育研究所得出的理论成果,是否真正能起到为语文教育实践服务的作用,是衡量与评价语文教育研究是否有成效的一个重要标尺。这就要求我们在进行语文教育研究时,要始终把目光瞄向语文教育的实践,要把解答语文教育实践中碰到的"疑难杂症"当作己任。事实上,中小学教育研究,它是一个特定的研究领域,它既具有教育研究的一般特点,又具有自身的独特性,主要是一种实践性研究。中小学语文教育研究者所从事的语文教育研究应直面中小学语文教育教学的实际,主要是为了解决中小学语文教育教学实践中遇到的实际问题,寻求真实的答案或改进性的措施。广大的语文教师应立足自己的教学实践来搞科研,实践出"问题",实践出真知。

所谓理论性与实践性相统一的原则,就是要求我们从语文教育的实际出发,发现语文教育问题、探究语文教育规律,同时努力运用语文教育理论去指导语文教育实践。从实践到理论,再从理论回到实践,如此循环往复,不断提升我们的语文教育教学水平。对于语文教育研究而言,缺少任何一方都不能形成真正意义上的语文教育研究。

---

① 陈时见:《教育研究方法》,高等教育出版社 2007 年版,第 23 页。

三、客观性与教育性相统一的原则

客观性指在语文教育研究中,研究者要采取实事求是的态度,全面系统地占有材料,最大限度地保证研究过程和结果的客观真实。没有客观性,语文教育研究的信度和效度都将全无,这也就从根本上判定了研究行为本身的无效性。所谓客观性要求在语文教育研究中注意以下几个方面:第一,研究态度要客观,坚持实事求是;第二,资料搜集要客观,资料必须全面、真实可靠;第三,研究过程要客观,要对观察到的或实验中搜集到的事实、数据等如实记录,要严格按照科学的方法处理材料;第四,研究结论要客观,结论必须经过证实或实践检验,力求准确可靠。为此,我们广大语文教育工作者必须要端正研究的态度,既要实事求是,又要不畏劳苦。要一切从实际出发,一切从研究资料出发,一切从研究程序出发,切不可主观臆断、胡乱编造。要本着对自己、对社会、对语文教育事业高度负责的精神,准确、恰当地反映研究成果。

教育性是指教育科学研究要符合教育的要求。教育从根本上讲是培养人的活动,语文教育工作者在开展语文教育研究活动之际,脑海里必须时刻抱有"育人"的理念,必须坚持为"育人"服务的思想。从选题到结题的全过程,要保证自己所从事的语文教育研究活动符合教育性的要求。在具体的语文教育研究活动中要做到:第一,教育科研的目的、内容要符合国家教育方针、教育目标的要求,应具有教育意义。不能开展与国家教育方针、教育目标相背离的研究。第二,教育研究的方式方法、实施过程要有利于学生身心健康和全面发展。也就是说,在选择研究方法和程序时不能损害学生的身心健康,要符合道德要求,要考虑所用的方法对学生的身心是否会产生不良影响。不能因为自己的研究,随意地施加一些对学生身心发展不利的因素,如刻意增加学生的负担或耽误学生的学习。

所谓客观性与教育性相统一的原则,就是要求我们在语文教育研究中,既要保证研究的客观真实,又要顾及研究的教育效果。客观性是为了保证语文教育研究更加真实、有效,而教育性则引导着语文教育研究更加规范、健康,二者应和谐统一于语文教育研究活动之中。

四、遵守学术规范的原则

任何人从事科学研究都须遵守学术规范。所谓遵守学术规范的原则,就是要求我们从事语文教育科学研究,也必须遵守学术引文、学术成果、学术评价、学术批评等方面的规范,遵守《中华人民共和国著作权法》、《中华人民共和国专利法》、《中华人民共和国国家通用语言文字法》等相关法律、法规。《北京大学教师学术道德规范》[1]对教师学术道德所作的规范,可供我们从事语文教育研究时参考。该文件要求教师应遵循国家有关法律、社会公德;在治学过程中,要坚守严谨和诚信原则,应当遵守下述学术道德规范:(1)在学术活动中,充分尊重已经获得的研究成果;引用他人成果时,注明出处;所引用的部分不能构成引用人作品的主要部分或者实质部分;从他人作品转引第三人成果,注明转引出处。(2)合作研究成果在发表前要经过所有署名人审阅,所有署名人对研究成果负责,合作研究的主持人对研究成果整体负责。

---

[1] 《北京大学教师学术道德规范》(2002年3月15日第451次校长办公会议讨论通过,2007年1月11日第637次校长办公会议讨论修订)。

(3)在进行学术评价时,遵循公正、客观、全面、准确的原则。该文件同时要求教师不得有下述学术道德不端行为:(1)伪造与篡改:在自己的研究成果中,故意捏造、篡改实验数据、结论或引用的资料等行为。(2)抄袭与剽窃:在学术活动过程中抄袭他人作品,剽窃他人的学术观点、学术思想或实验数据、调查结果等行为。(3)伪造学术经历:在填写有关个人学术情况时,不如实报告学术经历、学术成果,伪造专家鉴定、证书及其他学术能力证明材料等行为。(4)不当署名:未参加实际研究或者论著写作,而在别人发表的作品中署名;未经被署名人同意而署其名等行为。(5)滥用学术信誉:在学术活动过程中夸大成果价值;对应经而未经学术同行评议的研究成果向媒体公布等行为。(6)其他违背学术界公认的学术道德规范的行为。

思考与练习

1. 谈谈从事语文教育研究工作应具备什么样的条件?
2. 联系实际,谈谈语文教育研究有哪些特点?
3. 联系实际,谈谈从事语文教育研究活动,应该遵循哪些基本的原则?

第三章　语文教育研究的课题选择

探讨语文教育研究的方法,事实上是要从理论和实践两个层面回答这样一个问题,即"如何进行语文教育研究"? 如果说前面两章我们主要是偏重于理论或者说是原理层面对这一问题作了探讨,那么从本章起我们将偏重于实践层面、操作层面对这一问题作具体分析。

语文教育研究是一项复杂的系统工程,而研究课题的选择是此项工程的第一步。有两句话说得好,一是"万事开头难",二是"好的开始是成功的一半"。对于语文教育研究而言,一方面选题工作并非是可有可无的,更不是一蹴而就的,需要我们从长计议,认真对待;另一方面,选题是否恰当将直接影响到语文教育研究工作的成功与否,从操作的角度来看,选题构成了影响语文教育研究成败的第一因素。在实践层面探讨语文教育研究的方法,我们就从选题工作开始。

第一节　语文教育研究课题的类型与发掘

对于语文教育研究而言,选题就是选择语文教育研究的课题。语文教育研究的课题,从根本上讲,即来自语文教育实践中的问题。课题有不同层次,中国语文教育的改革和发展就是一个大问题、大课题。通常讲的语文教育研究的课题,是指语文教育工作者在语文教育实践中面临的需要解决的具体问题、具体课题。这些课题不仅仅是一个问题的名称,它还体现了研究的对象、研究的内容以及研究的范围,并蕴含了研究的目的与意义。选题是语文教育研究活动的出发点,是至关重要的一个环节,但要想选好题,首先要了解语文教育研究有哪些类型的课题可选,以及这些课题我们如何去发现、挖掘。

一、语文教育研究课题的类型

从不同的角度来看,语文教育研究的课题有不同的类型。

(一) 根据语文教育研究课题的性质来划分

基于语文教育研究课题的性质,语文教育研究课题可以划分为基础理论课题和实践应用课题。

1. 基础理论课题

基础理论性课题是指以研究语文教育现象与过程的基本规律为宗旨,能够对语文教育思想、语文教育改革、语文教育实践等产生全局性重大影响的课题。这类语文教育研究的课题主要包括三个层次类别。

（1）对语文教育理论体系具有重要影响的核心概念、基本范畴和基本原理等方面作出突破性研究的课题。这类课题具有开创性、全局性，理论层次高。重在探索新的语文教育理念。此类研究课题，研究周期较长，其实践价值一般不会很快地、鲜明地反映出来，但它产生的影响是深远的。开展此类课题研究，一般需要宏观的思维意识和较高的理论素养。

（2）对语文教育学领域已形成的概念、原理等作进一步探讨以使其更加完善的课题。此类研究课题所涉及的不是全体，而是局部；不是对原有理论的根本突破，而是补充发展。

（3）对语文教育领域的个别概念、原理等作出修正或更加详细具体阐释的课题。此类研究课题所涉及的范围较小，是对个别理论问题的探究，难度相对低些。一般只要掌握有关资料，具有一定分析、综合思维能力，并且对某个问题有自己的一些感受和见解，就可以进行此类课题研究。

2. 实践应用课题

实践应用性课题是指以解决语文教育教学中的实际问题为目的的课题。此类课题与具体的语文教育教学实践密切相关，具有定向性。它一般是运用语文基础理论研究的成果，去改造或直接改变语文教育的现象或过程。这类语文教育研究的课题主要包括三个层次类别。

（1）涉及语文教育教学实践中的某些全局性的课题。此类语文教育研究的课题要求能提出前人未能提出过的解决问题的办法。

（2）涉及语文教育教学实践领域的某一个方面、某一个层面的课题。此类语文教育研究的课题其目的是寻找在一定条件下解决某些实际问题的办法。

（3）涉及与解决个别语文教育教学实践问题相关的课题。其研究的成果使用的范围较小，针对性最强，关注更多的是一些具体的操作方法。

（二）根据语文教育研究课题的来源来划分

基于语文教育研究课题的来源，语文教育研究课题可以划分为立项课题和非立项课题。

1. 立项课题

所谓立项课题，它指的是由国家、省、市（区）等上级科研主观部门或一些社会团体组织发布（或招标）、个人或集体申报、有关部门及专家审查批准的课题。此类研究课题大多由一些基金组织资助，项目执行过程中有关管理部门和基金组织会组织实施监督和检查，项目结题时也要由这些部门组织专家鉴定。

（1）立项课题的类别

综观各级各类立项课题，我们可以将其分为三个层次类别，即政府部门主管的课题、协会主管的课题以及横向课题。[①]

第一，政府部门主管的课题，如表 3-1 所示。

---

① 魏本亚：《语文教育研究方法论》，高等教育出版社 2008 年版，第 155—156 页。

表 3 - 1

主管部门	研究重点	项目级别
学校	学科教学	校级
县区级教科所	学科教育教学	县区级
县区级教研室	学科教育教学	县区级
市级教科所	学科教育教学	市级
市级教研室	学科教育教学	市级
省级教科所	教育教学	省级
省级教研室	教育教学	省级
省教育厅	教育改革	省级
省教育厅	教学改革	省级
省市哲学社会科学规划办	教育教学	省市政府级
教育部	教育科学	部级
教育部	教学改革	部级
全国哲学社会科学规划办	教育教学	国家级

第二,协会主管部门的课题,如表 3 - 2 所示。

表 3 - 2

主管部门	研究重点	项目级别
县区级教育学会	学科教育教学	县区级
县区级中语会	学科教学	县区级
市级教育学会	学科教育教学	市级
市级中语会	学科教学	市级
省级教育学会	学科教育教学	省级
省级中语会	学科教学	省级
全国中语会	学科教学	国家级
中国教育学会	学科教育	国家级

第三,横向课题。横向课题是指社会各界为了研究某个课题而进行的横向联合研究的课题。这种课题不是政府主管的,也不是学会主导的,只是一些民间组织的课题。

(2)立项课题的申报

各级各类立项课题的申报,最具体的行为主要集中在课题申请书的填写上。各级各类立项课题申报申请书其格式可能有些不同,但主要内容是相同的。主要有这样几个方面:

第一,反映基本情况的数据表。主要有课题项目的名称、主持人姓名、性别、技术职称、研究的起始时间、项目主持人的教学科研情况、项目研究小组成员等等。

第二,课题负责人和课题组成员近期取得的与本课题有关的研究成果。可以把自己参与过的课题和取得的成果列出,因为这样可以说明自己的研究经验和能力。

第三，课题论证。这是填写课题申请书的重点，是整个课题申报的核心。因此，要尽量写得详细，写得深入，它往往直接决定着课题申请的成功与否。课题论证常常要涉及到：本课题国内外研究现状述评及研究意义；研究的主要内容、基本思路和方法、重点难点、主要观点和创新之处；前期相关研究成果和主要参考文献，等等。关于课题论证的主要内容我们在下文还要详细讲解，这里就不再赘述。

第四，课题研究的保障措施。通常包括各种人力、物力、财力等等。

第五，预期研究成果。如：研究报告、论文、教材或专著。有价值的录音、录像也可以作为成果的辅助材料。

第六，研究经费预算。应该实事求是地认真计算。包括图书资料费、调研差旅费等相关费用。

2. 非立项课题

顾名思义，非立项课题与立项课题相对，指的是并非国家、省、市等部门所设立，而是语文教育工作者在语文教育教学工作中自行主动去研究的课题。广大语文教育工作者平时所撰写的各种论文，绝大部分属于此类课题的范畴。由于立项课题申报名额有限，因此，事实上非立项课题是广大语文教育工作者最主要的研究课题类型。

非立项课题的种类也很多，譬如各种语文教育教学的论文大赛的课题、学术会议所拟定的课题、语文教育工作者在教育教学实践中碰到的课题，等等。在这些具体的非立项性课题中，又以语文教育工作者在教育教学实践中碰到的课题为主体。事实上，广大语文教师进行语文教育研究所采用的课题形式绝大部分是此类。

二、语文教育研究课题的发掘

发现并提出问题，是进行语文教育研究活动的前提基础。爱因斯坦有句名言："提出一个问题往往比解决一个问题更重要，因为解决一个问题也许是数学上或实验上的技能而已，而提出新的问题，新的可能性，从新的角度去看待问题，却需要有创造性的想象力，而且标志着科学的真正进步。"[①]对于语文教育研究而言，选题事实上就是一个发现课题的行为与过程。那么，我们到底该如何去挖掘课题呢？下面介绍几种常用方法。

（一）问题筛选

在实际教育活动中，广大语文教育工作者常常遇到或者产生大量关于语文教育教学的问题，通过对这些问题归类整理，再分析其重要性程度和研究这些问题意义的大小，确定其研究价值，在此基础上广泛听取同行或专家们的意见，最后从中选取价值明显且适合自己研究水平和能力的问题作为课题。要做到这一点，广大语文教师必须养成收集和整理语文教育问题的好习惯，平时要有问题意识。

（二）经验提炼

长期从事语文教育教学的一线语文教师一般在自己的实践中都摸索了不少经验。如何

① 爱因斯坦等著，周肇威译：《物理学的进化》，湖南教育出版社 1999 年版，第 66 页。

把经验总结出来,再上升到理论的高度,其中必然回答一系列的问题,这样一个个研究的课题就出现了。这种发掘语文教育研究课题的途径,对于广大语文教育工作者而言并不陌生,关键是大家会不会坚持,能不能养成习惯。

(三)资料寻疑

古语云:"尽信书不如无书。"平时我们读书看报,往往会收集许多关于语文教育教学的资料,这些资料中往往隐含着大量科研课题。通过对有关资料的分析,比较不同观点,揭露理论与实践的差异等,从中也会产生许多好的研究课题。

(四)现状分析

这是指通过对语文教育教学现状的分析,发现或揭示其中存在的问题,从而选择适当的课题。譬如本次新课程改革以来,在新课程理念向着实践的运作过程中,我们的广大中小学的语文教育教学的现状如何?从国家到地方,从语文课程到语文教学,从语文教师到学生,这其中就蕴含着数不尽的值得研究的好课题。

(五)意向转化

在现实中,我们广大语文教育工作者有时可能突然对语文教育教学的某一问题萌发一种探索的意向,这种意向实际上是一定的教育实践或理论信息在思维中积累的反映。这种意向如不能及时抓住的话,则可能稍纵即逝;如果紧紧抓住,则可能产生一个研究课题。当这种意向出现时,应对它作进一步思考,使得问题逐渐清晰起来;同时对有关问题的具体情况作进一步的调查,查阅相应的文献资料,分析其研究价值和自己的承受能力及其他客观条件,从而形成正式的课题。

第二节 语文教育研究选题的过程与原则

在了解语文教育研究其课题"有哪些"之后,接下来要思考的问题便是"如何选"了。本节从两个维度来讨论,一是选题的基本过程,二是选题的基本原则。

一、语文教育研究选题的过程

语文教育研究的选题,主要有以下五个步骤。

(一)选择研究课题的领域与方向

如上所述,语文教育研究课题的类型以及其来源十分丰富而广泛,广大语文教育工作者应该根据自己的研究兴趣、特长或经常关注的语文教育问题确定一个初步的研究领域,然后对这一个领域的相关问题作一个较为全面的审视,从中选择一个值得研究的大体方向。这个阶段事实上只是个初步的设定,具体的研究课题还未成型。

(二)搜集与分析相关研究文献资料

研究者根据自己初步确定的研究领域与方向来搜集各种相关资料,以熟悉在这一领域与方向已有的研究进展(包括研究的问题、所用的方法以及相关理论支撑等),分析现状,看看还有哪些问题可以研究,或者可以用另外的方法、理论去研究,在全面了解的基础上,通过比较、引申、综合、归纳等思维策略,最终明确自己的研究内容及方法。

(三)研究课题的确定

研究者对自己确定的研究内容按照其内在的逻辑体系进行解剖、细化,以形成系列的相关的许多小问题。这些小问题事实上就是研究者今后研究的一个个的分问题,它们有可能构成研究课题的逻辑框架。从某种意义上讲,这种细化工作的实施,标志着研究者课题真正确立。

(四)研究课题的表述

一个好的研究课题的名称,要符合准确、规范、简洁的要求。准确就是课题名称要把课题研究的对象、方法与内容表述清楚,或者至少要涵盖研究的对象与内容。规范就是所用的词语概念、句型样式要科学严谨,词语概念不可似是而非甚至自己任意编造的,句型样式不可以是口号式的,甚至犯语法错误等。简洁就是课题名称不要太冗长,在准确的前提下尽量少用字。

(五)研究课题的论证

为了使选择的课题更具有价值、更有可行性,研究者还需要对自己选择的课题进行论证。对于教师个体选择的课题来说,大家在发现问题、检索文献时候,就已经通过自我反思、向别人请教或自我学习等方式在对课题选择的合理性进行论证了,因而这个环节可能对非立项课题(特别是广大语文教育工作者自己平时写的一些论文)而言常常会省略掉,因此就没有必要照搬下面的要求和程序去做。但是,对于立项课题而言,如果教师个体选择的课题希望能在上一级科研管理部门正式立项,或者团体想组织比较大的合作研究项目,课题的论证工作是不可或缺的,且相当重要。课题论证的主要内容有:第一,本课题国内外研究的现状,即国内外已经做了哪些研究,达到了什么样的程度与水平,还存在哪些问题等。第二,本课题研究的价值,即为什么要研究这一课题,一般从理论和实践两个层面阐述其价值。第三,本课题研究的主要内容、基本思路和方法、重点难点、主要观点和创新之处等。第四,本课题研究的实施步骤,即要详细拟定课题开展的"路线图",一般有两个维度构成,即"时间"和"内容"。简而言之,就是从何时到何时做何事。第五,本课题研究的预期成果,即预计课题研究的中期和最终研究成果的名称、形式和数量等。

【案例3-1】

《语感教学理论与实践研究》课题论证①

一、本课题国内研究现状述评

我国首倡语感教学的是夏丏尊和叶圣陶先生。叶老说:"文字语言的训练,我以为最要紧的是训练语感。"1985年,吕叔湘先生在《语文学习》上发表文章,谈到"语文教学的首要任务是培养学生各方面的语感。"20世纪90年代初期,我国语文教育理论界对"语感"展开了

---

① http://hongyou1.bianji.com/html/yuanchuangjiaoyulunw/20061031201111.htm。

热烈的讨论,国内许多重要的学术刊物,如《中学语文教学》、《语文学习》、《人民教育》、《教育研究》、《语文教学研究》、《中学语文》等,都纷纷发表文章,特别是《中学语文教学》和《语文学习》,辟专栏为语感教学讨论搭建平台。杨炳辉、邢公畹、刘连庚、王尚文、蔡澄清、洪镇涛、洪宗礼、李海林、韩雪屏等一批语言学家,语文教育家,都参加到这一场讨论中来,一时使语感教学成为语文界的热门话题。一直到20世纪90年代后期,讨论才渐渐落潮,但始终未平息过,只是沉潜到更深的理论层面罢了。王尚文先生在语感理论的研究方面取得了显著的成就。1995年,他出版了《语感论》一书,对语感的定义和特征,语感的类型和功能,语感生成的心理机制,语感与言语主体、言语环境、言语形式、美感等的关系做了详尽的论述。李海林先生在语感和语感教学研究方面也有显著的成果,他在《言语教学论》(2000年出版)一书中强调,语文教学的目的主要是培养语感。韩雪屏教授在《语文教育的心理学原理》(2001年版)一书中专章论述了语感和语感教学问题,同时还创拟了语感教学的模式,为语感教学实践提供了可操作的范例。目前,我国在语感理论研究方面虽然还处于见仁见智阶段,语感的定义、特征、语感的心理机制等等,尚未达成一致的意见,但是,语感和语感教学的理论和实践研究,却实实在在地把语文教学推向了一个崭新的阶段,"语感"这一概念为越来越多的同仁所接受。

二、本课题研究的意义

语感教学的理论和实践研究,有助于人们正确认识语文课程的性质。语文不仅具有工具性,还具有人文性,工具性和人文性的统一,是语文学科的基本特征。语文是人类文化的重要组成部分。但是,多年来,由于人们对语文人文性认识的不足,使语文教学一度走了技术化的路上去了,机械训练、题海战术、烦琐的知性分析等等,让语文出现了诸多的错位现象。语感这一概念的提出,本身呼唤着人文的回归,因为语感不仅要求学生掌握语文知识,不仅在于对言语客观意义的理解,更重要的是要求学生透过言语的语表意义认识其语里意义,把握其隐含在言语背后的情感、情味、意图、风格、意向等。这些都是精神方面的要素,只有重视语感教学,才能重视语文的精神培育,才能使"瘦身"的语文变得血肉丰满起来。

语感教学的理论和实践研究,有助于全面提高学生的语文素养。语感是语文素养的核心,培养语感是全面提高学生语文素养的主要途径。语文教育高耗低效,未能很好地培养起学生听说读写等方面的语文素养,主要原因之一是不重视语感的培养。坚持不懈进行语感教学,注重雕琢学生的语感,使之不断地广化、深化、美化、敏化,能够一读就懂,一听就清,一说就顺,一写就通,这将大大地有助于提高语文教学的效益。

语感教学的理论与实践研究,有助于唤回学生对语文学习的兴趣。技术化的、纯知性的语文课,淡化了学生对语文的兴致,浪费了学生的身心精力,使语文这一门最具精神魅力的课程,最具文化意蕴的学问,变得失魂落魄,面目苍白。积极研究语感理论,实验推广语感教学,是目前纠正这一不良倾向的最佳途径。实施魅力无限的语感教学,必将会结束"语将不语"的局面,唤回学生对语文课的热情。

三、本课题的研究目标、主要内容、重要观点和创新之处

（一）目标

（1）通过课题研究过程，培养语文教育名师。

（2）梳理、整合国内语感和语感教学理论研究最新成果，并有所创见。

（3）建立一套语感教学操作模式。

（4）创造出一种以语感图式理论为指导的新的教学方法——叠印剥离教学法。

（二）主要内容

（1）研究语感理论，语言心理学理论，接受美学理论，对话教学理论。

（2）梳理、整合语感研究成果，系统掌握语感的定义、特征，语感的分类和功能，语感生成的心理机制，语感教学的特征，语感与思维、与语境、与言语主体、与言语形式、与美感的关系等，并拿出自己的创见。

（3）梳理、整合、创造、应用语感教学的有效途径和方式，形成系统模式，并与文本特点相对应，付诸实践。

（三）重要观点

（1）学习语文就是学习语言，准确地说，是学习言语，即学习语言的运用，在这个意义上说，语感教学的研究是语用的研究，语用、语境、言语形式，是语感和语感教学研究的三个最重要的概念。

（2）语义包括语表意义和语里意义，所谓"语里意义"就是语言的隐含意义，即语境意义，夏、叶二位老人所说的丰富的了解力，主要是指了解语言的语里意义。但是，语感不仅包括语义感，光了解语言背后的隐含意义还是不够的，还有语言的情味感、意图感、语序感、美感等等。

（3）语感能力是语文能力的"纲"，其他都是"目"；语感教学是语文教学的"纲"，其他都是"目"。

4. 对语感的认识固然重要，但是更重要的是付诸实践，所以我们主张先做起来再说。

（四）创新之处

（1）对新言语信息的顺应能力已超出了语感能力的范畴，语感就是直觉状态下的对言语信息的同化能力。此观点为目前国内的语感研究者所未见。

（2）基于上面的观点，我们认为，"语感教学"概念下的"语感"，不是学前儿童的语感，不是农村不识字而又能说会道的大嫂的语感，也就是说，不是自然习得的语感，而是按照语感生成的心理规律，有目的、有组织的经过科学训练而形成的语感。

（3）叠印剥离教学法是我们的首创。我们对分层解读文学作品的原理情有独钟，因为它彻底摆脱了陈旧的几段式的教学模式，并以全新的文学作品解读方法，给语文课堂带来了新的局面。而且，我们认为，文学作品分层解读原理正是语感生成的反方向运作，正是以语感图式理论为理论基础的。

四、本课题的研究思路、研究方法和实施步骤

本课题重点是行动研究，但是，必须在弄清与语感相关的基本概念的前提下进行。语感

的实质是什么,具有怎样的特征,如何分类？语感教学的内涵是什么,在语文教学中具有怎样的地位？然后才是具体操作的问题。主要方法是文献法和实验法。

研究过程分为四个阶段:理论准备阶段(2006年6月—8月),制定方案,建立实验研究队伍,理论培训；第一阶段实验(2006年9月—2007年7月),确定实验和对比班级,进行实验前成绩测试,开始实验；第二阶段实验(2007年8月—2008年5月),实验的深化阶段,完成预期研究成果；结题验收阶段(2008年6月—7月)。

二、语文教育研究选题的原则

选题是语文教育研究的起点,当然并非所有的课题都值得去选。要能很好地做到这一点,必须要明白选题的一些基本原则。概括起来讲,语文教育研究选题的基本原则主要有以下四条。

(一) 价值性原则

所谓价值性原则,就是指所选定的语文教育研究课题必须有不以研究者主观意志为转移的,并有一定评定标准的理论学术价值或实践应用价值。这一原则是进行语文教育研究选题的根本性原则。没有价值的课题,做得再多、再好都没有意义。

在语文教育研究的选题工作中遵循价值性原则,要考虑到的无非就是两个方面:课题的选择是否具有理论价值,或是课题的选择是否具有实践价值。理论价值在于课题研究能为语文教育理论的拓展、丰富提供相关知识,比如对原有语文教育理论进行检验、修正、完善与发展,或者重新建构新的科学的理论；实践价值在于课题研究能为语文教育教学中的实践问题提供解决的对策,从而提升语文教育教学的质量。课题的理论价值与实践价值,必须具备其一,这样的课题方能选择。这里值得注意的是,对于研究者而言,课题的理论价值与实践价值往往是相辅相成的。小学语文特级教师李吉林正是在长期的语文教学实践中研究创立了情境教育理论,这一理论使得她的教学取得了显著的成绩,这反过来又激励她更加积极、主动地投入到小学语文情境教育研究中去。

(二) 科学性原则

所谓科学性原则,就是指所选定的语文教育研究课题必须符合教育科学理论以及经实践与事实证实过的教育规律,要有事实根据和理论根据,不能胡乱编造、凭空臆想。这一原则可以为语文教育研究选题起到良好的保驾护航的作用。

在语文教育研究的选题工作中遵循科学性原则,具体而言,要注意以下两点:第一,要有可信的事实依据,即所选的语文教育研究课题要有坚实的实践基础,当然这里的实践可以是直接的,也可以是间接的。譬如,要选择语文教学评价方面的课题,就必须有大量确凿的关于语文学科教的评价与学的评价的案例、经验等作为支撑。第二,要有科学的理论依据,即所选的语文教育研究课题要有科学的理论基础,要以教育科学的基本原理做指导,所选课题应该能够纳入一定的教育科学知识框架或理论体系。譬如,要研究语文学习动机这一课题,就必须洞悉心理学关于动机的理论。事实证明,坚实的实践基础和科学的理论基础,可以为选题工作起到定向、规范、解释等作用，保证选题的有效性。

（三）创新性原则

所谓创新性原则，就是指所选定的语文教育研究课题必须具有新意，要有自己的独创性或者突破点。这一原则是由语文教育研究的本质属性决定的。

在语文教育研究的选题工作中遵循创新性原则，主要表现在三个方面：第一，研究时间方面。这是指研究者所选择的语文教育课题应具有时代感，能反映出语文教育教学改革发展的方向和趋势。譬如，江苏省泰兴市小学黄桂林老师在认真查阅了全国各地小学语文教学改革方案后，从一个全新的角度创造性地提出了"用假设的方法引导学生阅读，大面积提高教学质量"的课题，通过十多年坚持不懈的研究，取得了显著的成果，其经验在全国十多家报刊介绍。[1] 第二，研究内容方面。这是指研究的课题是前人未曾提出、未曾解决或未曾完全解决的，是在语文教育实践与语文教育理论中提出新的问题。第三，研究形式方面。这是指研究的方案设计、研究的方法策略、研究的技术手段等等与众不同，有自己的特色与个性。譬如，研究语文课程与教学，以理论思辨方法方式比比皆是，但李山林主编的《语文课程与教学论案例教程》（湖南师范大学出版社 2006 年版），以案例为纽带、为手段、为方式来探讨语文教育，便是一种创新。

（四）可行性原则

所谓可行性原则，就是指所选定的语文教育研究课题必须具备保证其正常开展并取得预期成效的现实条件。这一原则将决定着语文教育研究课题最终能否得以开展实施。

在语文教育研究的选题工作中遵循可行性原则，主要体现在两个方面：第一，要具备相应的主观条件。主观条件是指研究者本人的知识基础、经验积累、科研能力、研究专长以及对此课题的兴趣等。第二，要具备相应的客观条件。客观条件主要包括进行语文教育研究所需的各种资源，比如人力、经费、时间、场地、图书资料、仪器设备等等。广大语文教育工作者要切记，一个科学的、有价值的、富有新意的课题，并不一定是个好的课题，除非它切实可行，否则终将纸上谈兵，无法成形。

第三节　语文教育研究选题的方法与策略

语文教育研究课题的来源应该说是相当丰富的，但真正选择到一个好的课题并非是容易的事，这需要研究者具有相当的知识水平、分析能力和敏锐的洞察力；此外，特别重要的是，还要具备"方法论"层面的素质。本节就从这一视角切入，谈两个方面的问题，一是语文教育研究选题的方法，二是语文教育研究选题的策略。

一、语文教育研究选题的方法

语文教育研究的课题的选择，事实上主要是在两大领域进行，即语文教育理论领域和语

---

[1]　陈时见：《教育研究方法》，高等教育出版社 2007 年版，第 201 页。

文教育实践领域。在这两大领域中,有六个"点"可供我们寻觅、筛选。

（一）选择"热点"课题

"热点"课题即在某一个时期特别引人注目的语文教育问题。它有两个特点:一是特定时段性,即在这个特定的时期内是热点,过了这个时期可能就较少有人去问津;二是广泛关注性,即在这个时期内有很多语文教育工作者投入讨论探究。譬如,新课程改革以来关于语文课程人文性、本世纪初关于"语文"的阐释等,就是典型的热点课题。

（二）选择"重点"课题

"重点"课题即对语文教育具有重要意义的课题,或是具有重要的理论意义,或是具有重要的实践意义。上述所讲的立项课题,绝大部分都是属于此类课题,它是各级组织重点规划的。当然,许多重点课题就是热点课题,语文教育研究的热点课题和重点课题常常会重叠。这类型课题研究的人往往很多。

（三）选择"难点"课题

"难点"课题即不容易解决、难度较大的语文教育问题。它大致表现为三个方面:一是语文教育理论方面,比如关于语文知识系统的厘定、语文教育学科的建构等;二是语文教育实践方面,比如培养学生的语感、语文教学档案袋评价等;三是语文理论与语文教育实践衔接方面,这一方面课题很多,譬如本次新课程改革的诸多理念在向实践的运作中出现了许多问题,这些问题都属此类课题。

（四）选择"盲点"课题

"盲点"课题即在语文教育研究中从未涉及过的课题。这类课题最大的特点就是空前性,即以前从未有人去研究过,对于语文教育研究而言是个空白点。因此,这类课题的发现是一种高度的开发与创新。这类课题可以通过比较的方法来发掘,具体有两种方式,即历时性比较和共时性比较。历时性比较即纵向比较,就是将现在的语文教育理论与实践与以前的语文教育理论与实践进行比较,从而找出前人没有研究过的问题。比如,王柏勋撰写的《语文教学情趣论》（社会科学文献出版社 2004 年版）,即属此类课题研究。共时性比较即横向比较,就是把本国、本地区或本校的语文教育理论与实践与其他国家、其他地区或其他学校的语文教育理论与实践进行比较,从而找出新的课题。譬如,由特级语文教师洪宗礼主持的中外母语教材比较研究（其标志性研究成果为洪宗礼、柳士镇、倪文锦主编《母语教材研究》共 10 卷,江苏教育出版社 2007 年版）,即属此类课题研究。

（五）选择"交点"课题

"交点"课题即语文教育学科与其他学科之间交叉融合所产生的课题。譬如宏观教育学所讲的综合实践活动与语文教育学的交叉结合,就产生了语文综合性学习方面的课题（如靳彤著的《语文综合性学习:理论与实践》,中国社会科学出版社 2007 年版）;心理学与语文教育学的结合,会产生语文教育心理学方面的课题（如韩雪屏著的《语文教育的心理学原理》,上海教育出版社 2001 年版）,学习论与语文教育学的结合便会产生语文学习论方面的（如佟士凡著的《语文学习论》,广西教育出版社 2007 年版）,等等。

（六）选择"定点"课题

所谓"定点"课题,就是指各级各类立项的课题,一般这些课题都会以课题指南的方式呈现出来，研究者可以从中直接选取，如《全国教育科学"十一五"规划 2009 年度课题指南》中所列课题。① 该课题指南分国家重点招标课题和一般课题两大类，国家重点招标课题包括教育改革的理论研究、区域内整体推进素质教育的实验研究、构建城乡一体化的教育体制机制研究、城镇化进程中的教育变迁研究、区域内义务教育均衡发展的实证研究、加快普及高中阶段教育的条件保障研究、学前一年教育纳入义务教育的条件保障研究、高等教育发展性评价研究、创设"以人为本"的学校教育教学制度研究、学生网络生活方式的现状调查与对策研究等 10 项；一般课题包括教育基本理论与教育史、教育发展战略、教育经济与管理、基础教育、高等教育、职业教育、德育、教育心理、体育卫生艺术教育、教育技术与传播、成人与社会教育、民族教育、国际与比较教育研究等 13 小类 1276 项。其中"基础教育"中所列课题有：各学段的有机衔接研究、教学模式改革与学科教学思想创新研究、新课程改革对师生教学方式转变的影响研究、教师发展对转变教师学习方式影响研究、克服学生厌学对策研究、高中文理分科问题研究、薄弱学校提高办学质量实践模式研究、普通高中教育多样化办学模式研究、城乡学生学业成绩差异调查研究、学前教育成本与收费调查研究、乡镇中心幼儿园建设与发展研究、特殊儿童学习质量状况调查、残疾儿童"随班就读"学习模式改革实践的系统评估等项。

二、语文教育研究选题的策略

客观地讲，语文教育研究选题的策略很多，这里我们着重阐述使用频率较高也是颇有成效的几种策略。

（一）"质疑反思"策略

所谓"质疑反思"策略，是指从既有语文教育研究成果的对立面出发来思考问题，分析问题，用批判的眼光审已有的理论、观点及方法，通过质疑与反思，从而形成新的研究课题。在语文教育研究选题中，运用此策略要求研究者不迷信权威，不盲从大流，敢于对盛行的或重要的理论、观点及方法进行怀疑与批判。当然，质疑不是胡乱地猜疑，毫无根据的猜疑是不可能提出有研究价值的课题的，它需要事实支撑和理论支持。

上海《语文学习》编辑部曾精选该刊发表的近百篇此类文章，汇编成《教学争鸣录》（上海教育出版社 2000 年版），内容涉及关于中学语文教学的许多重要课题的研究，如：人文主义与科学主义之争、"工具说"、"语感中心说"、教学主体问题、教学模式问题、语法教学问题、语文考试问题、教学管理问题等等。

（二）"问题引申"策略

所谓"问题引申"策略，是指受某一个既有的语文教育研究课题的启发，进而由此推开，引申出一个新的研究课题。在语文教育研究选题中，运用"问题引申"策略，可以是从自己研究过的课题，也可以从别人研究过的课题中去引申研究，还可以从国家、省市等一些较大的立项性课题中进行分解派生出一些小课题来研究。

在语文教育研究选题中，运用"问题引申"策略的案例也相当多，我们平时在各级各类报刊

---

① http://onsgep. moe. edu. cn/edoas2/website7/index. jsp。

杂志中所见到的标有《……由什么想到的》、《再论……》、《……再思考》等文题都是此方面的典型。至于从国家、省市等一些较大的立项性课题中进行分解派生出一些小课题来研究,更是司空见惯。

（三）"总结归纳"策略

所谓"总结归纳"策略,是指对既有的语文教育教学的经验事实或理论成果进行收集整理,分析提升,总结归纳,从中寻找出新的研究课题。在语文教育研究选题中,"总结归纳"策略它有两个指向,即对语文教育教学经验性的东西和对语文教育教学理论性的东西。

譬如,周庆元所著的《语文教育研究概论》(湖南人民出版社 2005 年版),此书除序论和余论外,共五大篇,即语文教学原理研究篇、语文课纲教材研究篇、语文教学操作研究篇、语文教育教养研究篇、语文教师教育研究篇。其中每一篇事实上就是一个"课题",这些课题便是在对既有语文教育教学理论进行整理归纳的基础上,所作的系列性的分类研究。

（四）"重复拓展"策略

所谓"重复拓展"策略,是指研究一个语文教育研究中已经存在的课题,这一课题别人已经研究过,甚至有许多人都做过研究。此研究只是一种"重复",但这种"重复"只是外在的课题形式,其研究的实质已大不一样,已远远超出原有课题,是对原有课题的拓展。此策略在自然科学研究中广泛运用。对于语文教育研究而言,运用"重复拓展"策略可以使某一个课题研究得更加深入、更加全面。

譬如,语文教育界、理论界关于语文教材选文类型的研究很多,像叶圣陶、张志公、顾黄初等语文教育大家们都做过此方面的研究,王荣生在所著的《语文科课程论基础》(上海教育出版社 2005 年版)一章中,研究的也同样是这一课题,但他在既有理论成果的基础上,开发拓展,创造性地提出了关于语文教材选文类型的"四分"学说,即"定篇"、"例文"、"样本"、"用件"。事实上,运用"重复拓展"的策略来选题的案例是相当多的,我们平时在各级各类报刊中所见到的标有《也谈……》、《也论……》等文题都是此方面的典型。

（五）"借用移植"策略

所谓"借用移植"策略,是指将哲学、科学学、心理学、社会学等学科中值得借鉴的研究成果(包括研究方法、研究技术、研究手段、研究结论等)引用、借鉴到语文教育教学中,从而生成出一些崭新的课题。"他山之石,可以攻玉",运用"借用移植"策略可以大大拓宽我们选题的视角和领域。

譬如,将心理学成就动机理论移植到语文教学,就可以产生出语文学习成就动机的研究;将计算机技术移植到语文教学,就可以产生出计算机辅助语文教学的相关研究;将物理学中场的理论移植到语文教学,就可以产生出语文课堂教学场的研究,等等。

（六）"比较启发"策略

所谓"比较启发"策略,是指把一个已有的语文教育教学的研究课题通过纵向的或横向的比较,在此基础上分析探究,从而启发得出新的研究课题。在语文教育研究选题中,运用"比较启发"策略有两种方式,即纵向比较和横向比较。纵向比较是历时的比较,即从时间的维度去比较,古代的、近代的、现代的、当代的之间等。横向比较是共时的比较,即从空间的维度去比较,国内的与国外的,此学校与彼学校,这个教师与那个教师之间等。

譬如,倪文锦、欧阳汝颖主编的《语文教育展望》(华东师范大学出版社 2002 年版)、张承明著的《中外语文教育比较研究》(云南教育出版社 2005 年版)以及闫苹、周鸳主编的《语文比较教育》(广西教育出版社 2006 年版)等,都是这方面的典范。

思考与练习

1. 谈谈语文教育研究课题有哪些类型。如何去发现这些课题?

2. 谈谈语文教育研究课题该如何申报立项。

3. 语文教育研究的选题主要经历哪些步骤。试举例分析。

4. 语文教育研究选题有哪些基本原则?试作阐释。

5. 选择语文教育研究课题有哪些好的方法。有哪些好的策略?

第四章　语文教育研究的方案设计

对于语文教育研究活动而言，在经过课题选择与课题论证之后，接下来的工作便是要确定研究的方案。至此，研究工作便由准备工作过渡到了实施阶段。对于广大语文教师而言，自己平时私下搞一些小课题研究、写一些小论文，事实上在选择课题、确定课题的过程之中，常常已经有了研究的思路与方案，因而，严格意义上的研究方案的设计这一环节常常是略过去的。但是，对于各级各类的立项课题而言，此道环节是不可或缺的。

第一节　语文教育研究方案的含义与类型

语文教育研究方案的设计不等于前文所讲的语文教育研究课题的论证，那么，到底何为语文教育研究方案以及语文教育研究方案有哪些类型呢？

一、语文教育研究方案的含义

研究方案也称研究计划，是研究的施工蓝图和工作计划。它是对某一项课题从提出课题、实施课题研究到全面完成课题研究这一动态过程的系统、具体的安排与规划。语文教育研究方案就是对某一语文教育课题研究的动态过程的系统、具体的安排与规划。

语文教育研究方案的设计与前文所讲的语文教育研究课题的论证，二者之间既有联系又有区别。语文教育研究课题的论证是在课题的研究方向确定之后，课题负责人在调查研究的基础上撰写的一种"申请性"的课题研究设想，其目的是要向有关部门说明此课题应该如何做，证明自己有条件研究以及打算如何研究。而语文教育研究方案的设计是在语文教育研究课题的论证的基础上进行的。进一步而言，语文教育研究课题的论证重在阐释"可能性"（或"可行性"），而语文教育研究方案的设计重在阐释"如何做"（或"可操作性"）。值得注意的是，虽然语文教育研究方案的设计与语文教育研究课题的论证在内容上有些相似，但前者比后者要更具体、更详细，特别是在到底如何研究方面，在语文教育研究方案的设计中要阐述得非常详细。

语文教育研究方案的设计，对于研究者而言，其主要价值在于对语文教育研究中必要的步骤和材料作描述性叙述，提供对研究进行导向的工作路线图以及提供自己对研究本身进行评价的媒介与载体。语文教育研究方案它力求用最少的人力、物力和时间，去获得最客观、最有效的研究资料与数据，从而取得可靠的研究结论。语文教育研究方案合理、完善与否，不仅直接影响到研究的进程，而且还影响着研究结果的可靠性、科学性。一个完善的语文教育研究方案可以保证研究达到预定目标，提高工作效率，节省人力、物力和时间，提高研究结果的精确性和准确度。总之,语文教育研究方案对于顺利开展研究起着重要的作用,对于科研经验较少的广大中小学语文教师来说尤其如此。一个好的语文教育研究方案可以使我们的工作有条不紊,有章可循,有的放矢。

二、语文教育研究方案的类型

研究方案根据其研究的目的、任务的不同,可以划分为三类,即学术论文方案、纵向课题方案以及横向课题方案。[①]

(一) 学术论文

一般说来,语文教师平时所作的论文很少作严格意义上的课题方案的设计。这里所说的学术论文研究方案,主要指硕士生、博士生的学位论文。这类论文由研究生撰写,递交导师审批。这类研究方案的制定是学生撰写学位论文的基本要求,有经验的导师都会很重视指导研究生制定学位论文方案这个环节。

(二) 纵向课题方案

纵向课题竞争性很强,能否在激烈的竞争中获胜,很大程度上取决于审评人如何评价和判决研究方案。各种政府性(包括国家级、省部级、市区级等)的研究课题的方案多属此类。

(三) 横向课题方案

横向课题主要面对资助者,满足资助者的需要,以及取得合作和支持的机会。因此,横向课题研究计划的灵活性较大。

第二节 语文教育研究方案的内容与形式

在讨论过语文教育研究方案的含义与类型之后,接下来我们要重点探讨到底如何设计语文教育研究的方案。这个问题我们从两个层面来分析,一是从语文教育研究的内容层面,即设计语文教育研究有哪些主要事项;二是从语文教育研究的形式层面,即设计语文教育研究有哪些基本格式。

一、语文教育研究方案的内容

语文教育研究方案主要是对研究什么和怎么研究进行全面的安排与规划。但在具体的研究方案设计中,通常需要对五个方面的内容进行详细阐述。这五个方面是:主要研究什么问题、为什么研究此问题、怎么样研究此问题、如何才能顺利研究以及研究有何预期成果。[②]

(一) 主要研究什么问题

这是任何一个语文教育研究方案首先要阐明的问题。对研究什么的介绍可以通过四种方式来实现:一是课题名称。这就要求标题要合适,最好能涉及研究的范围、对象、内容、

---

① 陈时见:《教育研究方法》,高等教育出版社 2007 年版,第 228—229 页。
② 朱德全:《教育研究方法》,重庆出版社 2006 年版,第 38—39 页。

44

方法等。二是研究内容。这就要求将研究内容解剖成几个具体而又关联的研究问题,然后将研究问题明确提出来。三是研究假设。在研究方案中的相关位置明确提出研究假设,通过研究假设让人了解此研究的重点。四是研究目标。在研究目标中凸现要研究的主要问题。

(二)为什么研究此问题

一个语文教育研究课题能否立项,很大程度上取决于该课题的研究是否有价值。因此,回答"为什么研究此问题",这是撰写语文教育研究方案时尤其需要突出的内容。对为什么研究的介绍可以通过三种方式来实现:一是研究缘由,即为什么想到研究这个问题,是什么引发了研究者的研究动机。二是研究意义,一般可以从理论意义与实践意义两个维度来论述。三是创新之处,即这一问题的研究与其他研究相比有何不同之处。

(三)怎样研究此问题

一旦某一个语文教育研究课题得到认同,那么"怎样研究这个问题"就成为研究方案里最为重要的部分了。因为评审者主要以该部分的内容来判定课题申请人是否能够保质保量地完成该项研究工作,从而给出评审结论。对这一部分的介绍主要包括以下内容:研究对象、研究思路、研究方法、技术路线和实施步骤、研究工具的选择与编制、搜集资料的方法与程序、资料的统计与分析方法等等。

(四)如何才能顺利研究

语文教育研究方案有效地落实离不开真实、可靠的支持与保障系统。因此,在这一部分需要详细介绍保障研究顺利实施的支持系统。主要有以下四个方面:一是研究工作的已有基础,包括已取得的相关研究成果和主要参考文献;二是研究人员的能力(如主要参加者的学术背景和研究经验、组成结构,比如职称、职务、专业、年龄等),组成与分工;三是研究经费的合理分配;四是有效开展研究的其他保障机制,如图书资料、实验仪器设备、研究时间及所在单位条件等。

(五)研究有何预期成果

研究成果既是研究价值的体现方式,也是评审课题的重要依据。对研究成果的介绍重要包括三个方面:一是研究的预期成效;二是研究成果应达到的水平;三是研究成果的表现形式。

二、语文教育研究方案的形式

一般来说,语文教育研究方案所表现的主要形式是相通的。不过,有些研究(如实验研究)有专门的要求,这也反映在语文教育研究方案之中。下面就这两种情形作简要介绍。需要注意的是,这些基本格式只是就主要方面作了约定,具体的研究方案则需要根据实际情况作出详略取舍,还可以将其中一些内容合并到一起,如在阐述研究目的和意义时就介绍国内外研究现状、将研究的主要内容与研究步骤合在一起陈述等等。

(一)语文教育专题研究方案的基本格式

(1)本课题研究的目的意义。

（2）本课题研究的主要内容。

（3）本课题国内外研究现状，预计有哪些突破。

（4）完成本课题的条件分析，包括人员结构、资料准备和科研手段。

（5）课题组分工情况。

（6）主要研究阶段及研究成果形式。

（7）经费预算。

（二）语文教育实验研究方案的基本格式

（1）问题的提出，其中要介绍已有研究状况。

（2）研究假设，明确界定实验的变量并阐述对变量之间关系的设想。

（3）研究的具体方法，包括选用哪种实验模式，如何检测因变量的变化。

（4）总体和样本，如何选取实验研究所需的学生、教师等因素。

（5）研究设计，具体说明实验研究中的每个因素，包括何时检测因变量。

（6）实验过程，具体说明如何操纵自变量、控制干扰变量。

（7）数据分析的统计技术。

（8）时间安排。

（9）预算，包括人力、物力、设备及各种间接费用。

下面给出两则语文教育研究方案设计的案例，一个是语文教育专题研究方案，另一个是语文教育实验研究方案。

【案例 4－1】

"语文校本课程资源的开发与利用"研究方案①

一、课题研究的背景及意义

《全日制义务教育语文课程标准·实验稿》和人教版《义务教育课程标准实验教科书·语文》都十分重视语文课程资源的开发与利用，这是语文课程观念的更新和完善，也是现代语文教育发展和新世纪语文教学改革深化的必然。搞好语文课程资源的开发与利用，对于全面提高语文教育质量必将产生积极而深刻的影响，也是语文教育改革的必然趋势。可是，长期以来，我们对语文课程的理解相对来说比较狭隘，基本上局限于"教学大纲"、"教学计划"和"教科书"，教师的教学行为也往往只是遵循"教学大纲"，执行"教学计划"，教授"教科书"。

可见，学校课程以及课程内容的载体（特别是教材）将越来越不是学生学习的唯一渠道，课程与教材的内容与外延将发生越来越大的变化。显然，把教科书当作圣经一样来解读，既是陈旧的课程观念，也是陈旧的学习方式。在课程设置实行国家、地方、学校三级管理的今天，教材已经不仅仅是学生课桌上的书本，如何开发和利用课程资源，不仅是教材编写者面临的问题，也是我们一线教师应该高度关注的重要课题。

---

① http://www.wzyuying.com/Article/ShowArticle.asp? ArticleID＝2147。

我们认为,很有必要进行符合我校教学实际的语文课程资源的开发研究,提倡教师树立强烈的资源意识,努力成为学生课程资源的设计者,引导学生走出教科书,走出课堂和学校,让学生在大语文环境里学习和探索语文,感受富有语文情趣的语文学习。

二、国内外相关课题研究综述

美国教育家华特曾经说过:"语文学习的外延与生活的外延相等。"这也体现了课程资源的开发与利用的理念。其实,课程资源的建设一直是各国课程改革所面临的一个重要课题。即使在美国这样发达的国家,也同样会面对这样的问题。由于资源短缺,所以很难做出分配决定。地方和州的学校董事会经常遇到一些资源分配问题。在美国加州课程标准序言中提到:在选择必读的文学和提供信息的作品以及布置作文时,地方教育董事会、学校和教师应该利用每一个机会把读写和其他核心课程联系起来,包括历史、社会科学、数学和科学。学生通过读写,探索他们自己的存在与他人存在的关系;德国的母语课程标准则分年级详细列出跨学科主题学习内容;对于地方分权制国家加拿大,则干脆由各省自行制定课程政策,鼓励各区和学校自主开发校本课程,省教育厅只为核心课程设定课程标准并举行统一考试……由此可见,开发具有地方特色的母语校本课程资源,是一个全球性的实践性研究课题。

三、课题研究的内容及预期目标

(一)课题界定

"语文课程资源"包括课堂教学资源和课外学习资源。例如:教科书、其他图书、报刊、影视、网络、各种标牌广告等等。另外自然风光、文物古迹、风俗民情、国内外重要事件、学生的家庭生活,以及日常生活话题等也都可以成为语文课程资源。

校本语文课程资源包含的内容很广泛,无处不在,无时不有,涉及教材资源和现实生活资源,但它更指向具有地方和学校特色的教学资源,它的来源可分为校内资源和校外资源;根据存在方式可分为显性资源和隐性资源。它可以是校内的课程资源,如实验室、图书馆及各类教学设施和实践基地,可以是校外的课程资源,包括本地区悠久的文化历史、名人的生活事迹,以及能够反映本土特点的展览馆、科技馆、工厂、农村等广泛的社会资源、物产资源,甚至可以是教师的教学观念、个人修养、施教手段以及师生之间的人际关系资源。

(二)课题研究的基本原则

1. 互补性原则

在开发校本语文课程资源的同时,要充分考虑到现有教材思想内容和学科知识的系统性、连贯性。力求避免出现置教材于不顾,随意去开发课程的极端行为。

2. 儿童化原则

兴趣是小学生学习的原动力。教师在开发课程资源时关注儿童的身心特点,否则,再好的课程设计都难以落实。

3. 适应性原则

语文课程资源的开发和利用不仅要考虑典型或普通学生的共性情况,更要考虑特殊学生的个别具体情况，同时还要考虑到特定教育对象的现有知识技能、素质背景，以此来选取材料、组织材料、使用材料。

4. 和谐性原则

各种语文课程资源之间配合要得当、匀称，学科之间的沟通相融应当是有机的，而不是人为勉强的拼装组合。语文课程资源的选择与调配，不能仅仅从认知的角度出发，还必须善于营造一种良好的人际、情感氛围，使语文课程资源在促进学生身心发展、人格健全方面得到和谐的发展。

（三）课题研究的主要内容

在新一轮的课程改革中，在课程资源结构的重心发生变化时，本课题立足于校本课程资源的开发和利用，要求实验教师转变原有的课程资源的观念，关心生活，热爱生活，投身生活，在生活中构建校本语文资源体系。在实际教学中自觉拓展语文学习的空间，扩展语文教材的学习内容，创造性地开发相关的语文课程资源，创设语文学习的环境，拓宽语文学习渠道和运用领域，注重跨学科的教学融合，使学生在不同内容和方法的相互交叉、渗透和整合中开阔视野，使语文学习的过程成为学生形成积极的情感态度、主动思维和大胆实践的过程，从而提高学习效率，提升语文综合素养。

（四）课题研究的预定目标

（1）通过校本课程资源的开发与利用，探索学校、老师、学生自主开发和利用课程资源的途径和方法，更好地建设学科教学教育资源库，提高校本课程资源的利用率。

（2）运用现代教育理论与教育思想，探索新课程下的教学资源开发设计理论，通过教学改革与实验，构建基于新课程背景下的校本课程资源体系。

（3）通过课题研究，培养学生的自主学习、创新学习和终身学习的意识和能力，提高语文综合素养。

（4）通过课题研究，更新教师的教育资源观念，使教师真正成长为新课程改革中课程资料的设计者与开发者。

四、课题研究对象

现有使用教材；相关文献资料；校园文化环境；区域文化环境

五、课题研究方法

资料检索法；课题实验法；经验总结法；行动研究法

六、课题研究的操作及做法

（一）开发校本资源

在学校生活中，可开发利用的资源是相当多的，真可谓"学校处处皆教材"。语文课程资源包括课堂教学资源和课外学习资源，例如：教科书、教学挂图、工具书、其他图书、报刊、电影、电视、广播、网络，报告会、演讲会、辩论会、研讨会、戏剧表演，图书馆、博物馆、纪念馆、展览馆，布告栏、报廊、各种标牌广告，等等。

（1）开发并利用好语文教材，发挥教材的多种功能。在课堂教学中，倡导自主、合作、探究的学习方式,让学生借助教材这个例子,主动理解和体验,有所感悟和思考,获得情感熏陶和思想启迪,通过对教材的学习领悟到教材以外的东西,从而获得学习方法,形成正确的学习态度和习惯,综合提高语文素养。

(2) 开发并形成各具特色的校本课程。结合课程改革的学校实际情况,构建各具特色、形式活泼、新颖有趣的校本课程。在周二和周四的兴趣活动开设动态活动课程,如学科类:奥赛辅导班、文学讲习班、课本剧表演、小记者采访、电视演播、电脑小报、笔会、辩论会、新闻发布会、读书报告会、时文赏析会……科技类:OM(头脑奥林匹克)辅导、电脑绘画、小制作、小发明、气象观测、植物种植、动物养殖……文艺类:声乐、器乐、舞蹈、卡拉 OK、形体健美、美术、摄影、书法、剪纸……体育类:田径、航模、球类、棋类、武术、军训……让孩子从小认识优秀的中华文化,促进学生的全面发展。

(3) 创设多彩的有利于母语学习的校园环境。校园是学生学习、生活的主要场所,合理地利用校园、教室等场地,创设多彩的校园文化,将这些设施赋以生命的活力,将这样的环境作为语文课程资源之一,以熏陶学生的情感,促进学生语文能力的发展。如在教室里张贴学生自己的书法、绘画作品,发动学生精心布置班级的"图书角""阅读栏""我会读""我真行"评比栏,"看谁写得棒"习字栏,在校园的草坪写上"小草正在睡觉,请不要打扰她"等充满爱心和诗意的话语,让学生在多彩校园环境中通过各种渠道感受语文,学习语文,在充满真、善、美的环境中陶冶情操,健康成长。

如校园绿草如茵,季季有花、步步有草、处处有景。各类专用教室、楼道、办公室、宣传橱窗、艺术长廊等"精雕细刻",极力渲染人文张力。如设置仪表镜,安装古今中外名人、英烈画像、名言警语标牌,给学生智慧启迪,励志冶情。

(4) 创导生动活泼自主学习方式,改变单一的讲授文本为主的教学方式。一定要改变把学生禁锢在课堂里、日复一日地重复口耳相授、单调枯燥的教学方式。采取多种多样的能充分体现学生自主学习、自主实践的形式,如上网、读课外书、询问、讨论,在课前、课后搜集资料,组织新闻发布会、故事会、朗诵会、讨论会,演课本剧,办手抄报,编习作集等。让学生在丰富多彩、生动活泼的语文实践中学习语文,在讲述、讨论、交流、品评、操作等活动中促进发展,形成扎实的语文能力,并且体验语文学习的乐趣。

(二) 开发区域资源

开展丰富的语文实践活动,拓展语文学习的空间。课堂只是小天地,天地乃为大课堂。要充分利用当地的自然、人文景观,如风景名胜、博物馆、纪念馆,引导学生在自然、社会的大课堂中观察、调查、获取信息,学习语文。要根据学生心理特点和兴趣爱好,开展丰富多彩的语文实践活动,让学生根据自己的学习方式,将自己学到的知识、技能恰如其分地运用于实践,在实践中锻炼,在实践中成长。

如组织学生远足,外出摄影、写生、采风、雏鹰展翅、清明扫墓;开展社区采访、社区调研、社会服务;举办少年之星报告会、英模事迹报告会等。

七、课题研究的步骤及人员分工

（一）课题研究的程序

本课题研究计划时间为一年半，从2005年2月至2006年8月，具体研究步骤如下：

1. 准备阶段（2005年2月—2005年4月）

（1）学习有关课程资源开发的资料及相关理论；

（2）集体论证和完善课题方案，提请领导、专家审定。

2. 实施阶段（2005年5月—2006年6月）

（1）各教师分别完成课题计划并提请小组论证；

（2）各教师按计划实验，并写好实验心得，积累相关资料；

（3）检索资料，归纳整理；

（4）定期集中研讨，解决实验中碰到的问题。

3. 总结阶段（2006年7月—2006年8月）

（1）各实验教师完成实验材料的分类整理；

（2）课题负责人完成实验报告；

（3）编印校本教材；

（4）整理各年级阅读推荐书目；

（5）编印课题研究论文集。

（二）研究成果展示形式

（1）编印校本阅读教材；

（2）分类整理各年级阅读推荐书目；

（3）课题研究论文。

（三）课题研究的人员分工（略）

八、课题研究的条件

（1）自新课程实施以来，无论是教育专家或者是一线教师，都对语文课程资源的开发与利用进行了较为深入的思考，为本课题提供了较好的研究基础。

（2）课题顾问朱瑛老师是著名的语文特级教师，在新课程方面有较为独到的思考，并且有较为丰富的课题研究经验，能为本课题研究提供理论与技术支持。

（3）课题小组主要成员基本都参与了国家"九五"规划二级子课题"课内外读写结合实验"，积累了一定的课题研究经验。

（4）学校曾于2001年组织编写了上中下三册小学语文诵读课本（属校编教材），积累了一定的缩写校本教材的经验。

（5）学校藏书丰富，校园网畅通，为查阅和收集相关资料提供了方便。

（6）学校经济实力雄厚，能为课题研究提供经济保证。

九、经费预算（略）

【案例4-2】
"运用影片资源创设小学语文自主学习的氛围"实验研究方案①

一、课题由来

素质教育理论认为,教学过程是教师的教与学生的学的互动过程,在课堂学习中学生是主体,只有学生积极主动地学才能获取并内化素质。

然而在我们的语文教学实际过程中,我们发现,很多学生都缺少对语文学习的主动性。有的学生缺少学习语文的热情;有的学生不能阐述带有自己见解的观点;有的学生在考试时碰到活用的知识就束手无策了……这些都是教师教、学生学这种传统的教学模式带来的弊病。陶行知先生曾经说过:"先生的责任不在教,而在教学,而在教学生学"。所以我们要从学生出发,引导学生如何去学,构建一个自主参与的语文学习环境。

影视资源具有生动、形象的特点,可使语文教学多样化、趣味化、民主化,为学生主动参与、自由发挥、提出新观点、新见解、新设想创设了生动活泼的氛围。因此,我们选定了《运用影视资源创设自主学习的氛围》课题实验,试图通过教师运用影片资源,为学生提供自主参与的机会,充分发挥学生在学习活动中的主体作用,为学生创设一个自主学习的氛围,让每个学生主动参与到学习全过程,把课堂教学作为学生自己探究知识、获取知识的主渠道。让学生在参与之中亲自探索发现知识,在自主学习中获得新知识,从而使学生在德、智、体、美、劳等方面全面发展,提高学生的素质。

二、实验目标

(1)通过实验探讨影视资源创设自主学习氛围的方法,开发出语文自主学习的课堂教学模式。

(2)培养学生自主性的学习品质,全面提高学生的整体素质。

三、实验假设

实验假设:在课堂教学中,综合运用影视资源,正确发挥教师的主导作用,可以创设民主、宽松、和谐的学习氛围,给学生充分的自主学习的时间和空间,从而激发学生的学习兴趣,调动学生学习的主动性,促进学生主动全面发展。

课堂教学模式图:(教师指导)(学生参与)

内涵界定说明:

导入新课 确定目标 激发兴趣。根据教学内容和学生实际,教师运用多种教学手段导入,学生自己制定学习目标,激发学生参与学习过程的兴趣。

片断播放 创设情境——提出问题。利用电影提供特定的情境,激发学生学习的欲望,让学生大胆质疑、提出问题,鼓励学生勤思多问。

自主探索 讨论问题——主动参与。在教师的指导下,采用小组学习和班级学习相结

---

① http://www.guochengzhi.com/xx/yw/200807/540.html,有删节。

合的方式,让学生尝试着解决所要达到的目标或学习任务。

主动学习　获得新知——解决问题。给予学生充分的自主学习的时间让学生有充足的时间去探索、去思考、去交流,将课文、影片、收集整理的资料进行分析、解决提出的问题,判断从而获得知识。

反馈矫正　归纳总结——掌握学法。引导学生对学习过程进行反馈,通过教师指导和自己的深入思考,领悟出新的学习方法,在不断积累众多学习方法后,学生在自己的实践中自觉地总结,归纳出自己的独特的学习方法。

四、实验变量

自变量:经过挑选的与语文教学配套的优秀影视片。

因变量:

(1)运用影视资源后学生处理信息的能力(发现问题、提出问题、解决问题)的变化。

(2)学生独立探究与合作精神的变化。

(3)亲身参与探索实践后积极情感体验的发展。

(4)学生语文学习的自主性、主动性、创造性的发展。

五、实验对象

一年级二班、三年级二班、四年级一班、五年级二班。

六、实验检测

运用影视资源对学生学习主动性变化发生的影响,主要通过定性分析、定量分析与个案分析,检测来进行。

1. 比较法

主要采取横向(实验班——对比班)与纵向(实验班初——实验班末)两种对比法。

2. 问卷调查统计分析学生变化的概率。

七、实验步骤:实验时间 2001 年 7 月——2005 年 9 月

1. 准备阶段:2001 年 7 月——2001 年 10 月

(1)课题组负责人赴京参加开题会。

(2)建立健全课题实验组织机构、研究制定课题实验方案上报市、区电教馆。

(3)筹措经费,搞好实验环境建设。

(4)分类、整理录像带。

2. 实验阶段 2002 年 5 月——2004 年 7 月

(1)实施实验方案。

(2)实验教师作好资料收集整理工作。

(3)组织好问卷调查,科学统计分析了解学生变化。

(4)录像记录学生课堂学习情况。

(5)作好宣传报道工作,扩大实验影响。

3. 总结阶段 2004 年 9 月——2005 年 9 月

（1）召开实验研究汇报会。

（2）展示实验成果。

（3）出版文集。

（4）上报实验报告。

八、课题组成员（略）

第三节　设计语文教育研究方案注意事项

在兼顾上述语文教育研究方案的内容与形式的基础上，设计一个规范的语文教育研究方案并不是一件难事。但是，要想设计一个优秀的、成功的语文教育研究方案，又并不是一件容易的事，这其中有许多值得注意的地方。下文我们把语文教育研究方案作详细分解，来具体分析在每项工作中应该注意到的方方面面。

一、关于研究的题目

课题研究题目的表述，是整个语文教育研究方案的起始工作，也是一个非常重要的环节，所谓"名正言顺"。关于课题研究的题目的表达，研究者要注意以下几个方面。

第一，课题研究的题目应指明研究的领域，但是题目本身不能太冗长太复杂。例如，"关于学校的语文教师的教和学生的学的评价目的、评价功能、评价主体、评价手段的研究"，这个课题名称就显得太长，其实把题目精简为"学校语文教学评价研究"就已清楚地说明研究的领域了。

第二，课题研究的题目应指出研究的主题，但是不能太过宽泛，以至于含糊不清。例如，"提高学生阅读能力"这个课题，就显得较为宽泛，因为这里的学生到底是小学生，还是中学生乃至大学生；这里的阅读能力到底是语文的，还是外语的，等等，这些都没界定清楚。

第三，课题研究的题目应具有专业性，但不能是学究式的。虽然作为一项科研活动而言，将专业术语和专业概念运用于题目中是很有必要的，但也不能过分向别人卖弄专业词汇，特别是"舶来"的。

第四，课题研究的题目在揭示问题的同时，应该注意样式，一般不宜直接采用疑问句的形式。比如，"学习兴趣对中学生语文学习成绩有何影响"这个课题，相比之下，采用诸如"学习兴趣对中学生语文学习成绩影响的研究"要显得更加合适。

二、关于研究的问题

问题的陈述主要是对课题的细化与扩展。它一般是运用相关专业术语以较为简单的陈述性的句子来表达。表达的要求与课题的题目的表述是一样的，都要求清楚、简洁、明了。不同的是，题目的表述一般很少以提问的方式进行，但问题的陈述有时可以以提问的方式来呈现，以使研究的问题引起大家的更大关注。有时候研究的问题包含了若干个小问题，那么，问题可以同时使用陈述和提问的方式来进行。

三、关于研究的假设

在一般的专题性的语文教育研究方案设计中,研究假设的设计,常常会忽略掉,但是,在实验性的语文教育研究方案设计中,研究假设是必须的。研究假设是对研究可能出现的结论的推断,是表明变量与变量之间的关系的一种陈述。它可能是正确的,也有可能是不正确的,正确与否最终由研究的结果来检验。一旦假设被确定,整个研究工作就应围绕验证假设来展开。

一个好的假设,应该要注意以下四个方面,或者说要满足以下四点要求。第一,假设必须具有很强的科学性,必须建立在已知的客观事实上,而不是漫无边际的和毫无根据的猜想。第二,假设必须表明研究变量之间的关系。第三,假设必须是可以测量的、可以接受检验的,即假设它应具有可推测性和可检验性。第四,假设的表述必须清楚、简洁,具有针对性。

我们根据以上的标准来评价这样一条假设:"听力好,阅读能力也必定好。"根据定义,这个命题可以构成一个假设,但很明显,它不完全符合上述的四个条件。虽然它模糊地指出了变量之间的关系,但不符合其他的要求。我们可以对这条假设作这样的加工:"在阅读测试中,听力测试分数处于班上前15%的学生将比听力测试分数处于班上后15%的学生取得更好的成绩。"这一表述就比较好地满足了上述四条标准。它不仅表明了变量之间的关系,而且用了一些限制性的、经得起检验的、相关的和准确的词语。如果该研究的结果表明班级中听力成绩处于前15%的学生在阅读测试中的成绩也明显高于其他学生,那么零假设遭拒绝,即原假设成立;但如果阅读测试分数之间无显著性差异,那么将保留零假设,即原假设不成立。[1]

四、关于研究的背景与意义

在语文教育研究方案设计中,要具体分析研究课题的背景,阐明研究课题的价值和意义,说明问题的研究现状及可供参考的资料。那么,怎样做才能达到这些要求呢?下面是几种可供选择的方法:[2]

第一,提出其他研究者特别是权威人士的支持性论断,阐明该研究的必要性。

第二,提出当前此问题的相关研究的缺乏,证明有必要对该课题作更深入的研究。很显然,相关研究资料越少,该研究就越有意义。

第三,展示以前的研究和现在的研究之间的时间差。如在新的形势下,出现了新的知识、技术或条件,该问题有进行新的研究的必要性。

第四,指出本研究与其他研究之间的关系,表明当前的研究将在已有的研究上产生新的成果。

五、关于概念术语的解释

一般来说,在语文教育研究方案的设计中,研究者可能会有自己的一些"工作概念",这些概念有的也许是在特定情境中的特定用法,因此有必要对这些概念术语作出规范的解释。此

---

① 陈时见:《教育研究方法》,高等教育出版社2007年版,第230页。
② 钟海清:《教育科学研究方法》,广西师范大学出版社2006年版,第55页。

语文教育研究方法

外,研究概念术语多半只为相关专业人士所熟悉认知,而对公众来说会存在某种程度的理解障碍。要使研究成果得到有效的传播和沟通,研究者一般都要对自己课题研究中的一些主要概念、核心词汇或关键术语等作出准确、通俗、明了的解释。

六、关于研究的目标

在语文教育研究方案的设计中,课题目标是课题旨在解决的问题,课题预期所要达到的状态,它从另外一个侧面体现着课题的功能与价值。因此,课题研究目标的设置对整个研究方案是极其重要的,"目标"就意味着"方向"。在进行目标设置的时候,研究者必须要深思熟虑,不可稀里糊涂,不能妄自菲薄,更不能随意拔高。能达到什么样的目标就如实地进行设置。此外,有一些综合性较强的课题,往往存在着系列性的目标,应当给以明确,按它们之间的关联影响以及隶属关系形成一个多层次的目标系统,从而便于操作,便于管理。

七、关于研究的内容

任何研究问题都有一定的内部结构,将内容结构分析清楚,明确内容的层次网络,就显得很有意义。同一个问题由于研究者研究的目的和角度不一样,研究的内容和范围可能也完全不一样,要在研究方案中给予具体的、明确的界定。研究到底有哪些方面,重点和难点是什么,这些研究者都要认识清晰。如果是比较大的课题,往往还要根据研究的内容结构,划分为若干子课题研究。这在各级各类立项性课题的研究中是常见的。

八、关于研究的对象

在语文教育研究方案的设计中,研究对象的设定一定要规范、科学、严谨。特别是对于那些实验性研究的课题,更是如此。对于中小学教育科研来说,多采用抽样研究方式。若是实验研究,一般需要对实验班(组)与控制班(组)的确定原则、方法等加以说明。

九、关于研究的步骤

课题研究的步骤是根据课题研究任务的性质、难度、规模以及研究的条件等因素设定的。一般而言,研究的时间不能定得太紧,欲速则不达,以免到期无法结题。当然,也不能一味地拖延时间,拖延松散只能降低研究的效率。研究的步骤的设计总是在研究的时间设定的基础上进行的,因此,科学地设定研究的时间是科学地设计研究步骤的前提。一般而言,整个研究过程主要经历这样几个步骤:

第一,选择课题,论证课题(包括开题报告在内);

第二,搜集资料,制定研究方案;

第三,整理分析资料,实施研究(包括各种专题性的与实验性的);

第四,解释结果,得出结论,撰写成果。

如果把整个研究步骤分为前、中、后三个阶段的话,上述第一、第二两步为前期研究阶段,第三步是中期研究阶段,第四步是后期研究阶段。一般而言,可以把时间作这样分配,即前、中、后三期各占研究总时间的三分之一左右。

十、关于研究的方法

课题研究的方法,在很大程度上决定着研究的价值和效率。过时的、考虑不周的方法会使研究的价值受到影响。有时由于方法选择不当,会使全部努力付诸东流。因此,必须精心选择和确定研究方法。不同类型的研究,应借助于不同的研究方法。如果是实验研究,还应说明如何控制无关变量和操纵自变量。在研究计划中要划分研究的不同阶段,并明确各阶段起始和终止。如果进行定量研究,还应说明如何收集数据以及怎样统计分析数据。

十一、关于研究的保障措施

课题研究的保证措施包括课题组构成成员、组长、分工协作、必要的物质保障等客观条件。其中,最主要的是课题组长,课题组长应是课题研究的带头人。规划、主持、全面负责研究工作。从某种意义上讲,课题成果的大小,很大程度上取决于课题带头人的学术水平、研究能力及其事业心。事实上,课题研究的方案通常情况下都是由课题组长负责设计。此外,在研究方案设计阶段,课题组长就应该对完成该课题研究任务所必须的研究人员数量、研究人员的智能结构、甚至具体的人选有个通盘的考虑。总之,保障措施尽量要想得周到些。

十二、关于研究的预期成果与经费预算

研究的预期成果,既包括阶段性成果,也指最终成果形成,即研究的过程和研究的结果以什么形式来表现。一般有论文、教材、专著、研究报告、电脑软件等,这里要特别注意的是,出论著的难度是比较大的,因此,在设计语文教育研究方案之际,一定要慎重考虑,绝不可以"打肿脸充胖子"。

任何教育科研都需要一定的研究经费和研究用品,语文教育科研也不例外。如研究中查阅文献资料,不论研究资料是购买、租借还是复印,都需要一定的资料费;进行调查,就需要一定的调查费;有些较大的科研项目,还要开会研讨,这就需要会议费、差旅费等等。进行经费预算,不能多多益善、胡写乱要,要认真计划,不仅要有具体数目,还要写清用途。总之,要用途清楚,实事求是。事实上这一点,无论是对于课题开始时的申报,还是课题结题时的验收,都是非常重要的。

思考与练习

1. 什么是语文教育研究方案,它有哪些类型?
2. 谈谈语文教育研究方案的设计与语文教育研究课题的论证之间的联系和区别。
3. 设计语文教育研究的方案有哪些基本内容?
4. 设计语文教育研究方案时要注意哪些事项?

第五章　语文教育研究的资料搜集、整理与使用

对资料的占有和利用是进行语文教育研究的一项非常重要的工作。搞研究，最怕闭门造车，这其中就包括漠视已有的资料。著名科学家牛顿曾说道："如果说我比别人看得略远些，那是因为我站在巨人们的肩膀上的缘故。"①牛顿所谓的"站在巨人们的肩膀上"，意思就是说他充分地占有和使用既有的文献资料，使自己的研究工作有一个比较高的起点，从而有利于取得突破性的成就。事实上，对于语文教育研究而言，从研究课题的选择、研究方案的设计，到研究课题的实施，再到最后研究成果的撰写与表达，每一个环节都离不开对资料的占有和使用。因此，从这一意义上讲，语文教育研究资料的占有与利用，既是语文教育研究的基础性工作，也是语文教育研究的全程性工作，它贯彻于整个语文教育研究活动的始终。从研究者对资料本身的"处理"程序来看，整个流程有三个"基本动作"，即资料的搜集、整理、运用。

第一节　语文教育研究资料的搜集

研究资料的搜集工作，是使用资料的前提基础，也是整个"处理"资料流程的第一步，因而搜集资料工作的成功与否将直接决定着研究的成效如何。关于语文教育研究资料的搜集，本节主要讨论三个问题，即搜集资料的原则、搜集资料的途径以及搜集资料的方法。

一、搜集资料的原则

语文教育研究是需要我们运用科学的方法，占有并利用丰富的资料，通过严谨的论证，从而形成新的观点，最后使问题得到解决的过程。在这个过程中，资料的质量对实现研究的目的非常重要，那么，如何才能确保搜集到高质量的资料呢？这就要求我们在搜集语文教育研究资料的过程中遵循一些基本的原则。

（一）目的性原则

目的性原则指搜集资料时要做到心中有数、有的放矢。搜集资料不能没有章法地漫无目标地进行，缺少目标的行为会使得搜集资料的活动变得高消低能。在搜集资料时，我们要确保所搜集的资料对所研究的问题具有较强的针对性和关联性。要做到这一点，这就要求我们搜集资料时要有问题意识，要带着问题去搜索。有时候还要把问题进行分解，让一个大问题变成若干小问题，这样做可以使搜集的目的性、准确性更强。譬如，有一个课题："新课程背景下语

---

① 涂资忠选编:《中外名人名言》，中国文联出版公司 1988 年版，第 98 页。

文阅读教学改革研究",要搜集这方面的资料,我们可以把问题分解,至少要分三个问题来分别搜集资料,这三个问题是:第一,新课程关于阅读教学的理念有哪些? 第二,阅读教学的历史与现状怎么样? 第三,具体改进措施有哪些? 通过对课题的分解,再去搜集资料,这样针对性更高、目的性也就更强。

(二) 客观性原则

客观性原则指要保证所搜集的资料是客观真实的,而不是虚假捏造的。任何一种科学研究都是对"真实存在"的一种探索和揭示,资料的客观真实是我们探究事物、认识事物的重要的前提条件之一,从事语文教育研究亦是如此。要保证所搜集的资料客观真实,我们就必须让自己在搜集资料时一切从实际出发,而不能凭主观臆想,更不可人为地、有意无意地篡改资料。譬如对一些二手资料,我们在搜集时就应该认真核对,要努力查找原始资料,要以原始资料为准。再譬如,通过访谈调查来搜集资料时,我们切不可通过自己的表情、态度、语言表达的倾向性等来给被访谈者以暗示,否则,所搜集的资料将会不客观、不准确。

(三) 全面性原则

全面性原则指在搜集资料时应尽可能地收集到关于某一个课题的所有相关资料。对客观对象的全面把握是获得相关现象本质认识的前提基础之一,为此,在搜集资料的时候,我们必须尽最大努力去充分占有资料,只有掌握了足够的资料,我们才不会"近视",才不会"短视"。只有占有了足够的资料,我们才不会走弯路,同时自己的研究也可能真正做到有价值与意义,真正能实现突破与创新。要做到这一点,搜集资料时我们就必须学会从不同层面、不同时空域(历时的与共时的)以及不同的关系中去寻求资料,要学会动用各种手段去查找资料。譬如,虽然是进行语文教育研究,但是在具体到某一个语文教育专题研究时,往往会涉及众多的学科领域;再比如在地域方面,研究者不仅要关注国内的资料,还要关注国外的资料,因为"母语教育"研究在许多方面是共通的,要学会比较与借鉴;此外,除了搜集纸质方面的资料,还需搜集电子资料,等等。

二、搜集资料的途径

明白了搜集资料的基本原则,接下来就要考虑到通过什么样的渠道来搜集资料了。对于语文教育研究而言,我们可以通过以下几条途径来搜集资料。

(一) 通过书籍

这包括相关名著要籍、教育专著、教科书、资料性工具书等。名著要籍是一个时代、一个领域最有影响的权威著作,它们是研究和治学的基石。在条件允许的情况下,可以精读这些作品,譬如语文教育界"三老"(叶圣陶、吕叔湘、张志公)关于语文教育教学的论著。语文教育专著(包括论文集)是就语文教育领域关于某一专门问题进行系统深入的论述。专著的特点是见解独到、材料新颖。最近十多年以来,语文教育界出了很多专著,有的可以说是具有里程碑意义的,这方面的书籍对进行语文教育研究而言,是非常重要的。论文集往往汇集了许多学者的论文,问题集中,论点鲜明,信息容量大,学术价值高。教科书有严格的系统性、逻辑性,包括一些基本理论,但可能实效性不够强,难以直接解决教育问题。对于想系统了解某个领域已有的研究进展,从而使新的研究拥有扎实的功底的广大中小学语文教师来说,一些权威的教育辞书和百科全书等资料性工具书将提供诸多帮助。

(二) 通过报刊

报纸和期刊可以及时反映语文教育领域的研究的动态,通过报纸和期刊来搜集资料,便于研究者了解到最新的研究进展,从而搜集到最前沿的资料。这些资料可以大大开阔我们的研究视野,从而确保自己在相关的研究领域中具有一定的突破与创新的可能性。这里我们给大家列出具有一定影响的报刊,分两大类,即教育综合类和语文教育专业类。

● 教育综合类

《教育研究》,中央教育科学研究所主办;

《华东师范大学学报(教育科学版)》,华东师范大学主办;

《比较教育研究》,北京师范大学主办;

《教育研究与实验》,华中师范大学主办;

《教育理论与实践》,山西省教育科学研究院、山西省教育学会主办;

《课程·教材·教法》,人民教育出版社、课程教材研究所主办;

《全球教育展望》,华东师范大学主办;

《教育科学》,辽宁师范大学主办;

《外国教育研究》,东北师范大学主办;

《中国教育学刊》,中国教育学会主办;

《教育学报》,北京师范大学主办;

《教育科学研究》,北京教育科学研究院、北京广播电视大学主办;

《人民教育》,中国教育报刊社主办;

《基础教育》,华东师范大学主办;

《现代中小学教育》,东北师范大学主办;

《教育评论》,福建省教育科学研究所、福建省教育学会主办;

《中国教育报》,中国教育报刊社主办;

《中国教师报》,中国教育报刊社主办。

● 语文教育类

《语文建设》,教育部语言文字报刊社主办;

《中学语文教学》,首都师范大学主办;

《中学语文教学参考》,陕西师范大学主办;

《语文学习》,上海教育出版社主办;

《语文教学通讯》(分小学、初中和高中),山西师范大学主办;

《语文教学与研究》,华中师范大学主办;

《中学语文》,湖北大学主办;

《语文月刊》,华南师范大学主办；

《现代语文》,曲阜师范大学主办；

《学语文》,安徽师范大学主办；

《读写月报》,江西师范大学主办；

《语文教学之友》,廊坊师范学院主办；

《小学语文教学》,全国小学语文教学研究会主办；

《小学语文》,人民教育出版社、课程教材研究所主办。

《语文报》,山西师范大学主办；

《中学语文报》,浙江省语文学会主办；

《小学语文教与学》,中国人民大学书报资料中心主办；

《初中语文教与学》,中国人民大学书报资料中心主办；

《高中语文教与学》,中国人民大学书报资料中心主办。

(三) 通过网络

随着现代科技的迅速发展,尤其是计算机技术的日益普及,人们利用网络搜集各种信息的机会日渐增多,网络资源在人们从事各种研究活动中的重要作用日益凸现。网络资料因其具有无限共享性、永不枯竭性、开发增值性、应用广泛性等诸多优点,在现代教育科学研究中具有十分重要的地位与作用。在语文教育研究中,通过网络的途径来搜集资料已是司空见惯,主要有以下四种具体渠道。

1. 普通搜索引擎

使用得较多的主要有雅虎、谷歌、百度、搜狐、新浪等。

2. 教育综合网

中国教育部,http://www.moe.edu.cn；

中国教育信息网,http://www.chinaedu.edu.cn；

中央教育科学研究所,http://www.cnier.ac.cn；

中国教育学会,http://www.cse.edu.cn；

中国教育网,http://www.chinaedunet.com；

中国基础教育网,http://www.cbe21.com；

中国教育发展网,http://www.xue360.com；

人民教育出版社,http://www.pep.com.cn；

中国教育和科研计算机网,http://www.edu.cn；

教育在线,http://www.eduol.cn；

K12 中国中小学教育教学网,http://www.k12.com.cn；

联合国教科文组织,http://www.unesco.org。

3. 语文教育专业网

中国基础教育网语文栏目,http://www.cbe21.com/subject/chinese/index.php；

中国语文网,http://www.cnyww.com;

中华语文网,http://www.zhyww.cn;

中学语文教学资源网,http://www.ruiwen.com;

小学语文教学网,http://www.vastman.com;

中国语文教育网,http://www.zgywjy.com。

4．网络数据库

主要有三大数据库,即中国知识基础设施网络数据库(简称中国知网)、万方数据资源系统库、超星数字图书馆。

（四）通过访谈

对于语文教育研究而言,通过访谈,可以获得有关资料的线索,也可以直接获得所需的资料。以搜集资料为目的的访谈活动有两种具体的形式。第一,专家访问。研究者与本专业或相近专业的专门研究人员、学者进行交谈,通过询问相关学术问题,可获得大量珍贵的信息资料。访问专家具有高度针对性、选择性和权威性。无疑,从专家询问到的信息资料具有极大的价值,从观点到方法都会给我们以诸多启迪,这些都将有助于课题研究沿着合理的方向深入开展下去。第二,群众座谈。这就是平常所讲的座谈会,通过开座谈会,我们可以详细了解许多"主观性"问题的资料,可以面对面地直接倾心询问交流。譬如研究有关语文新课程改革实施方面的课题,我们就可以请一些一线中小学语文教师来开个座谈会,他们是最有发言权的,关于新课程改革实施的诸多问题都可以向他们直接询问,当然事先最好拟个访谈提纲。

（五）通过问卷调查

没有调查就没有发言权。通过问卷调查来搜集资料,对我们进行语文教育研究而言是一条非常重要的途径。在语文教育研究中,有些资料与数据是既有书籍、报刊等无法提供的。特别是对那些反映现实状况的、动态性的且往往需要一定数据去说明问题的课题,问卷调查可以充分发挥其用武之地。通过问卷调查,我们可以得到非常广泛的、现实性的资料与数据,而这些资料与数据都是第一手的。

（六）通过教学实践

对于我们广大一线语文教师而言,搜集语文教育研究资料事实上除了上述五条路径之外,还有一条非常重要、非常直接的途径,即通过教学实践来搜集资料。这里所讲的"教学实践",既包括教师本人的,也包括别的教师的。"教学实践"是个非常广泛的范畴,包括备课、说课、上课、听课、评课、批改作业,等等。上述这些活动中,我们会接触到许多关于语文教育教学的"信息"、"场景"、"事件"、"案例"、"故事"等,这些最原始的教学经历往往都会成为今后进行语文教育研究所需的珍贵资料。事实上,我们广大一线语文教师平时自己在写一些论文的时候,所引证的很多"事实论据"基本上都是来自于自己或别人的"教学实践"。通过教学实践来搜集资料,对于我们一线语文教师而言并不是一件难事,关键是自己是否能做个有心人,去有意、用心地收录记载那些看似平凡普通但往往蕴藏着"真知"的点点滴滴的教学经历。

三、搜集资料的方法

弄清了搜集资料的原则,知晓了搜集资料的途径,还得掌握搜集资料的方法。这里我们把

"搜集"这一行为分解为两个动作流程,即"搜"与"集"。下面我们就从这两个动作出发,来具体分析语文教育研究"搜"资料的方法与"集"资料的方法。

(一)"搜"资料的方法

1. 正向"搜"法

所谓正向"搜"法,是指对所要搜索的课题按事件发生、发展的时序,由远及近,由旧到新来进行查找。譬如研究语文知识,我们可以从1904年语文独立设科开始搜索起,一直搜索到本次新课程改革以来,人们关于语文知识的各种论述与研究。目前,许多杂志每年末期均附有这一年的总目录,这就为搜索提供了方便。通过正向"搜"法得到的资料,往往能比较全面地反映事物发展的全貌,查全率高。对于那些范围广、项目复杂、所需资料多的语文教育研究课题,此法颇为适用。缺点就是比较费时。

2. 反向"搜"法

反向"搜"法与正向"搜"法正好相反,它是按由近及远,由新到旧的顺序来搜索资料。这种方法比较适合那些时代性强的新课题研究。譬如关于"语感"的研究,我们就没有必要从1904年去查起,因为关于"语感"课题的集中研究,也就是近20年左右的事,我们完全可以从现在开始逆向而查。运用反向"搜"法往往效率较高,但缺点是容易查漏。

3. 追踪"搜"法

所谓追踪"搜"法,就是以作者文章和书籍后所列出的引用文献、参考资料或引文注释为线索,去逐一追查所需的资料。这种方法不必利用大量的检索工具,直接从既有资料索引开始,因而费时少,所查文献比较集中,能及时反映最新研究动态。缺点是所查资料受原作者引用资料的局限性和主观性影响,可能会不够全面,此外所搜到的资料也较为杂乱。

4. 循环"搜"法

所谓循环"搜"法,就是将前面的三种方法综合交替使用的方法。具体有两种方案:第一,先通过正向"搜"法或反向"搜"法搜索到一批资料,再利用已经查到的这些资料后面附有的引用文献、参考资料或引文注释等来进一步追查相关文献,直到搜查到自己所需的全部资料为止;第二,先通过追踪"搜"法查找出一些资料,再利用正向"搜"法或反向"搜"法扩大搜索范围,补充资料,直到搜查到自己所需的全部资料为止。

(二)"集"资料的方法

1. 笔记"集"法

做笔记,是我们集合资料最常见的方法。平时看书、外出听课等,随手准备一个小本子,把自己看到的、听到的有价值的信息记下来,就可以了,简便易行。平时看书时,可以记全篇文章,也可以记某一个片段,甚至某一句话。值得注意的是,一定要注明这些文字的出处(包括作者是谁,是哪本书或报刊等),以方便今后使用时规范地引用这些资料。好记性不如烂笔头,用笔记的方法来集合资料,是一个非常简易的行为,我们应养成习惯。

2. 卡片"集"法

自己可以制作一些小卡片,把这些卡片分门别类,平时在集合资料的时候可以按"门"按"类"来进行。这种方法为许多老前辈、老学者们所普遍运用。运用卡片来集合资料好处很多:

第一是经济,几乎不花钱;第二是方便,几张一样大小的纸片,夹在书本里,随时摘记,勾画几笔,记下主要的句子,再注上什么书,什么杂志,第几页,就可以了;第三是好用,这些卡片可以随时组合,把关于同一个问题的卡片集中到一起,按照它们的逻辑关系分出先后叠好,一篇文章的框架就出来了。[①]

3. 复印"集"法

上述运用笔记和卡片集合资料的方法好处很多,但都要自己动手去记去抄,比较费时费力。如果条件允许的话,我们可以把所想要的文章直接复印下来。运用复印的方法来集合资料,一个最大的特点就是可以完整地整篇整篇地集合资料,而且快捷方便。一般而言,如果是集中一段时间专门搞某一个课题研究,这种集合资料的方法往往很管用、很有效。

4. 电子"集"法

以上三种都是以纸质的媒介来集合资料,现代科技的发展提供给我们一个非常迅捷的集合资料的方法,那就是电子文档集合法。我们可以准备一个 U 盘、移动硬盘或者在电脑中的某一个盘里设立专项文件夹,把所需的资料全部以 Word 文档或其他电子文档的形式储存进去,只要空间容量允许,想放多少就能放多少,而且绝对迅速快捷,只要进行"复制"与"粘贴"两个动作就可以完成。运用电子文档来集合资料,可以省时省力,整理资料很方便,使用资料也很方便。

第二节 语文教育研究资料的整理

通过各种途径、运用各种方法所得到的研究资料是纷呈复杂的,必须经过认真的审核、甄别、评价、分类与汇总,从而使多种不同来源的资料得以条理化、系统化和精炼化,使所搜集到的原始资料变为易于理解、易于解释、可用性强的资料,并以凸显的形式呈现出来,为下一步资料的使用作好准备。上述这一过程便是"处理"资料的第二个环节,即资料的整理。

这一环节,可能广大一线的语文教师们平时不太注重,事实上真正要让自己的科研行为"上路子",让自己的科研活动更加科学、更加有效和高效,资料的整理工作是不可或缺的,应该养成一个好的习惯! 对于语文教育研究而言,搜集资料只是研究工作的原始积累阶段,而整理资料则是提升原始资料使用价值的重要阶段。关于语文教育研究资料的整理,本节主要讨论三个问题,一是整理资料的原则;二是整理资料的步骤;三是整理资料的形式。

一、整理资料的原则

(一)系统性原则

系统性原则指整理资料时应使资料尽可能的分门别类。这是整理资料的最基本的原则。一般而言,除非是为了特定的专题去搜集资料,通常情况下我们平时所积累的资料都是比较芜杂、笼统的。这就要求我们学会对这些资料进行有效的归类,从而使其"有章可循"。而事实

---

① 李海林:《语文教学科研十讲》,浙江教育出版社 2005 年版,第 122 页。

上,即使我们为了某一个研究专题而收集到的资料往往也是较为笼统的。譬如搞关于语文知识教学这一课题研究,所要搜集的资料是全方位、多层面的,至少有:关于语文知识的内涵界定;关于语文知识的构成分析;关于语文知识的性质剖析;关于语文知识的价值阐述;关于语文知识教学的历史回顾;关于语文知识教学的现状检讨。要搜集这么多资料,在原始资料中不可能像上述这样的分门别类地呈现,往往是糅合在一起的。当这些原始资料搜集到时,必须使其系统化、条理化,而后才能真正有效地使用这些资料。

(二) 客观性原则

客观性原则指整理资料时要保证资料的准确真实,符合客观实际。尽管研究资料搜集工作常常是有目的、有计划的,但也可能由于来自研究者或被研究者(如问卷调查、访谈调查、实验研究等)的种种原因,而使得资料出错或失真。比如,问卷中经常出现的不负责任的随意的回答,访谈中由于心理或个人隐私等缘故而提供失真信息,或者文献摘录中以及数据抄写中的错误等等。上述这些现象会严重威胁到我们对资料的分析与使用,因此,研究者在整理资料时务必做到认真审查与核实,要做好去伪存真的工作,更不能"先入为主",以头脑中的"定论"去想当然地理解资料和筛选资料。

(三) 价值性原则

价值性原则是指在整理资料时要保证整理出的资料对研究工作是有效的、有意义的。在资料搜集的原始阶段,我们常常是抱着多多益善的态度,往往只要与课题有些相关的,什么资料都舍不得丢弃,网撒得很大。但在资料的整理阶段,我们却是以理性的态度去审视、审理这些资料,是一种审慎的"选择"的过程,要把那些真正有助于论据的获得、有助于研究思路的形成的资料整理凸现出来。如果说客观性原则要求整理资料时"去伪存真",那么,价值性原则则要求整理资料时"去粗取精"。

二、整理资料的步骤

对于语文教育研究而言,整理资料的步骤我们可以分为以下几步,即资料审核、资料分类、资料汇总。[①]

(一) 资料审核

所谓资料审核,是指对研究资料进行的审查与核实,确认资料没有虚假、伪造等。对搜集到的语文教育研究资料进行审核,主要方法如下:

1. 对资料源进行复查

这主要是针对一些十分重要的材料,如重要观点、事实、引文或有可疑的材料,应重新考证其来源,审核其真实性、可靠性与准确性。在教育科研中,文献中的观点或材料的引用量十分大,也就是对他人的材料的使用频率极高,而且又常常经过二三次的不同研究者之间的"传递式"引用,这种多次的"转手"极易发生错漏甚至不准或曲解。所以,应当重点去审核与鉴别一些关键材料。

---

① 杨小微:《教育研究的原理与方法》,华东师范大学出版社 2002 年版,第 266～268 页。

2. 对经过初步整理过的资料进行印证

我们可以借助于确认为正确的其他方面的有关知识、规则、原理等,对粗加工后的文字资料进行印证,判断其可信度与正确性,甚至可以再次进行小范围内的验证性调查、查阅、访谈等。

3. 对资料获得的方法再审查

虽说取得资料的研究方法都是预先设计好的,但资料的收集、记录方法、研究环境的特殊性、参与人员的素质等,都可能产生对科学方法的误用、偏差,甚至使方法失效。

4. 对文字资料说明的事实进行理性分析

判断其是否合乎常理和逻辑,有无自相矛盾或其他疑点等,当某方面的资料由不同研究者分别获得时,用比较法对照其一致性和差异性,分析其原因,从而判断资料的可用性。

5. 对有效性低的资料要淘汰

若资料的要意与研究目标的关联性很低,应当删除。

(二) 资料的分类与汇总

资料审查后,应该将它们条理化、系统化,变成有组织的资料。所谓"组织"是指资料按照一个科学的结构网络体系分类、归并。为此,要采用分类法(分组或归类)完成此项工作,资料分类是指按选定的分类标准将资料划分为不同的组,然后将资料归入从属组的工作过程。汇总是指按已经划分好的类(组)别,将资料归入所属的类(组)中去。关于分类、汇总,具体地讲,有三步:

首先,对原始资料有个初步地了解。这需要认真阅读、熟悉其内容、理解其含义、把握其结构与关系,"主动地"去接受资料。因为正确的分类是基于对资料的正确理解与把握。理解是分类的前提。

其次,我们不能将资料的阅读停留在理解与感受的层面上,还要从资料中去发掘"意义",应当尽可能从有关的不同角度去发现。

再次,按照资料的特征选择分类标准,将资料归类,使得具有相同或相近特征的资料归于同一类,具有不同特征的资料归入不同的类,为下一步的分析作好准备。譬如,关于整理语文课程论方面的资料,可以分为五大类来搜集汇总,即语文课程性质、语文课程目标、语文课程内容、语文课程资源、语文课程设计。

三、整理资料的形式

(一) 做标记

在整理资料时,可以对资料中的重点、难点、疑点、精彩处等,打上直线、浪线、圆圈、疑问号、感叹号等。如果有必要,可用不同颜色的笔做记号。倘若对自己的某一个课题研究有价值,可以直接以醒目的方式标志出。

(二) 作批语

在整理资料时,可在笔记、复印件、电子文稿等的空白处,写上自己对某一部分的疑问、见解、赞同与否的观点等,可以为自己写论文提供切入点,也可以为课题研究所用。

(三) 搞摘录

将搜集到的资料中的要点和估计今后将要用到的材料,重新摘记在一个笔记本上。值得注意的是,所记部分要如同复印一样保持原文的面貌,同时要注明出处,供日后查找、核对或引用。这种方法特别适用于两种情况:一是自己搜集到的资料太多、太芜杂,为了防止自己所整理到的一些有用资料下次寻找不便,因此可以摘录此部分资料;二是针对电子文稿的使用,有些自己所需的资料可能在 U 盘、移动硬盘或者在电脑中的某一个盘里的文件夹中,而自己不想频繁开机或不愿只为了一点资料而全文去打印一些文稿,那么此时可以直接从电子文稿中把那几段自己所需的文字摘录下来。

(四) 写摘要

写摘要,即用自己的话,结合原文中的语句,把原文的基本观点、主要内容或独到之处等概括地记录下来,以备查用。这种整理资料的方法,特别适用于那些原始文献内容特长、特多的资料的整理,把它们的基本观点、主要内容或独到之处等概括地记录下来以后,自己今后就无需再花大量时间去研读它们了。

(五) 做札记

做札记,就是在对文献资料通读的基础上,把自己阅读的心得与感想等记录下来。这些心得或感想,可以是对原作的赞同,也可以是对原作的不赞同。通过做札记来整理资料,特别适用于那些比较艰深、难懂的资料的整理。通过写札记,可以让自己对这些资料真正的"读懂",而在此基础上资料的整理也真正才有意义。

(六) 写综述

写语文教育研究综述,是整理语文教育研究资料的一种重要的形式。所谓语文教育研究综述,指的是对某一语文教育研究专题在一定时期内发表的大量原始文献进行全面的、系统的归纳整理,是一种"述而不评",即不加评论地综合介绍、陈述已有的研究成果。通过写综述的形式来整理研究资料好处很多,除了可以集中地整理某一语文教育研究课题的所有资料,此外它还可以用于语文教育课题研究中的课题论证、课题申报、成果撰写,甚至还可以直接以论文的形式去发表。

语文教育研究综述有两种基本类型,一是纵向综述,二是横向综述。前者指就语文教育研究某一课题的发展情况而写成的综述,其内容包括这一课题研究的历史、现状和面临的任务。后者指就语文教育研究某一课题的横向写成的综述,其内容一般以国内外在特定阶段的研究情况为主。

语文教育研究综述的撰写一般包括以下几个部分:

(1) 标题,综述的标题应能鲜明地表达该综述的主要内容,能使人一目了然。如果是课题研究的文献综述,则不一定要求有标题。

(2) 前言(或引言),它主要说明撰写本综述的原则、目的、意义、使用对象、资料收集范围(所综述的文献概况)及综述的主题内容等。在主题内容中,可对本课题的历史渊源、目前状况及存在问题、发展趋势进行简介。应力求简明扼要,重点突出。有些综述往往没有明显标示前言,而是将其所叙述的内容作为正文的一部分放在正文之首,这在实质上起到了前言的作用。

(3) 正文,这是综述的主要部分。这部分要展示研究者本次文献检索的结果,应该围绕有意义的分类或引导文献检索的问题来进行组织。它从不同的方面对所综述的文献观点和材料进行系统而全面的介绍。

（4）结束语，这是对本综述所得结果的概括性叙述，指出本综述的价值、局限性和待解决的问题。

（5）附录，列出综述主要引用和参考的文献。

以上各个部分会因具体情况的不同会有所改变，表达的方式也会不尽相同。

【案例 5-1】

语文课程改革中的文学教育研究综述①

一、引言

建国后，文学教育曲折沉浮。20 世纪 90 年代初的人文精神大讨论很快引发了文学教育的"复苏振起"（刘国正）。2000 年普通高中语文教学大纲、2001 年义务教育语文课程标准与 2003 年的普通高中语文课程标准都对文学教育的目标、内容、方法等予以新的规定。新大纲与课标的变化，使文学教育持续升温。文学教育是否能够顺利地"复苏"与"振起"？语文课程改革中文学教育的进展如何？还存在哪些问题与挑战？文学教育理论与实践的研究是否有效地解决了存在的问题？对于这些问题，目前都没有明确的答案。进展的状况和趋势要清楚、初步的成果和经验要总结、存在的问题和障碍要解决，这些既是文学教育"复苏振起"的条件或保障，也是其进一步发展的现实生长点。因此，对课程改革中文学教育进展状况作全面、系统的初步总结分析研究具有现实的针对性和迫切性。

二、文学教育理论与实践的进展

（一）破除文学理论发展与文学教育的隔膜

虽然人文精神大讨论引发了文学教育的"复苏振起"，但是两者之间的"代沟"却依然存在，即文学理论的发展并没有带动中学文学鉴赏的进步。从文学教学自身，叶继奋认为目前的语文教学沉湎于"标准化"应试技巧训练中，与当代文学及文学理论有所隔膜。即使对选入的现代作品，也因为师资知识结构的不平衡和不合理，无法按规律教学。从文学理论方面看，我们可以看到文学理论界对一些西方舶来的理论的理解和释读还处于初始阶段，无暇也无力将其应用于教学实践，而且很多理论本身的可操作性差，所以，"文学理论的发展对正在改革中的文学教育并未产生多大影响，甚至十分隔膜"。

鉴于两者之间隔膜的存在，许多研究者纷纷开始"破冰"，尝试应用各种文学批评理论解读文学作品。张心科结合接受美学的期待视野理论讨论学生阅读鉴赏能力的培养问题。王针桂从文学作品的人物形象、思想意义、文学风格等六个方面阐述文学作品的模糊性，并举例说明模糊学理论在文学教学中的运用。但是，在实际教学中，以上种种有益的尝试并不一定有效果或具有普适性，全面的"破冰"更需要文学理论界的参与以及双方系统、全面的对话。

（二）梳理与反思建国后的文学教育

"非新无以为进，非旧无以为守"，文学教育的持续升温，使得很多研究者对建国后的文

---

① http://www.eduwx.com/yueduxiezuo/mingjia/200709/20070926143209.html，有删节。

学教育进行反思。反思的目的一是纠错,二是取经。

1. 新中国文学教育的问题及成因

新中国成立以来,中学文学教育起落沉浮,曲折前行。黄耀红将这个过程分为:以汉语、文学分科为标志的文学教育繁荣期,以"工具论"产生为标志的低迷期,以"人文说"兴起为标志的复兴期。胡俊国则从建国以来文学教育论争清理的角度入手反思这段历史。他指出中学语文教学中存在泛文学现象和狭隘的政治功利主义现象,建国以来的论争并没有改变文学教育缺席的实际状况。对此,他从"无对手的学术论争"、"独断论的思维方式"、"学理知识的匮乏"三个角度质疑文学教育论争的有效性,并给出相应的对策。

2. 20 世纪 50 年代文学教学的积极影响

对于 1950 年代的文学教育,赵静对 1956 年分科改革中文学教育目标、内容、教学方法的主要特点进行了总结。张毅着力于研究和总结 1950 年代的文学教学对今天的积极影响,从课程构建、教学思想、教师发展和教学方法等方面分别分析总结。1950 年代的文学教育作为独立课程,必然有一些独立设科的优势,这些优势是否能够移植到 1950 年代后的语文教学中,还有待实践检验。但是,作为历史文献的梳理,这些研究都是很有价值的。

(三)文学教育自身理论的建构及存在的争议

1. 内涵的模糊化与理解上的错位

在文学教育的研究和实施中,很多人不对其内涵进行界定而直接使用这一概念,这就造成文学教育内涵的模糊化和理解上的错位。王保升对目前流行的诸种内涵进行辨析,总结出三种主要的理解:(1)认为文学教育就是语文审美教育或情感教育;(2)认为文学教育就是文学教学;(3)认为文学教育就是语文审美能力的教育,尤其是文学鉴赏能力的教育。此外,还有人将语文教育等同于文学教育,或把阅读教育等同于文学教育,以致出现两者不断争夺教学内容和教学领域的现状。范冬梅从分析文学本身的性质入手,区分出文学教育的广义和狭义内涵:广义的文学教育即学校、家庭和社会生活中一切有利于培养人的文学欣赏能力、提高其文学修养的活动;狭义上的文学教育等同于文学教学。

2. 文学教育的本质:"立人"与"有意义的生活方式"

关于文学教育本质的定位也存在很大的争论,比较有代表性的是以下两种观点。范冬梅从文学的审美性、体验性、文化性等特殊品性入手,认为文学教育的本质在于"立人",文学使人发现自身的"反观"效应能潜移默化地改变人的精神世界和人格构成。关于此种定位,王尚文等人还从存在主义哲学与主体间性理论双重角度对"立人"的过程和机制进行了阐述。王晓明、南帆等学者则指出"文学最核心的灵魂是提供了一种精神价值观","在当今高度理性化、技术化的社会中文学教育应该成为人的一种必不可少的有意义的生活方式"。可以看到,以上两种关于文学教育本质的定位都是文学自身本质的衍生物,两种观点在不同程度上都将文学的本质等同于文学教育的本质。这种定位抓住了文学教育的内核;但如果在此基础上能够兼顾教育的立场,从文学和教育两方面的本质入手考虑文学教育的性质则会更全面深入些。

3. 关于定位与目标的思考

蔡明针对文学教育所面临的困境撰文，从宏观上指出"概念不明确、性质不清楚、定位不确定、目标不恰当、要求不具体"是文学教育失落的根本原因。此种论断切中肯綮。与前面提到的内涵模糊性和本质定位的多样性相似，关于文学教育的定位和目标也众说纷纭；换个角度说，正是因为内涵和本质的争论才导致定位与目标的争论。因此，这里仅举其中较有代表性的观点，其余不作论述。何郁认为新大纲对文学教育的定位是"审美"。在此基础上，他指出此种定位还必须做好三个"对接"：即对接诗教传统、对接人文教育、对接时代新潮，尤其是文学界的新视点，这是文学教育的兴奋点，也是引起学生热爱文学的兴奋点。至于文学教育的目标，张则桥认为文学教育要满足人的高层次精神需要和社会的精神文明建设需要，还要满足中学生思维和语言发展的需要。

4. 建设文学教育学

实行分科教学近几年来，研究者立足于文学教育在内涵、本质、定位与目标等方面的特性，强调文学教育的独立性，因此提倡建设文学教育学和实行语言、文学分科教学。蔡明认为要使文学教育区别于语文教育、使之个性凸显，就必须建设文学教育学，并进一步指出目前建设文学教育学亟须解决的问题以及深入研究需要破除的障碍。与此种声音相呼应的就是提倡分科教学。赵静建议文学教育需要以相对独立的形态进入课程领域，其所谓的相对独立，是指文学能够摆脱作为语言学习工具的附庸身份，成为有明确目标、实际内容、教学方法和评价手段的一个学习领域。同样地，胡尹强认为若把文学作品作为言语表达的成功范例，则无法或很难开拓学生的情感和精神空间。冯钟芸、王尚文也反对把文学、语言二者混在一起讲，认为在文学中讲语言问题，会导致"文学、语言两败俱伤"、"教学质量受到严重影响"。因此，他们认为语文教育应分为语言和文学两部分，二者任务不同，若实施"一本两线"则能将二者功效更好地发挥出来。

相关文献：

① 蔡明：《文学教育的可能与文学教育学的建设》，《文艺报》2005 年 7 月 28 日。

② 何郁：《如何给中学文学教育定位》，《语文教学与研究》2002 年第 19 期。

③ 张则桥：《基于新课程理念下的中学文学教育：功能与操作》，《当代教育科学》2003 年第 9 期。

④ 赵静：《基础教育阶段文学教育的必要性分析》，《教育理论与实践》2003 年第 6 期。

⑤ 胡尹强：《把文学作品上成文学课》，《语文学习》2003 年第 9 期。

⑥ 蔡可：《"语文教育"与"文学教育"——冯钟芸访谈录》，《中华读书报》2002 年 11 月 20 日。

⑦ 王尚文：《论语文课程的复合性》，《课程·教材·教法》2006 年第 12 期。

⑧ 李俊：《高中语文教材中文学教育的定位研究》，中国优秀硕士论文 2005 年 8 月。

⑨ 刘媛梅：《母语教育危机下的汉语文学分科教学》，中国优秀硕士论文 2006 年 9 月。

⑩ 屠锦红：《关于文学教育的几点意见》，《语文教学之友》2006 年第 3 期。

第三节　语文教育研究资料的使用

搜集资料、整理资料的最终目的是为了使用，因而如何去利用资料，事实上是语文教育研究活动中"处理"资料这一环节最具价值与意义的行为。资料搜集好了，也整理好了，倘若不会用、不去用，则一切都是徒劳。关于语文教育研究资料的使用，本节主要讨论两个问题，一是使用资料的原则，二是使用资料的方法。

一、使用资料的原则

（一）客观性原则

客观性原则就是指在使用资料时要一切从客观实际出发，实事求是地使用资料。在研究语文教育时会遇到各种各样的资料，有些资料和研究者的想法不太一致，一些资料甚至令人不可思议。面对这些资料怎么办，不夸大、不避讳，客观看待资料，要保持平常心。如在研究杜甫的《茅屋为秋风所破歌》时，就会查阅郭沫若先生于 1971 年写的《李白与杜甫》，发现郭沫若先生关于"三重茅"的论述。他认为"三重茅"就是多重茅，既然能够用多重茅就说明杜甫并不贫穷。根据现有的研究，我们知道郭沫若先生的论述是错误的，但是这是事实，我们必须尊重。[①]

（二）规范性原则

规范性原则是指在使用资料时要遵循基本的学术规范与伦理规范。这一原则包括两层意思，一是使用资料时要遵循基本的科研学术规范。譬如对文献资料的引用。直接引用文献的原文时，要用引号将原文注引上。如果是正式发表的论文、报道等文章类文献资料，应依次著明作者姓名、文章名称、刊物名称、发表时间（杂志可注明年份和期数）等。如果是正式出版的书籍，应注明作者或主编者姓名、书名、页码、出版社名、出版年份及版次。如果是具有一定权威性的非正式出版物，应注明所引用的是什么部门或什么人的资料，并注明文献形成的日期和文献来源。[②] 规范性原则的第二层意思是伦理道德性规范。这一点很重要，我们在使用别人资料的时候，一定要尊重别人的知识产权，一方面不要随意地对别人的资料进行断章取义、为己所用，更不能擅自修改别人的研究成果；另一方面就是不论是以什么方式使用别人的资料，都要清清楚楚地作出交待，切不可剽窃别人的研究成果。

（三）批判性原则

批判性原则是指在使用资料时不可盲目地照搬照套照用，要以批判的态度对待和使用资料。所有的文献资料都是在一定的历史条件下产生的，都会带有时代和个人的局限性。我们在使用资料时必须要做到在批判中继承，在扬弃中创新。英国哲学家培根有一段精辟的论述：狭隘的经验主义者好像蚂蚁，只会收集材料而不会加工使用；经院哲学家就像蜘蛛那样，只会

---

① 魏本亚：《语文教育研究方法论》，高等教育出版社 2008 年版，第 180 页。

② 华国栋：《教育研究方法》，南京师范大学出版社 2005 年版，第 45 页。

从肚子里吐丝结网;真正的哲学家应当像蜜蜂,既能搜集材料,又能消化加工。① 我们从事语文教育科学研究的工作者,应该像蜜蜂,要对文献资料进行去粗取精、去伪存真、由表及里的改造,要摈弃成见,在理论联系实际的基础上锻炼和提高对资料真伪和价值的判断力,进行批判性地使用。

二、使用资料的方法

充分地占有资料是进行语文教育研究的基础,而灵活地运用资料则是进行语文教育研究的"法宝"。学会多层面、多角度地、高效地使用资料,使搜集到、整理好的资料最大限度地发挥其应有的价值,是我们"处理"研究资料的最高境界。那么,到底如何使用资料呢? 具体地讲,主要有这样的几种方法:作为研究对象来使用,作为背景理论来使用,作为分析工具来使用,作为引论材料来使用,作为论据材料来使用。②

(一) 作为研究对象来使用

许多语文教育研究,研究的对象其实就是我们搜集到的资料。例如,为了写一篇"创造性阅读的理论依据与实践分析"的文章,我们搜集了许多关于创造性阅读的比较权威的论述,像课程标准的有关论述、课程标准的解读、专家的专论、被广泛赞誉的课例、著名教师的上课实录或有关论述。我们搜集到的这些资料,并不是供我们引用来证明我们的观点的,它们本身就是我们的研究对象,我们的目的就是研究搜集到的这些资料,是怎么认识"创造性阅读"的,是在何种意义上、何种层次上来理解"创造性阅读"的,是把"创造性阅读"当作一个什么问题来理解的,这种认识合理吗,为什么,等等。

作为研究的对象,我们搜集到的资料,必须对它们作全面的、客观的分析。重要的是,我们不能只看到它说了什么观点,而且要能从中发现问题,发现其中的思维和理论的依据,从而引导出我们自己的正面的立论。

(二) 作为背景理论来使用

我们研究一个问题,往往需要使用到某一理论成果。通俗地讲,就是用某一理论来研究一个问题。"用某一理论来研究一个问题"这种表述方式就告诉我们,我们要研究的并不是这一"理论",而是与这一"理论"有关系的另一"问题"。但是,我们能否研究好这一"问题",在很大程度上,决定于我们对这一"理论"是否有深刻、准确、具体的把握。因此,在研究这一"问题"时,我们也要搜集一些关于这一"理论"的资料。但是,这些资料,我们只是起到一种"参考"作用,作为我们研究某一"问题"的参照。

例如,我们要研究"创造性阅读"的途径和方式,我们肯定要搜集一些文本理论、读者理论、结构主义和解构主义的资料。这些资料,大部分也不可能直接引用进我们的文章中,因为它们更多的是一种哲学理论,不可能直接引进文章中来论证"创造性阅读"的途径和方式。我们更不是要来研究我们搜集到的这些资料,看它们说的对不对,要对它们作出评论。我们不是要研

---

① 裴娣娜:《教育研究方法导论》,安徽教育出版社 1995 年版,第 103 页。
② 李海林:《语文教学科研十讲》,浙江教育出版社 2005 年版,第 126—136 页。

究这些哲学问题,我们是研究"创造性阅读"的问题,我们只是把这些资料作为我们立论的参考,作为一种指导思想。

(三)作为分析工具来使用

有的时候,资料被引入某项研究,目的在于给自己的论证提供一个分析的工具,或者分析的立场。我们以李海林《言语教学论》第一章第四节的第一段为例说明之。

这段话使用了三个资料,一是曹日昌的《普通心理学》上的两句话,二是孟昭兰的《普通心理学》上的一句话,三是索绪尔的有关资料。其目的不在于论证"言语是心理现象"这个道理,而是在于确立这一节的研究方法和论述框架:从心理学的角度来讨论"言语"的特征和内涵。在这里,讨论的不是关于资料的观点本身的问题,也不是用它来证明自己的观点,而是利用它来作为分析的框架,作为分析另外一个问题的基本出发点。资料在这里起的作用,实际上就是"工具的引入"。

(四)作为引论材料来使用

有些资料,它既不是研究的对象,也不仅仅是参考,而是作为理论过程的一部分,起一个"引论"的作用。我们以王荣生《语文科课程论基础》第三章第四节文字为例说明之。

这段文字的目的是具体揭示"语文课程目标分析框架"中"潜层面"的具体内容。王荣生走的是"从资料出发"的论证路子。首先,是从美国的语文课程目标"取样",也就是搜集到美国若干课程标准。然后,对这些"样本"的"潜层面"进行分析,在分析的过程中,又加进了一些新的资料,包括这些课程标准的"说明"和有关专家的讨论。最后,从这些"样本"、"说明"和"讨论"中总结出"潜层面"的具体条目,即教育政策、文化意识、课程取向和知识状况。在这里,资料起到的是一个"引论"的作用,即引出自己的结论。它的特点是"从资料出发",资料的作用既不是简单地作为研究对象,也不是简单地引用,也不只是参考,资料本身被纳入到自己的论述过程中,引导出自己的有关论点。

(五)作为论据材料来使用

最后这一种使用资料的方式,是我们最为熟悉的,也是我们运用得最多的。这里的论据既包括理论论据,也包括事实论据。值得注意的是,在引用这些论据时,无论是直接引用,还是间接引用,都要注明出处。

思考与练习

1. 谈谈搜集语文教育研究资料的原则。
2. 说说可以通过哪些途径来搜集语文教育研究资料。
3. 搜集语文教育研究资料的方法有哪些?
4. 整理语文教育研究资料的原则有哪些?
5. 试述整理语文教育研究资料的形式。
6. 使用语文教育研究资料的原则有哪些?
7. 联系实际,谈谈如何使用语文教育研究资料。

第六章　语文教育研究的成果表达

语文教育研究的成果表达,有两个维度所指,一是对于一项具体的立项性语文教育研究课题而言,在历经了课题的选择、方案的设计与实施、资料的搜集与整理后,最终要给整个课题作出一个总结性交代,即要对整个研究的结果给出一份书面材料回答。语文教育研究的成果表达另一个维度所指是对于非立项性课题而言,广大语文教育工作者在平时的教学实践中或理论研究中所进行的有关语文教育教学的论文写作便属此类。无论是哪一个维度所指,研究者均要选择适当的形式将研究成果明确地、有说服力地表述出来,以供他人评价和鉴赏,从而实现语文教育研究自身的价值与意义。这一阶段对于语文教育研究活动而言,是个"收获的季节",因而有着特殊的意义,应高度重视。本章将围绕语文教育研究成果的表达,具体探讨这样几个问题,即语文教育研究成果的主要类型、基本特点、撰写原则、基本步骤以及具体的撰写方法、注意事项等。

第一节　语文教育研究成果的主要类型与基本特点

想要富有成效地表达语文教育研究成果,首先要知晓语文教育研究成果有哪些主要的类型以及各自有什么特征。由于语文教育研究对象的复杂性、研究方法的多元性,以及表达时论据材料和论证方式的多样性等,这些都决定了语文教育研究成果表达形态的丰富性。但就中小学语文教师而言,其语文教育研究成果主要是以"研究论文"和"研究报告"两种方式呈现的。

一、语文教育研究论文及其特点

语文教育研究论文是研究者运用一定的研究方法对于特定的语文教育教学的问题、现象、文献或理论进行系统地、专门地研究和探讨,得出新结论、提出新观点、作出新解释、进行新推断的一种理论性文章。语文教育研究论文又可以细分为三个类别,即语文教育经验型研究论文、语文教育评论型研究论文、语文教育学术型研究论文。

(一)语文教育经验型研究论文

语文教育经验型研究论文,主要是指一线语文教育工作者将自己在语文教育教学实践中所获得的感想、经验、体会,进行分析、抽象、总结、提炼,在此基础上撰写的研究论文。

这类语文教育研究论文的主要特点有两个:第一,总结性。这类研究论文是一线语文教育工作者在长期的实践中积累的有关语文教育教学的感想、经验、体会的总结与提升,这类论反映了一线语文教育工作者对语文教育教学的认识由感性认识上升到理性认识。第二，个体性。这类语文教育研究论文往往打上研究者个性的烙印，是以某个研究者的实践工作为主体，是基于某个研究者对其教育教学的经历加以主观的回顾、反思、总结而生成的。这类论文无论形式如何，总折射出个体经验的光芒。

（二）语文教育评论型研究论文

语文教育评论型研究论文，是指语文教育研究者针对特定时期内相关语文教育教学领域所出现的现象、产生的情况或发生的问题、进行的活动等作专项的评价和论述，借以表明自己的观点与态度的研究论文。

这类语文教育研究论文的主要特点有两个：第一，及时性。这类研究论文往往以语文教育教学领域新近出现的现象、产生的情况或发生的问题、进行的活动等作为评论的对象。第二，针对性。这类研究论文一般不广泛铺开，常常是“就事论事”，就所选定的评论对象进行集中阐释评价。

（三）语文教育学术型研究论文

语文教育学术型研究论文，是指语文教育研究者对语文教育教学领域的实践问题或理论问题，进行专门的、系统的、深入的研究，并在此基础上撰写的带有浓厚学理气息的研究论文。专题性研究论文以及各种学位论文都属此类。

这类语文教育研究论文的主要特点有两个：第一，论理性。和语文教育经验型研究论文、语文教育评论型研究论文相比，此类研究论文的理论性最强，学术要求更高，它基本上是以理性的论述为主。第二，创新性。此类研究论文特别重视学术的价值和社会的价值，它绝不满足一般的经验总结或现象、问题的述评，它特别注重和强调内容的创新，强调思想、观点、见解的创新。

二、语文教育研究报告及其特点

语文教育研究报告是研究者对语文教育研究过程和结果进行总结和概括，通常会借助事实和数据来说明和解释问题的一种语文教育研究成果形式。它一般有比较固定的写作结构和格式。研究报告不同于一般的工作总结和汇报材料，它有自己的学术规范。具体而言，语文教育研究报告主要有三种形式，即语文教育研究调查报告、语文教育研究实验报告、语文教育研究结题报告。

（一）语文教育研究调查报告

语文教育研究调查报告，是指语文教育研究者在一定的教育思想、观点和方法指导下，对某种语文教育现象或问题进行认真的调查研究，对调查材料进行整理、分析、综合，在此基础上形成的有事实或数据、有理论分析、有观点或见解的文章。

语文教育研究调查报告的主要特点有两个：第一，真实性。真实性是语文教育研究调查报告最突出的特点。真实性包括两层含义，第一层含义是指调查报告中反映的全部材料，包括各种事实、各种数据等，都应是真实的、客观存在的，来不得半点虚假和捏造。真实性的第二层含义是指研究者对材料的分析应该是实事求是的，一切要凭客观事实、数据来说话，不夸大不缩小,全面、客观地反映实际情况。第二,针对性。这一点顾名思义,语文教育研究调查报告就是针对某一个语文教育教学的现象或问题而进行专门的调查研究,在此基础上撰写的文章。

(二) 语文教育研究实验报告

语文教育研究实验报告,是指语文教育研究者为了验证某种语文教育教学的理论假设,而进行一定的实验,通过观察、分析、综合、判断,如实地将实验过程和结果记录下来,在此基础上写成的文章。它主要是以书面的形式反映某一研究课题的实验过程与结果。

语文教育研究实验报告的主要特点有两个:第一,定量性。语文教育研究实验报告重在用数据来说明和解释问题,这是语文教育研究实验报告最为突出的特点,各种数据通常以表格或图形等方式在语文教育研究实验报告中得以呈现。第二,记实性。语文教育研究实验报告的主要表达方式是叙述和说明。整个实验研究报告对研究者而言是"价值中立"的;换言之,实验研究报告反映的所有内容都是客观事实的如实反映。研究者不可带着任何的感情因素对研究过程与研究结果作人为的更改。

(三) 语文教育研究结题报告

语文教育研究结题报告,是指一项语文教育研究课题完成时,研究者全面地、客观地介绍、陈述研究的过程,总结、阐释研究的成果,向有关部门(组织)申请结题验收的文章。

语文教育研究结题报告的主要特点有两个:第一,突破性或可行性。对于语文教育基础理论性研究的课题,其结题报告要具有突破性,要显示出观点思想的创新;对于语文教育应用性研究的课题,其结题报告要具有可行性,要显示出实践操作的价值。第二,汇报性。语文教育研究结题报告是一种具有强烈汇报性质的文章,其内容往往具有"表现性",要向课题验收部门(组织)证明自己的研究结果和研究成效。

语文教育研究论文与语文教育研究报告有其各自的特征。一般说来,语文教育研究论文比较集中、精炼,它通常会突出表达研究工作中最主要、最精彩和最具有创造性的内容,很重视观点的创新、理论的创新。对同行一般都知道的东西以及一些具体的材料,往往无需过多叙述。语文教育研究报告则往往不限于新的或创造性的内容,整个研究工作的重要过程、方法和环节都可以包括进去。语文教育研究论文的内容中包含着较多的推理成分,而语文教育研究报告则要凭事实或数据说话。语文教育研究论文其理论性、论证性强些,而语文教育研究报告其叙述性、"报告性"强些。当然,语文教育研究报告与语文教育研究论文之间并非存在截然划分的界线。就它们的性质和作用而言,都是语文教育研究工作结果的记录和总结。

第二节　语文教育研究成果的撰写
原则与基本步骤

弄清了语文教育研究成果的主要类型以及各自的特点,接下来我们将要探讨最具实质性的一个问题,即如何表达语文教育研究的成果? 回答这一问题,我们可以从三个方面入手,或者说有三个层面的工作要做:一是明白撰写语文教育研究成果的基本准则是什么;二是弄清撰写语文教育研究成果的基本步骤有哪些;三是了解撰写语文教育研究成果的具体方法是什么。本章第二节和第三节就将重点探讨上述三个问题,其中第三个问题放在下一节探讨,第二节我们首先探讨前两个问题,即语文教育研究成果撰写的基本原则和基本步骤。

一、语文教育研究成果撰写的原则

表达语文教育研究成果,不像撰写其他一般的文章,它有自己的内在规定性。这种内在规定性会外在地反映在撰写时必须遵循的基本要求中,这些基本要求的理论化、概括化便上升为基本原则。遵循基本的行为准则,会让语文教育研究成果的撰写变得更加科学、有效、圆满。从整体上看,语文教育研究成果撰写的基本原则主要表现在四个方面,即科学性原则、创新性原则、规范性原则和可读性原则。

(一)科学性原则

科学性是语文教育研究成果的内在本质。撰写语文教育研究成果的目的不是铺陈叙事,更不是抒发情感,不可凭主观好恶随意地发表议论。撰写语文教育研究成果的根本目的在于揭示语文教育教学的客观规律。撰写语文教育研究成果其科学性原则表现为:第一,立论上要求研究者不得带有个人好恶与偏见,不能主观臆断,必须切实从客观实际出发引出合乎实际的观点;第二,论据上要求真实可靠,要通过周密的观察、调查、实验等手段,尽可能地多占有资料,以翔实、丰富的材料作为立论的依据;第三,论证上要求研究者必须遵循逻辑规律,运用演绎推理、归纳推理、类比推理等推理形式,由前提推出可靠的结论。[①]

(二)创新性原则

搞语文教育研究不能做无用功,任何一个有价值、有意义的语文教育研究必须在一个或几个方面实现突破,反映到具体的研究成果的撰写上,那就是必须有创新,包括形式方面的与内容方面的。具体而言,创新性原则主要表现在以下四个方面:第一,新的观点,即研究者提出有关研究问题的新的看法。它可能是全新的,即前人或他人从来没有提出过,也可能是在前人研究的基础上的新的发现。第二,新的视角,即研究者从新的角度去切入,来探讨研究某个课题。从心理学、社会学等学科来切入语文教育研究的案例比比皆是。第三,新的材料,即研究者利用搜集到的新材料来论证某个已经研究过的问题,以丰富和发展已有研究成果或得出新结论。第四,新的方法,即研究者采用与其他有关研究不同的研究方法来研究同样的课题,通过拓展研究渠道,来实现研究成果的创新。

(三)规范性原则

语文教育研究是一项很严肃的工作,撰写语文教育研究成果也是如此。撰写语文教育研究成果之前要有明确的计划和提纲,要根据研究的结构特点和逻辑顺序、研究课题的任务和内容来考虑表达的形式和表述的方式。在具体的遣词造句时要符合语法规范;全文上下题例统一,格式、风格一致;标点符号及文中数字等使用符合国家标准;从署名到最后参考文献都应遵守各种类型语文教育研究成果的体例要求。

---

① 朱德全:《教育研究方法》,重庆出版社 2006 年版,第 170 页。

（四）可读性原则

科研报告和论文虽是反映专业内容，给本专业的行家阅读，在撰写过程中也不可能做到像写文学作品那样讲究辞采，注重语言的形象、生动，但也必须注意章法，推敲语言，对其进行必要的加工和润色。在安排文章的结构布局时一定要从语文教育研究成果的内容出发，看写作意图是否表达的清楚完整，中心论点与分论点之间的逻辑关系是否严密，材料运用是否恰当，结构布局是否匀称。在推敲文章的语言时，要做到：第一，能选用最贴切、最恰当的词汇，准确无误地反映自己的观点见解；第二，文章的叙述能简练生动，通俗易懂，不可故弄玄虚，不要堆砌术语概念，不玩学术的文字游戏。① 总之，撰写语文教育研究成果最终要和别人分享，要让大家看得明白，否则，只能束之高阁。

二、语文教育研究成果撰写的基本步骤

语文教育研究成果的撰写是一项有目的、有计划、有步骤的活动。弄清楚撰写的基本步骤，有助于提高撰写的效率和效果。从总体上看，对于语文教育研究成果的撰写而言，无论是撰写语文教育研究论文，还是语文教育研究报告，均需经历以下几个阶段。

（一）拟定题目

无论是撰写平时一般性的研究论文或报告，还是课题性质的研究论文或报告，无疑，确定题目是我们所做的第一步工作。虽然在课题研究中，课题本身的名称我们早已确定，但是课题的名称与我们研究成果表达的名称并非是完全对等的。有的课题，特别是周期较长、内容较广的课题，其研究成果往往要撰写多篇（譬如各种阶段性研究成果）才能表示出来，而其中每一篇都需要重新拟定文题。

标题的具体拟定主要有三种类型，即论题式标题、论点式标题、论题与论点结合式标题。② 先看论题式标题，这类标题就是将所要研究的内容概括出来作为标题，如"论内隐学习对语文教育的启示"。这类标题是将文章所研究的内容范围进行了限定，但从标题本身看不出作者的观点。拟这一类标题，一方面是文章的基本观点难以用一句话来表述；另一方面，限定写作的范围，便于读者取舍。再看论点式标题，论点式标题就是将文章的中心论点概括出来作为标题，如"个性化阅读：语文阅读教学的灵魂"。最后看论题与论点结合式标题，这类标题常常由正副标题构成，正标题为论点式，点出文章的基本观点；副标题为论题式，点明研究的内容、对象、目的等，如"语文就是'语言'——对近年来关于语文之争的清理"。

（二）确立主题

主题是研究者思想、态度、观点等的集中反映。确立主题对于语文教育研究论文的撰写而言，就是确立论文的中心论点；对于语文教育研究报告的撰写而言，就是确立研究报告所要阐述的中心问题。

确立主题，事实上就是个"立意"的过程，古人常强调"意在笔先"，就是说在文章动笔之前，

---

① 陈时见：《教育研究方法》，高等教育出版社 2007 年版，第 237 页。

② 孙菊如等：《学校教育科研》，北京大学出版社 2007 年版，第 182 页。

要先确立好主题,尔后的工作才好开始。主题是全文的精髓,它决定着全文结构的安排、材料的选择、表达的方式方法等,因此主题的确定至关重要。一个好的主题至少有如下几个方面的要求:第一,要新颖。语文教育研究的一个重要原则即创新性原则,这就规定主题的确定不可老生常谈,不可人云亦云,不可拾人牙慧。第二,要深刻。语文教育研究的一个重要目的便是揭示语文教育教学的内在规律,因此,其主题的确立须深入揭示事物的本质,把问题上升到理论的高度。第三,要鲜明。写研究论文、研究报告,不是搞文学创作,不要搞"陌生化",不必追求朦胧美、含蓄美。撰写语文教育研究论文或报告其主题不能含糊其辞,提倡什么,发现什么,赞同什么,反对什么,等等,均要鲜明地确认和呈现。

(三)安排结构

在确定了主题后,接下来就要考虑从哪几个方面来论证或阐述主题,这就是对文章的结构进行一个总体设计。

安排结构对于撰写语文教育研究报告而言,往往并不是难题,因为研究报告相对而言一般都有固定的格式,但对于撰写语文教育研究论文而言却是个"细活"。安排结构,对于撰写语文教育研究论文而言事实上就是对中心论点进行分割与细化的过程,即要构想从哪几个角度、层面、维度或方面等来论证中心论点。这些不同的角度、层面、维度或方面等,将会构成论文的若干分论点。

(四)选择材料

在撰写语文教育研究成果的过程中,所选择的材料是很广泛的。有研究者从研究中分析整理出的直接材料(比如一些问卷调查的材料、实验的数据等),有从既有文献中搜集来的资料,也有从上述两种材料的基础上整合出的材料。这些材料有"事实性"的材料,有"理论性"的材料,一旦被选择的材料进入撰写的文章中去,便成为"事实论据"与"理论论据",即所谓摆事实、讲道理。上述可见,材料事实上是立论的根据,它关系着论题能否成立或在多大程度上成立。

选择材料要注意两个方面:第一,要选择最具说服力的材料。选材不是"韩信点兵,多多益善",堆积材料只能使文章变得冗长杂乱。因此,选材必须要做到典型,要最大限度地保证材料与观点的统一。第二,要选择真实、准确的材料。科研工作是一项很严谨的事情,来不得半点虚假。选择材料不能失真、有误。因为,作为论据的各种材料一旦失真、有误,那么这将直接影响到文章主题的论证效力。

(五)编写提纲

提纲是按照一定的逻辑关系逐渐展开的、由一系列大小标题构成的纲目体系。在撰写语文教育研究论文或研究报告时,提纲犹如一张总的施工蓝图。不编写提纲,很容易导致写作信马由缰,甚至出现"挤牙膏"式的想一点写一点。编写提纲可以从宏观上乃至微观上让研究者清清楚楚地明白自己要写什么,要写多少,要用什么去写。编制一份好的提纲,往往会让研究者事半功倍。

提纲的编写可以用如下的方式进行:[1]

---

[1]　温忠麟:《教育研究方法基础》,高等教育出版社 2004 年版,第 220 页。

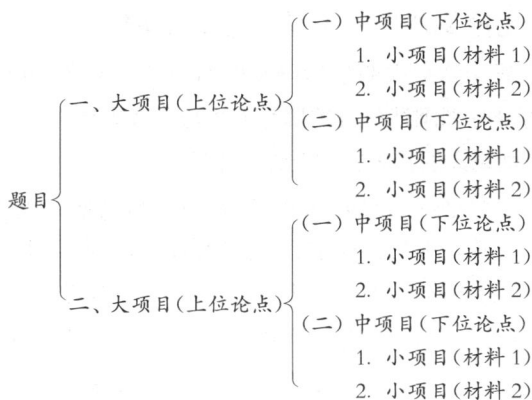

```
                                          ┌─(一) 中项目（下位论点）┌─ 1. 小项目（材料 1）
                                          │                        └─ 2. 小项目（材料 2）
              ┌─ 一、大项目（上位论点）┤
              │                           └─(二) 中项目（下位论点）┌─ 1. 小项目（材料 1）
              │                                                    └─ 2. 小项目（材料 2）
     题目 ┤
              │                           ┌─(一) 中项目（下位论点）┌─ 1. 小项目（材料 1）
              │                           │                        └─ 2. 小项目（材料 2）
              └─ 二、大项目（上位论点）┤
                                          └─(二) 中项目（下位论点）┌─ 1. 小项目（材料 1）
                                                                   └─ 2. 小项目（材料 2）
```

（六）撰写初稿

当文章的标题与主题已确立设定，文章全局与局部的关系已了然于心，引用与参考的材料已搜集俱备，写作提纲也已出炉之际，下面的工作就是动手撰写初稿了。语文教育研究论文和研究报告类型不一样，要按各自的格式与要求去撰写，具体的方式方法我们会在下文详细探讨，这里就不再赘述。

值得注意的是，在撰写初稿时，要能做到"胸中有丘壑"，即心中要有主题、有提纲，要做到从全局出发、统筹安排。此外，要做到论点、论据、论证三者的和谐统一。

（七）修改定稿

人们常说，好文章是改出来的，这话对于语文教育研究论文或研究报告而言，同样是至理名言。有些人文章写好后，会带着"自我欣赏"的情绪来看文章，这样往往越看自己的文章越觉得好，这是很难达到修改目的的。语文教育研究论文或研究报告撰写好后，最好先"冷处理"一段时间，然后站在旁观者的立场上以"吹毛求疵"的态度来看自己的文章，这样才能真正发现问题。

对于语文教育研究论文或研究报告而言，修改工作可以从两个维度入手：一是思想内容，二是表现形式。思想内容方面的修改主要包括对文章的论点和论据（主要表现为所选择的材料）的修改。如文章的论点是否鲜明、正确，材料是否充分、有力，观点和材料是否协调等。表现形式的修改主要包括对文章的结构和语言的修改。如结构是否完整、严密；语言是否准确、得体，格式是否规范等。最重要的是，修改文章要有全局观，要先总体后细节，先结构后语言，先观点后材料，先内容后形式。

第三节　语文教育研究成果的撰写方法与注意事项

本节将具体探讨语文教育研究成果的撰写方法。我们探讨的思路是这样的，由于语文教育研究成果类型的复杂性，为了能阐述得更加细致些、具体些，我们将分两大类（即语文教育研究论文和语文教育研究报告）、六小类（包括三类语文教育研究论文与三类语文教育研究报告）来具体阐述。

一、语文教育研究论文的撰写方法与注意事项

如前所述,语文教育研究论文主要包括语文教育经验型论文、语文教育评论型论文以及语文教育学术型论文,下文分别阐述各自的撰写方法与注意事项。

(一)语文教育经验型论文的撰写方法与注意事项

相对而言,语文教育经验型论文的撰写最为自由、简便,其格式也较为灵活。这类论文源于语文教育教学的实践,是第一手材料提炼后所作的理性的思考。其要点是在总结经验、选择经验、分析经验、论证经验的基础上,把自己感受最深的一点、收获最大的一点、做法最有成效的一点,进行深入挖掘,抓住其本质,上升提炼到理论的高度;在进行科学论证的基础上,使原有的感性经验转化为具有独创性、概括性、理论性的论文。撰写的流程方式,是从感性到理性,从经验到规律。

语文教育经验型论文深受许多一线语文教师的青睐,因为在长期语文教育教学的实践生涯中,广大语文教师确确实实积累了诸多关于语文教育教学的感受、经历、体会。此类论文撰写的注意事项主要有两条:第一,要确保"感性的经验"最终须上升到"理性的规律",不可是教育教学经验的简单罗列,不能就事论事,泛泛而谈。第二,要注意尽量使用语文教育学的相关术语概念,不要以为这类论文的主体是"经验"就随便使用一些语词。只要是论文,它就具有基本的学术规范性。

(二)语文教育评论型论文的撰写方法与注意事项

语文教育评论型论文,它主要是运用议论说理的表达方式,来对某个语文教育教学的现象或问题进行评价、论述,借以表明作者的观点态度。撰写这类论文,首先要选择好评论的对象,要充分考虑和分析拟评论对象的影响作用(无论是正面的或反面的);在对评论对象深刻理解把握的基础上,结合语文教育教学的规律,采取先综述情况(或观点、或做法、或案例等)后评论的流程,述评结合,在此基础上表明自己的看法与态度。这类论文的具体写法多种多样,有人总结出这样几种:一事一议式,举事明理式,夹叙夹议式,深入分析式,联想式,概说漫谈式。① 总之,语文教育评论型论文没有统一的格式,写法比较自由。

撰写语文教育评论型论文要注意以下两点:第一,要注意"评"前有"述",而这个"述"一定要客观,要符合实际,要在真正理解被评对象的基础上进行陈述,不要断章取义,以偏概全。第二,"评"一定要有理有据,要能自圆其说。此外要分析中肯,不可有意拔高,也不可恶意诋毁。

(三)语文教育学术型论文的撰写方法与注意事项

撰写语文教育学术型论文与上述两类论文相比,其结构往往比较固定,主要有这样的几个部分组成:标题、署名、摘要、关键词、绪论、本论、结论、参考资料,其中标题、署名、摘要、关键词是"前置部分",绪论、本论、结论是"主体部分",参考资料则包括"参考文献"与"注释"两种。② 下文分别介绍各部分的写法及注意事项。

1. 标题

标题是论文内容的高度概括,其作用是向读者说明研究的主要问题。标题的撰写通常有

---

① 钟海青:《教育科学研究方法》,广西师范大学出版社 2002 年版,第 306 页。
② 朱德全:《教育研究方法》,重庆出版社 2006 年版,第 171—178 页。

三种写法,即句子式、词组式和主副式。句子式标题以一个描述性或说明性的句子概括全文的中心论点。词组式是一种省略的句型,即省略某种成分。主副式用于当一个题目无法将语意阐明时,则可增设副标题补充说明。

论文的标题应简明扼要、准确新颖,能引起读者的兴趣和注意。如果准备将论文拿去发表,在撰写标题时还得考虑杂志的性质,即如果是准备在专业性很强的刊物上发表,论文的标题就应该比较精确和严谨;如果是准备在普及性教育杂志上发表,论文的标题就应该体现出简明扼要、引人入胜的特点。标题要置于论文其首的"居中"位置。

2. 作者署名

文章署名是作者文责自负和拥有版权的标志。文章署名要注意:

(1) 署名的基本要求。第一,署名要用作者的真实姓名,一般不宜像写文学作品那样使用"笔名"。第二,对集体研究成果,可用"×××课题组"的集体署名形式。第三,作者人数。如果论文是由几个人共同完成的,要同时署上参与者的姓名。第四,署名的位置与格式。论文作者的署名置于文章标题下方"居中"的位置。

(2) 通讯地址。通讯地址一般应置于作者姓名下方另起一行"居中"的位置(也有置于正文之后的),注明作者的单位全称、所在城市和邮政编码,并用小括号括起来。写作格式是:单位全称与城市名之间用","隔开;城市名与邮政编码之间要空一格。

(3) 作者简介。若论文是用于发表,需要撰写作者简介。简介内容主要包括姓名、出生年月、性别、民族、籍贯、职务、职称、学位、研究方向等。作者简介通常以脚注的形式出现在首页,并以"作者简介:"或"[作者简介]"为标识。

3. 摘要

论文摘要的写作要反复推敲,力求文字精炼,内容全面,重点突出,切忌将论文摘要写成文章的导语或意义的阐述。具体要求是:短小、精悍、完整,字数通常以二三百字左右为宜;从第三人称立场对文中观点进行概括和提炼,避免以"本文认为"、"作者指出"等类词语表述;内容要准确、精炼,能把全篇论文的主要内容概括出来。

论文摘要通常要以中文与英文两种形式呈现在论文中。通常情况下中英文摘要的内容应该保持一致。英文摘要一般以80个左右单词为宜,可与中文摘要进行对应翻译,若中文摘要太长,也可概略地加以翻译。

论文摘要一般置于"通讯地址"的下方,关键词的上方,并以"摘要:"或"[摘要]"作为标识。英文摘要也可以置于论文的末尾,即"参考文献"的下方,并以"Abstract:"作为标识。

在实际写作中要注意,一篇论文是否需要中英文摘要,采用何种方式标识中英文摘要,需要视论文发表期刊的要求而定。

4. 关键词

关键词是反映论文主要内容的核心概念,一般可选3—5个关键词,具体个数以论文发表期刊要求为准。关键词可以从标题中选取,也可以从文中选择有代表性的词语。但关键词要选用规范性的词语,切忌用不规范的简化词或术语。多个之间应用分号或空格分割。

某些用于发表的论文需要标出中英文两种关键词,且中英文关键词应一一对应。中文关键词前应冠以"关键词:"或"[关键词]"作为标识,英文关键词前冠以"Key words:"作为标识。

5. 绪论

绪论是论文的序言,或称导言、前言。绪论需要阐述以下内容:从事研究的背景,以衬托出所论问题的重要性;简述研究的缘由,说明为什么要进行研究;阐明要研究什么,以确定要研究的问题领域;评述已有的相关研究等等。在实际写作中,以上内容并非要面面俱到,可以根据研究课题的实际情况选择几项。常用的主要有以下四种方式:第一,提出问题,引起读者兴趣,给论文定向;第二,开门见山,直接提出论文主旨;第三,引述谬误,树立批驳的靶子,从而引出论文观点;第四,概括总体,交代研究背景,引出写作意图。一般来说,绪论部分篇幅不宜过长,以免全文头重脚轻,主次不明。

6. 本论

本论是论文的主体部分,是表达研究成果的部分,在整个论文中占据极其重要的分量。论文质量的优劣,水平的高低,价值的大小,在很大程度上取决于本论部分的写作。

正文撰写的基本要素是论点、论据、论证。正文的写作关键在于论证,即证明自己提出的论题。论证的方法多种多样。常见的方式主要有以下三种:

第一,并列分论式,即围绕课题研究的中心论点设立若干分论点。这些分论点与中心论点呈垂直关系,而各分论点之间呈并列关系,是从不同角度、不同侧面对中心论点的论证。第二,层递推论式,即对中心论点的论证采用层层递进,步步深入,直到最后得出结论,文章中各分论点之间呈递进关系。第三,并列层递兼用,即将并列分论式与层递推论式有机统一。

本论部分撰写时要注意以下两点:第一,论点明确具体,论据要丰富充足,论证符合逻辑,要有理有据。要避免两种毛病:一是只有观点,没有材料,空洞无物;二是只有材料,没有观点,读起来感到臃肿,不得要领。第二,论述方法要多样,动用各种逻辑方法,多维度、多方向、多层次地论述问题。注意分清主次,抓住本质,条理清楚。

7. 结论

结论是学术论文最终解决问题的部分,是作者在对全部内容进行分析、综合、抽象、概括后的全面总结,是论题被充分证明后得出的结果,是针对研究问题作出的答案。

结论部分的内容主要包括以下四个方面:第一,对研究总体性的判断,总结性的见解;第二,提出切实可行的问题解决策略和措施;第三,提出尚未解决的问题和研究的局限性;第四,提出进一步研究的建议。

结论部分的作用是总结全文、深化主题、揭示规律,而不是正文部分内容的简单重复,更不是谈几点体会,或者提出几句口号。所以,写结论时必须十分谨慎,措辞要严谨,逻辑要严密,文字要简明具体,不能模棱两可、含糊其辞。

8. 参考资料

论文的参考资料包括注释和参考文献两种。注释是对论文的引文标明出处和对正文中某一特定内容的进一步解释或补充说明。注释的方式有三种,即页末注(脚注)、文内注(夹注)、文末注(尾注)。参考文献是作者写作论文时所参考的重要文献篇目。注释和参考文献的主要区别在于:注释是一一对应的关系,一经引用,一定要详细注明出处;而参考文献是个相对模糊的概念,它只表明研究者在论文写作时有一些文献对自己写作起了重要作用,常常没有必要一一对应。

注释与参考文献所包含的要素大致相同,主要包括如下内容:(1)注释与参考文献的序号;(2)主要责任者(即著作作者、论文集作者、学位申报人、专利申请人、期刊文章作者、报告撰写人等);(3)文献题名及版本;(4)文献类型标识(根据国家有关文件规定,各种主要文献标识如下:普通图书—M,论文集—C,报纸文章—N,期刊文章—J,学位论文—D,报告—R);(5)出版地、出版者、出版年;(6)文献起止页码。在具体撰写时,其顺序大体也是如此排列的。

值得注意的是,目前关于参考文献的编排格式并没有统一的规定,各出版社或报刊编辑部均有各自不同的格式要求。譬如,有的要文献类型标识,有的则不需要;有的要求对所引或参考的文献使用书名号,有的则不需要;有的注释与参考文献的序号用圆圈,有的用方括号。对于我们研究者而言,最好的办法就是按照我们所想投稿的刊物或出版的出版社的具体要求来撰写注释和参考文献。

二、语文教育研究报告的撰写方法与注意事项

如前所述,语文教育研究报告主要包括语文教育调查报告、语文教育实验报告、语文教育结题报告。下文分别阐述各自的撰写方法与注意事项。

(一) 语文教育调查报告的撰写方法与注意事项

语文教育调查报告的撰写,一般包括五个部分,即标题、前言、正文、结论以及附录。

1. 标题

标题要鲜明扼要地反映所研究的主要问题。语文教育调查报告,一般通过标题明确而具体地表明调查的对象、调查的内容。如有必要,可以加副标题来补充说明。

标题下面要署名,写出调查单位的名称或个人的姓名。

2. 前言

前言要清楚地说明调查的目的、意义、人物和所采用的方法、手段,此外,还要说明一些基本的情况,譬如调查的时间、地点、对象、范围、取样等。

前言部分虽然在整个语文教育调查报告中所占的比例不大,但它是整个语文教育调查报告的开始部分,对整个调查报告起着提纲挈领的作用。前言部分不宜写得太长,应该言简意赅,紧扣主题,要为正文的展开提供方便。

3. 正文

正文要详细阐述调查的各项内容,全面交代调查的事实、数据、经过、经验或问题等。调查报告的正文有多种写法,主要的有两种,一种是并列分述式,即把教育调查的基本情况按照种类分成并列的几个部分或方面来叙述,可以加些小标题明示;一种是层层深入式,即将调查的基本情况按照事物发展的逻辑顺序演变过程加以排列、各个部分相互衔接,层层推导递进。[①]

---

① 杨小微:《教育研究的原理与方法》,华东师范大学出版社 2002 年版,第 310 页。

在正文部分,处理观点和材料的方式也有两种,一种是先陈述材料,后作分析,阐明观点;另一种是先陈述观点与结论,后用事实与材料印证说明。

对于语文教育调查报告而言,正文部分要写得具体翔实,要保证数据确凿、事例典型、材料可靠、观点明确。表达时要能注意主次分明,详略得当,层次清晰。

4. 结论

结论是作者经过反复思考后对该语文教育研究调查所作的观点总结。结论部分通常有这样的几种写法:第一,经验总结式,即根据调查的实况,总结出工作的经验;第二,主题深化式,即概括地说明全篇研究报告的主要观点,进一步深化主题,以增强说服力和感染力;第三,建议提出式,即根据调查实况,指出存在的问题,提出一些具体的改进意见;第四,未来展望式,即由此及彼扩展开来,指出调查问题的重要意义。①

5. 附录

附录部分是附在调查报告后的各种资料,比如各种调查表、原始数据、研究实际记录等等。附录的价值在于为读者提供各种原始资料,以便让人鉴定调查报告是否科学。

最后,再来谈谈语文教育调查报告撰写的注意事项。撰写语文教育调查报告主要注意以下两点:第一,要充分、合理、巧妙地使用调查所得出的事实资料,要避免简单地罗列调查材料而出现平铺直叙没有观点的情形,要确保材料与观点紧密结合。第二,要注意表述得体,整个行文风格应是叙述和议论为主,语言要尽量做到准确、简练。

(二) 语文教育实验报告的撰写方法与注意事项

实验研究报告按出现的顺序一般包括标题、引言、方法、结果、讨论与分析、结论等部分。②

1. 标题

语文教育实验报告名称的确定常常可以采用研究课题的名称,用简练、概括、明确的语句反映语文教育实验对象、领域、方法和问题,显示出研究的独创性。

标题下面是署名,表达研究者对该项研究及这篇报告负责。如果参加研究的人员很多,不必一一署名,可以署××课题组。

2. 引言

引言一般包括以下几个方面的内容:

(1)问题的性质及重要性。在报告的一开始要说明所研究的是什么性质的问题,该研究的意义和价值。要实事求是地阐述所进行的实验研究的理论价值或实践意义,以引起读者对该研究的重视。

(2)文献评述。语文教育实验研究中的文献综述,是围绕研究目的,对研究问题或假设的有关文献资料的综合性论述。报告中撰写这部分内容,能使读者了解研究背景、问题的提出以及该项研究的理论和实践依据。

(3)目的与假设。在介绍研究方法和步骤之前,应明确阐述研究的目的与假设,因为研究

---

① 陈时见:《教育研究方法》,高等教育出版社 2007 年版,第 239 页。
② 华国栋:《教育研究方法》,南京大学出版社 2005 年版,第 289—293 页。

方法是为实现这些目的、检验这些假设而选定的。目的和假设是一个问题的两个方面,一般是先有目的,而后再提出假设,但有时也可以提出假设后有目的,因为在语文教育研究中有些问题是早已有了假设,只是通过实验来验证假设而已。

（4）重要名词诠释。在说明研究问题的性质、意义、目的、假设之后,对于文章中出现的一些重要名词必须予以界定,有的还要写出操作定义。

3. 研究方法与过程

这部分内容的撰写,包括以下几个方面的内容:

（1）研究对象。说明研究的对象是谁,他们是从什么样的群体中选取的,用什么样的方法选取的,有多少人,以及被试的年龄、性别、文化程度等。如果实验是分组进行的,还应说明是按什么方法分组的。

（2）研究工具。研究工具是指研究者用来收集资料的量表、问卷等测量工具。如果研究者所采用的研究工具是公开发表的标准化量表,研究者只需说明名称及版本;如果是自编的量表,则应详细描述,或附在文后让读者参考。

（3）研究步骤。要对实验设计与实验程序作详细说明。诸如实验设计的类型,怎样处理实验变量,怎样控制因素,怎样观察记录,等等。

4. 实验结果

实验结果是研究报告的重心,因此,必须详细地、清楚地叙述实验结果,说明某部分资料与某项假设是否成立,研究问题与假设中的哪一部分有关联等。

为了形象直观地说明问题,实验研究报告常用图表的形式来说明问题。对实验结果所得到的数据资料进行比较分类后,制成各种图标,使之说明问题。

5. 讨论

"讨论"是对实验中观察、记录和测定的结果（各种数据、现象和事实）进行理论的分析和解释。为实验报告的结论提供理论依据。

在"讨论"中,一方面要指出实验研究假设是否成立,另一方面对实验中出现的某些特殊现象（如结果无法证实某种假设时）要提出自己的见解,指出其可能的原因、该实验研究的不足之处以及今后的研究设想。

6. 结论

结论部分是对实验结果概括或归纳。结论部分的文字应简明概括,常常把研究结果或研究发现归纳为某种原理、规律或规则。

撰写教育实验研究报告应注意以下几个方面:第一,为了准确地反映实验研究的过程和结果,使语文教育实验研究成果得以科学、正确的推广,研究工作者在撰写实验研究报告时对报告中所采用的材料要经过严格的检查核实,对材料的分析要实事求是,不能弄虚作假、故意夸大或拔高,要尽可能减少主观臆想的成分。第二,运用定量和定性相结合的方法。语文教育实验研究有些实验结果是很难用数据进行定量描述的;因此,撰写语文教育实验研究报告,最好能做到定量与定性相结合、数据和事例相结合、一般与典型相结合。第三,实验的方法和结果要交代清楚。实验研究的价值是以方法的科学和结果的可靠为条件的。因此,语文教育实验研究报告的方法部分要讲得清楚,交代具体,条理分明;结果部分要形象引入,说服力要强,最好能有图有表,图文并茂。

(三)语文教育结题报告的撰写方法与注意事项①

撰写结题报告是任何一项课题研究都必须经历的环节。与调查报告、实验报告相比,结题报告是一种更为特殊的研究成果表述形式,它不仅是对整个课题研究的工作总结,更是课题主管部门对研究成果进行鉴定、评审、验收的依据,是课题结题时的必备材料。

一般而言,不同类型、级别的课题结题报告的要求不尽相同,但其基本结构大致相同,主要包括这样几个部分:前置部分(包括封面、署名、目录等)、主体部分(包括成果鉴定与结题验收申请书·审批书、研究总报告、阶段性成果等)、评价部分(包括专家及个人鉴定表、成果鉴定等级评价表等)。其中,研究总报告是结题报告的核心内容,它要具体阐述课题研究的基本情况、研究过程、研究结果以及研究成果等。其主要内容如下:

1. 研究过程的基本情况

这主要包括:研究计划的执行情况;研究的主要过程和活动;研究的变更情况(包括课题负责人、课题名称、研究内容、成果形式、管理单位、完成时间)等。

2. 研究内容与结果

这主要包括:研究的主要内容、观点与结论;研究方法的主要特色与创新;研究的突破性进展;学术价值的自我评价;成果的社会影响;研究中存在的问题;今后的研究设想等。

3. 研究成果情况

这主要包括:成果的出版、发表情况;成果的转载、采用及引用情况;成果的代表作等。

撰写结题报告时要注意以下两个方面:第一,结题报告的撰写要有"三严"的精神,即严肃的态度,严谨的学风,严密的方法。严肃的态度是指研究者要以高度的责任感对待结题报告的撰写,要以负责的态度阐释自己的研究结论;严谨的学风要求研究者以实事求是的精神对待自己的研究工作,不能随意夸大自己的研究成果;严密的方法要求结题报告逻辑要严密,条理要清楚,论述要工整。第二,结题报告必须体现"五性",即科学性、创新性、理论性、效益性、规范性。科学性即是否符合教育科学理论,遵循教育规律。创新性大致有两种情况,一是课题从未有人去研究,你去研究并取得了一定的成果,即通常说的"填补了空白";二是课题已经有人做过研究,但还存在这样那样的问题,你去研究并使之完善,研究成果是否有创新性一定要实事求是,不能随意夸大研究成果的价值。理论性即得出了什么新观点、新见解、新技术、新结论等,并阐明这些观点、理念、理论反映了什么水平,是否探求了语文教育现象发生、发展、变化的规律等等。效益性即课题研究的结果有什么社会效益或经济效益,研究成果有什么指导意义和推广价值等。规范性即研究的具体操作是否规范,文字表述是否准确等。

---

① 朱德全:《教育研究方法》,重庆出版社 2006 年版,第 194—196 页。

【案例6-1】

"中学生口语交际能力培养的研究"结题报告①

安徽省安庆市第七中学　邓沈生

一、参与课题研究人员

负责人:邓沈生,男,1967年12月出生,本科学历,中学一级教师,安庆七中高中语文教师、教研员,安庆市中语会会员、市骨干教师、《语文报》(高中刊)特约通讯员、安徽省教育学会语文教学法专业委员会会员、中国语文报刊协会课堂教学研究分会理事,在省级以上交流、发表或获奖论文10多篇,主编或参与编写中学语文教辅书8册。2006年9月,被教育部评为"全国科研优秀教师",并荣获"国家教师科研基金进步奖"。

主要成员:(略)

二、课题研究的提出及其目的意义

1. 课题提出的背景(略)

2. 口语交际教学现状及原因

(1) 受中考、高考指挥棒的影响。

(2) 教学模式与方法陈旧。

(3) 没有良好的口头表达交际氛围。

(4) 学生生理、心理因素的影响。

3. 课题研究的目标

本课题研究的总体目标是:口语交际能力是现代公民的必备能力,口语交际训练"应培养学生倾听、表达和应对的能力,使学生具有文明和谐地进行人际交流的素养"。具体涉及口语交际活动中的情感与态度、语音表达、内容的呈现、倾听与交流、体态表情和语言修养等六个方面。

4. 课题所要解决的主要问题

(1) 口语交际的语言与思维的关系;

(2) 口语交际能力培养的途径与方法;

(3) 中学生口语交际的心理分析;

(4) 中学生口语交际能力培养过程中教师的作用;

(5) 口语交际训练的阶段性、序列性;

(6) 口语交际的艺术技巧;

(7) 口语交际能力培养中的"听""说"训练;

(8) 口语交际活动课的研究与设计;

(9) 口语交际(综合性学习)可操作性评价方式。

---

① http://www.aqjy.org/jiaoyukeyan/ShowArticle.asp? ArticleID＝1212。

三、理论依据及培养原则（略）

四、课题研究方法

1. 资料积累法。

2. 调查法、观察法。

3. 实验法、活动法。

4. 经验总结法。

5. 行动研究法。

五、课题研究的过程

本课题研究时间为 2003 年 9 月至 2006 年 12 月共分为四个阶段。

1. 课题研究的调整适应阶段（2003 年 9 月—2004 年 8 月）

2003 年 5 月,根据社会对语文教学的要求和我校学生的具体情况,我们初步确定把"中学生口语交际能力的培养"作为重点研究课题,在安庆市教科所和市教研室考中语组的精心指导下,课题申报很快得到了安徽省教育厅的批复,同意立项。2003 年 9 月,我们成立了课题组。全体课题组成员学习有关文献理论、了解国内外的研究动态,分析学生口语交际能力的现状,制订课题研究计划,讨论并确定课题研究的实施方案及具体分工。本阶段主要在初一、高一年级开展课题实验。

2. 课题研究的重点实施阶段（2004 年 9 月—2005 年 8 月）

本阶段重点在初二、高二年级进行实验。研究内容分听说训练和说话训练两个部分。听话训练目标包括辨析与调整,归纳与判断,扩展语意、丰富情节三项;说话训练目标包括讲述见闻、说明事物,说话要有合理的顺序,要看对象、语言得体。教师应当根据实验目标和学生实际,灵活采取多种方式,如新闻发布会、口头作文、课本剧表演等。课题组应加强教师课件、论文、学生成绩测试等资料的整理和收集工作,进行阶段性实验成果的分析和总结。

3. 课题研究的巩固提高阶段（2005 年 9 月—2006 年 8 月）

本阶段重点在初三、高三年级开展课题实验。研究内容分听话训练和说话训练两大部分。听话训练目标是:排除听话障碍;一词多说,注意语言美;听不同意见的分歧。说话训练目标是:朗读与复述语言流畅;演讲中心突出、说服力强;辩论观点正确,说服力强;体态和情感训练。训练的方式主要有观后感、词句意义辨析、朗读、复述、主题班会、读书报告会、辩论会等。课题组应加强对口语交际活动的指导,注意资料的整理和收集,对阶段性研究成果要及时加以分析和总结。

4. 课题研究的宣传推广阶段（2006 年 9 月—2006 年 12 月）（具体内容略）

六、课题研究的收获

1. 建立了平等融洽的师生关系,提高了课堂教学效率。

2. 有助于语文其他知识的学习。

3. 发展学生的个性,提高学生的综合素质。

4. 通过实验与研究,提高了教师的教学水平和教科研能力,全面提升了教师整体素质。

课题实验立足于课堂教学,通过备课、上课、说课、评课研讨等一系列活动,极大地提高了教师口语交际教学水平。尤其是口语交际(综合性学习)活动课,学生思维活跃,动手动脑又动口,既学习了知识,又培养了能力,提高了课堂教学效率。在安庆市教研室组织的中学语文调研听课或研讨示范教学中,曹伟利、江龙喜、金琼、张启祥、王飞、邓沈生、周艳等教师的阅读课或口语交际活动课获得了上级领导、教育专家的一致好评,有的被评定为优秀课。张启祥老师执教的《郭沫若诗两首》获安庆市初中语文中青年教师课堂教学优质课城区第一名,执教的《摆渡》获市第一名,执教的《勇气》获省二等奖,并承担市级以上研讨课4次。邓沈生老师执教的《记忆》获安庆市高中语文中青年教师课堂教学优质课城区第一名,执教的《读〈伊索寓言〉》获市一等奖。金仁竹老师执教的《毛泽东诗词二首》获安庆市高中语文中青年教师优质课城区一等奖,执教的《〈宽容〉序言》获市一等奖。陈龙月老师执教的《迢迢牵牛星》获安庆市优质录像课评比优秀奖,并被刻录光盘在全市推广。王飞老师于2003年参加"省骨干教师辅导班培训"。2004年12月,陈龙月、邓沈生老师分别指导的研究性学习案例《兰序集序作者辨伪》和《中学生早餐问题研究》,均获安徽省高中研究性学习优秀案例。2005年12月,邓沈生和张启祥两位教师分别执教的《胡同文化》、《山米和白鹤》均获安庆七中教师优质课一等奖。课题组教师学会了课题研究的方法,总结并发表了一大批教科成果。邓沈生老师的论文《注重口语交际,提高学生素质》获全国中语会论文评比一等奖,《浅谈信息技术与语文学科的整合》获安徽省教育学会论文评比一等奖。2006年5月,安庆七中举行市级语文课题"中学生口语交际能力的培养"结题评审鉴定会,成功结题。2006年6月,在安庆市学科带头人、骨干教师评选活动中,语文课题组陈龙月、殷集体、江龙喜三位老师被推荐为市学科带头人候选人,邓沈生、金仁竹两位老师被推荐为市骨干教师,陈龙月、邓沈生、金仁竹、江龙喜、朱学明、许克平、张启祥等七位教师被推荐为校骨干教师。2006年9月,邓沈生老师在教育部中国中小学幼儿教师奖励基金会、中教创新教育研究院举行的"全国教育科研优秀教师"评选活动中,被评为"全国科研优秀教师",荣获"国家教师科研基金进步奖",并在人民大会堂出席颁奖典礼。2006年10月,在安徽省2006年优秀教科研论文评选活动中,邓沈生老师撰写的论文《"中学生口语交际能力的培养"课题研究实践与反思》获省二等奖,殷集体老师撰写的论文《放飞翱翔的翅膀——中学生创作性写作能力的培养》获市一等奖。2006年11月,邓沈生老师被学校推荐为"安徽省教育学会语文教学法专业委员会"理事候选人,陈龙月、殷集体、张启祥、王飞等老师被推荐为会员。据不完全统计,邓沈生、曹伟利、王飞、江龙喜、汪翠莲、许克平、陈龙月、周艳、朱学明、张启祥、金琼、仇爱等老师30多篇论文在市级以上教育教学报刊、论文评选或研讨会上发表、获奖或交流。

七、课题反思(略)

思考与练习

1. 语文教育研究成果有哪些主要类型?各自有何特点?

2. 语文教育研究成果的撰写原则有哪些?

3. 谈谈撰写语文教育研究成果的一般步骤。

4. 试阐述语文教育经验型论文的撰写方法与注意事项。

5. 试阐述语文教育评论型论文的撰写方法与注意事项。

6. 试阐述语文教育学术型论文的撰写方法与注意事项。

7. 试阐述语文教育调查报告的撰写方法与注意事项。

8. 试阐述语文教育实验报告的撰写方法与注意事项。

9. 试阐述语文教育结题报告的撰写方法与注意事项。

第七章　语文教育文献研究方法

从本章起,我们将具体介绍常用的语文教育研究方法及其运用方面的问题。文献研究法是包括自然科学、人文社会科学在内的诸多学科进行科学研究最基本也是最常用的方法。探讨语文教育科学研究的具体方法,我们首先要探讨的就是语文教育文献研究法。

第一节　语文教育文献研究方法概述

一、教育文献研究的缘起

任何科学研究都是在前人研究的基础上进行和发展的,语文教育科学研究概莫能外。在语文教育研究的过程中,总要广泛地搜集、整理、阅读文献资料,以了解相关的研究成果、研究动态,从而实现"站在巨人的肩膀上"。这是科学、有效、少走弯路地进行语文教育研究的必经程序。从语文教育科学研究的全过程来看,文献研究法在研究的准备阶段和进行过程中,均是不可或缺的。从某种意义上讲,没有一项教育科学研究是不需要查阅文献的。在实际操作中,事实上在运用其他方法研究语文教育时,也常常需要同时使用文献研究法。从这一角度来看,语文教育文献研究法是一切语文教育研究方法的"基础方法"。

"文献"一词的涵义,在我国随着时代的变化而有所发展。在古代,"文献"一词最早见于《论语·八佾》中。宋代朱熹的解释,"文献"一词包含两个方面的内容:"文,典籍也;献,贤也。"意思是说,文献应包括历史上的图书、档案和当时贤者的学识等。文献的现代定义,我国《文献著录总则》明确地规定为"记录有知识的一切载体"。由这个定义,可进一步引申和扩展为"已发表过的,或虽未发表但已被整理、报道过的那些记录有知识的一切载体。"所谓"一切载体",就不仅包括图书、期刊、学位论文、科学报告、档案等常见的纸面印刷品,还应包括有实物形态在内的各种材料。[①]

二、语文教育文献研究的内涵

关于语文教育文献,我们可以从广义上将其界定为用各种符号形式保存下来的对语文教育研究有一定历史价值和资料价值的一切事实材料。语文教育研究文献和所有教育文献一样,其内容多种多样,按照不同的标准可以划分为不同的类别。

---

① 杨小微:《教育研究的理论与方法》,北京师范大学出版社 2008 年版,第 346 页。

（一）按信息加工程度分

（1）零次文献，是指经历过特别事件或行为的人撰写的目击描述或使用其他方式的实况纪录，是未经发表和有意识处理的最原始的资料。零次文献也称作第一手文献，包括未发表的书信、手稿、草稿和各种原始纪录。

（2）一次文献，也称原始文献，一般指直接记录事件经过、研究成果、新知识、新技术的专著、论文、调查报告等文献，是发表过的资料。

（3）二次文献，又称检索性文献，是指对一次文献进行加工整理过的文献，包括文献特征、内容要点，并按照一定方法编排成系统的便于查找的资料。

（4）三次文献，又称参考性文献，是在利用二次文献的基础上，对一次文献进行系统的整理并概括论述的文献，这类文献具有主观综合的性质。

（二）按文献性质分

（1）学术文献，如专著、教科书、科普读物、杂志、丛刊、学报等。

（2）资料性文献，如文摘、百科全书以及各种档案资料等。

（三）按实物形态分

（1）文字类资料，即各式各样的印刷品形式的文献资料。

（2）非文字类资料，如各种音像资料（录像带、录音带、视频）等。

文献研究法就是对文献进行查阅、分析、整理并力图找寻事物本质属性的一种研究方法。[①] 语文教育文献研究法就是通过查阅、分析、整理有关语文教育的文献资料，以了解语文教育的有关研究成果、研究动态，从而探求语文教育规律的研究方法。从具体的研究方式来看，语文教育文献研究法既可以表现为"质"的研究，也可以表现为"量"的研究。

值得注意的是，语文教育文献研究法与前面第五章所讲的语文教育文献资料的搜集整理两者既有区别也有联系。语文教育文献研究法绝不是简单地表现为语文教育文献资料的搜集整理；换言之，语文教育文献研究法绝不止于文献资料的搜集整理。语文教育文献研究法要动用搜集整理文献资料的各种途径方法，但它有更高的目的，即从搜集整理好的文献资料中发掘、阐释与文献相关的另一些语文教育教学的命题。可见，搜集整理文献资料只是语文教育文献研究法的手段，但不是目的。一言以蔽之，语文教育文献研究法不能简单地被视作为查找资料、整理资料，这不是文献研究法，这只是文献研究法的前提与手段。

三、语文教育文献研究的特征

关于语文教育文献研究法的基本特征，我们可以从以下两个维度考察。

（一）语文教育文献研究法的优点

1．超越时空

语文教育研究从大体上讲有两条基本的路径，一种是直接到相关语文教育教学活动中搜集资料、研究问题、形成科学事实，以此种路径形成的研究方法很多，譬如调查研究法、实验研

---

① 袁振国：《教育研究方法》，高等教育出版社 2000 年版，第 149 页。

究法、案例研究法等等,这类方法在教育研究中人们常谓之为"接触性研究方法"。另一种路径是不直接触到相关语文教育教学活动的人、事、物,而是通过对既存相关语文教育教学的文献资料的搜集、整理、评价与解释,来研究问题,揭示语文教育教学的规律。以此种路径的形成的研究方法主要就是文献研究法,这种方法在教育研究中人们则谓之为"非接触性研究方法"。非接触性是语文教育文献研究法最大的特色,正是由于非接触性,利用文献研究法,可以让语文教育科研活动不受时空的限制。譬如,我们现在之所以可以研究与我们不同时代的语文教育家们的教育思想,正是得益于文献研究法,因为我们可以从他们生前留下的各种论文、书信、日记等文字或非文字材料进行"文献"研究。

2. 干扰较小

语文教育文献研究法与诸多实证性的语文教育研究方法(譬如问卷调查法、访谈调查法、实验研究法、案例研究法、行动研究法等)相比,它不易受研究对象的各种不良"反应性"的干扰。在各种实证性语文教育研究中,由于研究者常常和当事人直接接触,被研究对象很可能由于种种原因不与研究者配合,或隐瞒实情,或提供虚假信息,或因研究情境的影响出现异常性行为等等。这些不良"反应性"的干扰,均可导致研究结果出现偏差。而语文教育文献研究法是从现存的相关语文教育教学的文献入手,不需要被研究者的直接介入,因而也就较少受到研究对象的干扰。

3. 简便易行

搞语文教育科研是一项需要投资的活动,包括各种人力、物力、财力等的投资,同语文教育调查研究法、实验研究法、案例研究法、叙事研究法、行动研究法等相比,语文教育文献研究法可能是所需人力、物力、财力等最低的了,显示出简便易行、方便自由、费用低廉等优点。只要到图书馆、档案馆、资料室等文献资料集中的地方,就可以进行文献的查阅、搜集,基本上不受调查对象、场地、情境条件的限制,不像调查研究、实验研究、案例研究、叙事研究、行动研究等方法直接搜集资料那样费时费力,从而可大大降低研究成本。尤其是在互联网已成为人们工作生活的重要工具的当今时代,通过网络来查阅文献、获取信息更是及时高效、简便易行。

(二) 语文教育文献研究法的不足

1. 文献自身"质"的方面的不完善性

无疑,语文教育文献研究法对文献本身的质量的要求是很高的,高质量的文献资料是语文教育文献研究法的"生命线",是科学有效进行语文文献研究的重要保证。然而,事实上文献资料本身的质量是参差不齐的,换言之,文献资料本身在客观上存在着一定的不完善性,这是不以研究者的个人意志为转移的。例如,"在许多教育文献中,作者往往出于特殊目的和意图夸大或掩盖部分事实,从而使文献记载出现偏差。此外,文献的保存常具有选择性,凡符合社会需要和当事人利益的文献,保存的时间便长久些;凡知名人士所写的文献,可得到较好的保护。而且,许多文献尤其是日记、信件等个人文献,不是为研究目的而写的,时常会包含一些研究者所不熟悉的知识。"[①]

2. 文献自身"量"的方面的匮乏缺失

利用文献资料进行语文教育科研活动,除了文献资料的"质"的方面对研究活动会产生不

① 袁振国:《教育研究方法》,高等教育出版社 2000 年版,第 156 页。

利的影响外,文献资料自身的"量"的方面也会对研究活动产生不利的影响,这种影响主要表现为文献资料的匮乏与缺失。虽然现代社会收集文献资料的途径与方式极其的丰富、多元,但如果没有资料可供我们收集,那么搜寻文献资料的方法手段再多也是没用的。事实上,对于语文教育科研活动而言,有许多研究领域可资利用的文献甚少,譬如关于语文程序性知识的研究、语文学科"实然"状态的课程内容的研究等等;而有的根本就无文献可查,这些研究领域常常是学术理论界的"空白点",有待开垦。上述情况下,利用文献研究法进行科研事实上是非常困难的,甚至就无从下手。

3. 文献使用者主观因素导致的种种不足

运用文献研究法进行语文教育科研,虽然简便易行、费用较低,只要文献存在,我们总能通过各种方式把它们查询到,但问题是,我们能在多大程度上去有效、高效地利用文献。文献的价值从根本上讲依赖于研究者的发掘,再多、再好的文献资料,倘若使用者不能、不会利用,那么语文教育文献研究法也就从根本上失去了价值。从目前情况来看,许多时候,我们广大语文教师发掘文献价值、利用文献价值的能力是欠缺的。一方面,许多教师并不十分清楚地知道自己为什么要研究文献资料,不知道研究文献资料会给自己的科研带来什么样作用;另一方面,许多教师在研究文献、利用文献的方式与手段上不够成熟。有的把文献研究法简单地等同于查点资料,有的引用文献只是装点装点门面,更多的只是止于文献,即简单地罗列文献或就文献泛泛而谈。

第二节　语文教育文献研究方法的运用

一、语文教育文献研究的基本策略

运用语文教育文献研究法主要有两种基本策略:一是定性分析策略,二是定量分析策略。它们各自从不同的方面对语文教育"文献"进行加工、处理、解释与利用。

(一) 语文教育文献研究的定性分析策略

语文教育文献研究的定性分析方式是一种对语文教育文献中有关事物的性质、功能、特征、属性等进行描述分析,揭示它们的逻辑关系而不是数量关系的研究策略。它一般是对文献中所包含的相关信息进行分门别类,然后选取典型例证并加以重新组织,在描述分析的基础上得出研究结论。语文教育文献研究的定性分析策略的主要特点如下:

1. 偏重对文献的描述分析研究

语文教育文献研究的定性分析策略虽不完全排除对文献信息作简单粗略的数量分析,但它更注重对文献的性质、功能、特征、属性等质的规定性进行分析研究。因此,只要文献中已有描述研究课题主要思想和内容的信息,就满足了定性研究的条件。

2. 要求研究者要具备较高的思维理解能力和理论研究素养

语文教育文献研究的定性分析策略更多的是对有关事物的性质、功能、特征进行描述分析。文献中的每一句话、每个段落都要求研究者去理解把握、归纳概括,这就要求研究人员具备较高的理解、判断、推理能力和专业研究素养。

（二）语文教育文献研究的定量分析策略

语文教育文献研究的定量分析策略是一种在分析语文教育文献时，对文献资料用客观、科学的方法加以分析并给予数量化处理，进而对这些量化的资料进行描述性分析的研究策略。语文教育文献研究的定量分析策略的主要特点如下：

1. 量化性

运用语文教育文献研究的定量分析策略，其研究结果是明确的数字或数学关系，如用方差、平均数、标准分、比例、统计表、相关系数等来描述，是一种量化的说明。

2. 客观性

运用语文教育文献研究的定量分析策略，要对分析的材料按照事先确定的分析类别和统一的格式标准、程序、方法进行记录分析，一切都是基于确凿的数据，从而作出客观、科学的评价，而不是主观臆造。

我们广大语文教师在运用文献研究法进行语文教育科研时常常更多倾向于应用思维推理来探索"文献"的各种逻辑关系，而不是它们的数量的关系，因而对文献进行定性分析一直是占主流的方式。然而，如上所述，对文献研究的定性分析策略和定量分析策略各有自己的特点，我们不能一味地迷信一种方式。只要适用条件允许，我们可以多尝试运用定量分析方式来进行语文教育文献研究，也许这样更能出成果。

二、语文教育文献研究的结构要素

"文献"作为一个客观事实，我们既要研究文献"形式"方面的事实，也要研究文献"内容"方面的事实；既研究记录文献的行为这一事实，也要研究文献承载着的记录本身这一事实。关于语文教育文献研究的结构要素，李海林用一句话概括为"谁、对谁、为了什么目的、说了什么、用什么方法说、说成什么样、产生了什么影响"[①]。

第一，"谁"，也就是文献的生产者。文献的意义和文献的生产者是有关系的，关于文献的生产者的描述与分析，可以对文献的"来龙去脉"有一个深入的了解。

第二，"对谁"，也就是文献的接收者。"文献写给谁看"即文献隐含着的读者，一方面与文献的生产有关，另一方面也与文献的接受有关，不同的文献接受者对文献有不同的意义。所以"对谁"也是文献研究的范围。例如，我们研究小学教材，我们要明确它是写给儿童看的，因此要从儿童的角度来评析。

第三，"为什么目的"，即文献生产的主观意图。文献生产者创作文献所要达到的目的，决定文献的创作态度，也决定文献的价值。

第四，"说了什么"，即文献内容。前面都是关于文献的外部研究，到这个问题开始进入文献的内部研究。文献内容有两层含义，一是文献提供了什么事实，二是文献生产者对该事实的态度和评价。一般情况下我们比较容易注意前者，对后者则往往有所忽视。而实际上，对文献研究来说，后者比前者更重要。

---

① 李海林：《语文教育科研十讲》，浙江教育出版社 2005 年版，第 317—318 页。

第五,"用什么方法",即文献的解释框架。在文献生产过程中,"解释框架"是一个优先解决的问题。我们要创造一个文献,首先必须有关于某个问题的"解释框架",然后才有关于问题的记录和解释。文献记录事实不可能是原封不动照搬事实,它必须将事实转化成"语言形式",这个转换就得有一个转换的方式,这个方式实际上就是一个"解释框架"。因此文献研究深入到文献内部,不仅要看到文献说了什么,更要看到文献所"说"背后隐藏着的"说"的依据和逻辑原则。例如我们研究"语文素养",我们不但要分析若干关于语文素养的定义,还要分析、揭示出这些定义的解释前提。

第六,"说成什么样",即表达方式。文献的表达方式本身也传达自己的信息,包括文体、语体、载体等。不同的文体、语体或载体,同样的表达也许会有不同的意思,不同的表达则可能有相同的意思。

第七,"产生了什么影响",即文献所产生的实际效果。这一项研究又使文献研究重新回到文献的外部研究。

以上七个方面构成了语文教育文献研究法的基本要素,是进行语文教育文献研究的主内容。当然在具体的研究过程中,没有必要面面俱到,可根据实际情况灵活地选择最有价值、意义的方面来研究。

三、语文教育文献研究的一般程序

语文教育文献研究法运用的一般程序,主要由确定研究问题、搜集文献资料、评价文献资料、解释文献资料、形成结论这样几个相互联系、相互衔接的环节构成。

(一)确定研究问题

和其他科学研究一样,确定研究的问题是语文教育文献研究的第一步,也是非常重要的一步,因为确定问题事实上对于语文教育研究者而言就是"发现"一个问题。当然,"发现"一个问题可以是在搜集资料的过程中生成的,也可以是在搜集资料之前就有的。在这一环节,考量、判定问题是否值得研究(即问题的价值性)至关重要。

(二)搜集文献资料

语文教育文献研究法就是以"文献"为直接研究对象的一种科研方法,因此,对相关文献的搜集是天经地义的事。由于语文教育文献研究的一切行为活动都是基于"文献"进行的,因此"文献"本身的质量和数量就显得非常重要。我们必须尽力做到全面、准确地搜集真实可靠的文献资料。这里有一个基本原则,即只要有可能,尽量使用第一手资料或一次文献。

(三)评价文献资料

所谓评价文献资料,就是对文献的价值意义的评估。评价文献资料包括两个方面,一是外在评价,二是内在评价。外在评价指向评价文献资料的有效性,它是确定文献资料效度的工具,所要回答的问题是文献资料是否真实可靠。内在评价指向评价文献资料内容的意义和可信程度,它主要指向文献资料本身。外在评价与内在评价它们从不同角度确定所收集到的语文教育文献的可信度和可利用性。在评价文献资料这一环节,我们常常居于一个较高的视角对文献材料进行审视,会用到一些具有统摄性、概括性的概念术语,而不是一般的就文献泛泛而谈。

(四) 解释文献资料

这一环节是语文教育文献研究最具特色的一步,也是决定语文教育文献研究成功与否的最重要的一步。这一环节就是对已经搜集并经过评价的文献资料进行研究分析(分析的方式包括定性分析与定量分析),从中发现规律,提取结论,回答课题提出的问题。在这一环节,研究者常常要架构一个自己的"解释框架",这个"解释框架"必须具有充分的理据,并经得起文献资料本身的反向检验。

(五) 形成研究结论

这是语文教育文献研究的最后一步,即作出与研究问题相关的结论,这在很大程度上来自于对文献中得来的信息的逻辑分析与数理分析。从最后的呈现结果来看,这一步就是对第四个环节的一个书面的陈述与总结。"在最后一个步骤中,结论形式、解释是非常重要的,对最通常的解释应举例说明。如果存在其他解释的可能性,至少也应该提到。对于所有的解释,作者尽可能保持客观。"[①]

四、语文教育文献研究的注意事项

语文教育文献研究方法虽然是语文教育科研最常用的方法之一,但是它的操作并非是容易的,运用得不好很容易出现偏差、走样。关于运用语文教育文献研究法需要注意的事项,主要是要处理好以下几对矛盾。[②]

(一) 文献的表层内容与文献的深层内容的矛盾

文献表层内容,是指文献生产者直接表达在文献中的内容;文献的深层内容,是指文献生产者隐含地表达在文献中的内容。但不管是表层内容还是深层内容,都是文献生产者的意思。一般而言,文献的表层内容都是文献生产者有意识的行为,而文献的深层内容则既可能是有意所为,也可能是无意识所为。文献研究既要揭示文献的表层内容,也要揭示文献的深层内容;既要揭示文献生产者有意而为的内容,也要揭示文献生产者无意而为的内容。在这样一个研究过程中,一些心理分析手段是必要的。这种对文本的心理分析,是由"文"循"心",由"文本"溯其"作者"。

(二) 解释文献与过度解释的矛盾

不管是表层内容还是深层内容,都是文献本身客观存在的内容。文献研究不但要揭示文献客观存在着的内容,还要对文献作出研究者自己的解释。在文献研究中,二者同等重要。但是不管是文献本身的内容还是文献研究者对文献的解释,都必须是文献本身的内容,而不应该是文献研究者"增加"进去的内容。否则就是"过度解释"。这里的关键是对文献的客观性、确定性态度。一方面,研究者承认文献生产者将文献生产出来后,文献作为一种客

---

① 袁振国:《教育研究方法》,高等教育出版社 2000 年版,第 155 页。
② 李海林:《语文教育科研十讲》,浙江教育出版社 2005 年版,第 320—321 页。

观存在具有"超作者性"，即具有超越作者主观意识的客观内容。另一方面，也应该认定，文献文本是一种客观性存在、确定性存在，它应该有一个客观的结构形式和语言形式，应该循着文献文本的客观结构和语言的客观意义来寻觅文本的客观内容。文献研究者的任务一方面要揭示文献作者的"意图"；另一方面，更要揭示文献作者意图之外但存在于文献文本之中的内容。

（三）文献研究与"文献批判"的矛盾

文献研究不仅包含对文献本身的意义和内容的揭示，还有文献研究者对文献的评价和应用。从这个意义上来说，文献研究实际上也是对文献的一种"批判"。这里所谓的"批判"不是指对文献的否定，而是指对文献的一种态度：一种客观的研究态度，一种分析的、论述的、探索的态度。要实现在文献研究中对文献的"批判"，关键是研究者要占据一个"理论制高点"，换一句话说，要有对文献本身的一种理论超越。其具体标志就是，要有一个对文献的解释框架，这个框架在理论层次和论题范畴上，要高于文献提出的概念。

最后，我们看一则运用文献研究法进行语文教育科研的案例。

【案例 7 - 1】
市次新课程改革以来人们对语文知识的探讨①
一、关于淡化语文知识的问题

关于这一问题的探讨，它直指新课程标准的那句"不宜刻意追求语文知识的系统和完整"。在这一问题上存有两种截然对立的观点，一种观点是持肯定的，即应该要淡化语文知识的教学，教学中不应追求语文知识的系统和完整。傅炳熙认为，在基础教育中，语文素养是在大量的言语活动中逐步学习养成的，而不是先掌握了系统的语文知识再来开展言语活动，因此没有必要去系统地掌握母语的知识系统；此外，学生的学习有阶段性的，义务教育阶段学生不可能一下子学到系统的语文知识，因此义务教育阶段的语文课程只能精选与学生语文学习、特别是终身学习和持续性发展关系最为密切的语文知识。吕茂峰、马延东则认为，学生真正缺乏的是语文感性知识，而不是那些语文理性知识；并且指出，传统语文教学关注理性知识本身把语文教学异化成了肢解课文、证明语文知识存在的过程，它所导致的近期结果是学生学习语文兴趣的丧失，远期结果是学生人文底蕴的流失，是民族语文水平的整体滑坡。袁彬则认为，语文学科本身有着固有的不确定性和模糊性，语文知识系统中的所谓的系统事实上是难以界定的，因此淡化是一种必然。此外，众多语感论者认为，语文教学应重点要培养学生的语感，而不是教授系统的理论形态的语文知识，要在语文实践中教会学生运用语言，而不是研究语言。在这一问题上另一观点便是持否定的态度，即不应该淡化语文知识的传授，不能放弃语文知识的系统和完整。宇文全认为，语文学科的改革不能忽视基础知

---

① 屠锦红：《论语文知识》，http://dlib.edu.cnki.net/kns50/detail.aspx? QueryID＝10&CurRec＝1。

识的教学,语文作为一门基础学科,必须注意打基础,注重基本功;过去的语文教学在教学内容的安排和教学方法上,确实有偏重知识传授而忽视能力培养的偏差,但我们今天不能一强调提高能力,一强调素质教育,就忽视知识的传授,甚至不敢提语文知识的教学,不敢提语文知识的系统性。他认为,素质教育不应该排斥基础知识,语文知识不应该被淡化和割裂。苏培成则认为,在基础教育阶段,只能讲授若干个知识点,但这必须是在系统指导下和系统相连的知识点,这种相连的关系在教材的表面可能并不明显,但是在整个教材和整个课程的教学中要清楚地体现出来。他并且强调,如果说我们要有新的知识观,新的知识观就是教学中所选择的知识点是在系统统率下的知识点,而不是脱离系统的知识点。陈军也指出,不能因为我们在怎么教的问题上有偏失,就否定知识本身的价值;不能因为专家对语言知识系统有争议,就否定基本常识的存在;也不能因为语文学科认知特殊性导致认知之序安排有困难,就否定探索认知之序的必要性。韩雪屏先生也认为,尽量廓清语文基础知识的范围,尽可能分清它们的层次,让师生心目中都有一份语文基础知识的清单,还是十分必要的。

二、关于语文知识系统的重建问题

对这一问题的探讨,表明人们已不再对是否应该淡化语文知识而就事论事,显然,探讨语文知识体系的重新建构,存在一个潜在的逻辑前提,即对既有语文知识体系构成的全盘或多数的否定。如果说淡化或者不淡化还是局限于既有语文知识体系本身的增删与否,那么重构语文知识体系则意味着人们关于语文知识观的立场已经发生了根本性的转变。王云峰和汪海龙指出,我们所依托的既有语文知识体系,并不能成为语文能力形成的全部基础和充足条件,面对语文课程的现状,首先要反思与重构的是历经百年而形成的语文知识观。他们认为,语文知识观包括语文知识的本体观和价值观,语文知识本体观是对什么是语文知识以及如何获得和使用语文知识的认识,语文知识价值观是对语文知识是否有意义而做出的判断。他们呼吁,要建立一个与学习者已有经验相联系的、具有动态生成的、有利于个体主体经验建构的知识体系,并且认为这一体系本身是弹性的、开放的。叶军则从西方现代哲学和后现代哲学对传统哲学的知识观的批判这一视角出发,对语文知识系统建构过程中的开放性、变革性、不确定性、整合性以及个体主观体验的重要性几个方面提出了自己的看法。他认为,构建新的语文知识观应该以"关于知识的知识,也就是如何获得知识、运用知识、应用知识和创新知识的知识"为中心,要让理性知识向实践性知识转变,加强读、写、听、说知识,让语文知识与其他知识进行整合。方武提出,应构建一个由课本的研制者、教师和学生在动态交流过程中共同完成的知识体系。他认为,今后的课本知识建构应当特别注重引进并强化言语知识、强化和完善常用文体的结构知识、丰富和拓深文学作品的"叙事"知识。教师在这过程中的使命主要是帮助学生建构人际间真诚协商、平等对话、和谐相处,解决问题,阅读、鉴赏、重构文本以及课程学习的程序性知识和策略性知识;而学生是以摄取课外读物、积累人生经验和阅历的方式,在自己原有认知结构的基础上,以个体独特的认知结构建构课程知识和人生的陈述性知识和程序性知识以及自我的元认知知识。韩雪屏先生则从现代认知心理学的角度对传统语文知识系统进行了审视,认为当前语文课程知识的基础多为陈述性知识,而且单就陈述性知识而言,现有的知识结构也是比较陈旧的。语文学科要培养学生运用语言的能力,就需要语用学的知识来支撑,而这方面的知识目前的教科书中是零碎的、不全面的。她认为,语文课程的基础知识还应引入一些程序性知识和策略性知识,让学生掌握充分而实用的语文学习方法和策略方面的知识,让学生真正学会学习。

三、关于"语文知识"这一概念的内涵与外延

在上述人们探讨"淡化"或"重构"语文知识这两个问题的过程中,对"语文知识"本身内涵及外延进行追问,事实上不论是自觉或不自觉都是无法避免的。某种意义而言,这一问题乃是根本性问题,对这一问题的认识将直接决定着人们在上述两个问题上的立场与态度。应该说,在关于"语文知识"这一概念的内涵与外延的探讨上,比之上述两个问题则更为热烈。王荣生先生对语文课程内容作了"定篇"性质与"语文知识"性质的区分,并且用"为达到课程目标而需要的教与学的概念、原理、技能、策略、态度、价值等"来统称语文知识。王云峰和汪海龙则认为,从本质上讲,语文知识就是人的言语经验,是人在言语活动中(听、说、读、写)过程中对自身和他人的言语行为和言语对象的反映的产物,是言语对象和言语活动的特征及其联系的主观表征。认为语文知识不是"纯主观"的,而是主观见之于客观的产物,是主客观的统一。并且指出,就其形式而言,作为言语知识的言语经验首先是个体的、具体的经验,它既包括自发经验,也包括自觉经验。刘大为教授根据美国学者维娜·艾莉把"知识"分为"默认知识"和"明确知识"这一观点,认为语文知识有两种状态,他把显性的语文知识成为"语识",缄默的语文知识成为"语感",并认为"语感"就是言语的无意识,它实质上也是一种语言-言语的知识,只不过处于无意识的状态而已,而语言知识("语识")是指与"语感"向对的"言述性的知识"即"符号化的知识"。此外,他还指出,目前我们还没有一个科学的中学语文教学的"语言知识"系统,主张构建一个由学生系统、教师系统、教学工具系统三个子系统组成的"语言知识"系统。范晓娟则根据钟启泉先生在《"学校知识"与课程标准》(《教育研究》2002年第11期)一文中对"学校知识"的界定,认为语文知识应包括三类知识:"实质性知识"、"方法性知识"以及"价值性知识"。其中,"实质性知识"即为大家所熟悉的语文基本知识和基本技能,就是我们称之为所谓"双基"的内容;"方法性知识"即为那些非确定性的、不易把握的直接指向操作应用的程序性知识;"价值性知识"即为价值知识自身所蕴涵的对人的发展的多种功能,主要包括知识的育智、育德、育美的价值。韩雪屏先生则以后现代知识观作为指导思想,指出语文知识包括社会的语言/言语规律、他人的言语经验、个体听说读写的行为规则、人类的语言文化。这些知识从对象性质来说,分为社会知识、自然知识、人文知识;从学习类型来看,分为陈述性知识、程序性知识、策略性知识及两种特殊类型即心理表象、整块知识。

根据上述关于语文知识探讨的三个问题的述评,这里我们作几点小结与反思:

首先,我们可以清楚地看出,21世纪初语文教育界关于语文知识的探讨确实是极为热烈的,(上海《语文学习》杂志自新课程改革以来至今每年都会在年终撰写本年度"语文教育

研究动态综述",在 2002 年、2003 年、2004 年、2005 年连续四年的"语文教育研究动态综述"中，关于"语文知识"的问题一直被列为热点话题。)无论是其讨论的广度还是讨论的深度，都是史无前例的；在理论建设方面，应该肯定，确实是取得了重大的进展。从课程论的视角来看，这是非常值得肯定与褒奖的。众所周知，语文教育理论研究从宏观上来看它包括两个维度，即语文"课程论"的研究与语文"教学论"的研究。语文"课程论"研究它主要解决的是语文应该"教什么"，语文"教学论"研究它主要解决的是语文应该"如何教"。不言而喻，"如何教"从根本上要受制于"教什么"，因此，语文"课程论"的研究在整个语文教育研究中也就显得更为基本与前提。语文课程"教什么"这一问题解决不好，语文教学"如何教"无疑是很难探讨得全面、深刻的。"语文知识"正是语文课程论研究的基础和核心，新世纪初语文教育界对"语文知识"给予高度重视，无疑是极其明智的！

其次，我们可以发现，在理论界关于"语文知识"诸多问题的论争交锋中，不论是有意或无意、自觉或不自觉，"知识观"实际上已成为不同立场言论者发表观点的深层依据。在哲学领域，以理性主义为代表的传统知识观正面临着来自现代主义哲学、后现代主义哲学、建构主义哲学、人本主义哲学等诸多方面的责难。由于语文课程其严格意义上的学科母体的缺失，再加上来自语文教学对既有语文知识体系进行实践检验所呈现出的种种难以调和的矛盾，使得以传统理性主义知识观构建出的这套语文知识系统，无法避免地受到了史无前例的大批判。实际情况已经表明，语文知识系统的重新建构已是不可回避且亟待解决；随着知识观的转型，语文课程的整体知识类型也必将作出相应调整，新型知识元素的加入势所难免。

再次，世纪之初语文教育界在关于语文知识的探讨中，最具有建设性的课题无疑是关于"语文知识"的内涵与外延的探讨。在上一节我们曾指出，20 世纪语文教育在关于语文知识研究的理论建设方面所表现出的一个较大不足，便是对"语文知识"本身其内涵与外延缺乏严格的学理意义上的探求。令人欣喜的是，21 世纪初随着新课程改革的推动，学界已真正自觉于对"语文知识"的内涵与外延的追问与反思，这确实反映了人们在探讨语文知识问题的过程中其思维方式已经有了一个质的飞跃。事实上，对"语文知识"内涵的确认，它是人们在论证探讨语文知识一切问题的过程中最基本的话语平台或者说是"知识背景"；缺乏这样的一个公共的话语平台，人们的论争将极易演变成人们在各自的背景前提里自说自话，这无疑构不成真正意义上的对话与交锋。而对"语文知识"外延的探究，则是直接指向语文知识系统的重新建构的。在这一问题上，目前据我们的目力所及，韩雪屏先生的研究相对而言要显得较为系统些。自新课程标准颁布以来，她接连发表了《审视语文课程的知识基础》、《语文课程的知识内容》、《言语知识新视点》、《语文课程的知识性质》等一系列文章，对语文知识内容的重新建构提出了自己的设想。特别值得注意的是，她突破了语言/言语的视角，把"语文知识"的外延引向了"人类的语言文化"这一新的层面，这样一种建构确实是很有见地的。总之，随着新课程改革的逐步推进与深入，关于"语文知识"的内涵与外延的探讨必将继续深入下去，而对语文课程这一核心问题的研究所取得的进展与成就，某种意义上讲，将直接左右着 21 世纪中国语文教育前进的方向！

1. 什么是语文教育文献研究法?

2. 运用语文教育文献研究法有哪些基本的策略?

3. 运用语文教育文献研究法的一般程序有哪些?

4. 运用语文教育文献研究法应注意哪些事项?

第八章　语文教育量的研究方法

瑞典教育家胡森(Husen. T)在《教育研究的范式》(*Research Paradigms in Education*)一书中指出:自教育学形成以来就存在着两种范式之间的冲突,"一是模仿自然科学,强调适合于用数学工具来分析的、经验的、可量化的观察。研究的任务在于确定因果关系,并做出解释。另一范式是从人文科学推衍而来的,所注重的是整体和定性的信息,以及说明的方法。"①这里所说的两种范式大致上对应基于实证主义的定量研究方法(如量的研究、实验研究、调查研究等)与基于解释主义的定性研究方法(如质的研究、案例研究、历史研究等)。二者在方法论的指向、研究对象的选择、研究方法的选用、研究结果的表现方式等方面有着各自的特点。

随着教育改革的不断深入和现代数学及计算工具的发展,人们开始了对教育问题进行定量研究的探讨过程,这个过程源于进行大量统计或观察时呈现出一定的必然规律性,教育科学的任务就是从大量的教育实践中发现这些规律性。语文教育的定量研究可以帮助我们从量的关系上发现语文教育活动的本质联系及其发展变化的内在规律。

第一节　语文教育量的研究方法概述

一、教育量的研究的缘起

量的研究是西方哲学史上发展了一百多年的实证主义方法论的直接产物。实证主义源于经验主义哲学,它的主要观点是:主体和客体是相互孤立的实体,社会现象是客观存在的,不受主观价值因素的影响,是可以被动地接受认知的;事物内部和事物之间必然存在逻辑因果关系,定量研究就是要找到和确定、验证这些关系。量的研究是对于事物的这些量的规定性的分析与把握,它不仅局限于具体的数学统计和运算,还包括进一步的定量分析,以便从量的关系上认识事物发展变化的规律,作出更为精确的科学的说明。

所谓定量研究"就是对事物的量的方面的分析和研究。事物的量就是事物存在和发展的规模、速度、程度以及构成事物的共同成分在空间上的排列等可以用数量表示的规定性"。②量的研究分析的对象是具有数量关系的资料,包括数字、文字、图形或声音等,主要是运用数学分析的方法,对大量的可能是杂乱无章的数据进行算术或逻辑运算,抽取并推导出对某些特

---

① 瞿葆奎:《教育学文集·教育研究方法》,人民教育出版社 1988 年版,第 179 页。
② 陈波:《社会科学方法论》,中国人民大学出版社 1989 年版,第 121 页。

定问题有价值、有意义的数据,经过解释并赋予一定意义,成为教育研究的重要结论。所以定量研究的结果是将文字的、非定量的信息转化为定量的数据,常常通过统计检验来解释和鉴别研究的结果,从局部去推断总体的情况。

二、语文教育量的研究的内涵

语文教育量的研究法是指用数字和量的手段来表述语文教育现象、解释语文教育规律的研究方法。我国语文教育量的研究最初主要表现为对语文教学目标的量化表述。如语文教学大纲规定阅读速度:"阅读程度适合的书报,……有一定的速度,养成良好阅读习惯"(《九年义务教育全日制小学语文教学大纲(试用)》1992 年);课外阅读字数和背诵篇目:"课外阅读总量五年制不少于 100 万字,六年制不少于 150 万字","背诵优秀诗文不少于 150 篇"(《九年义务教育全日制小学语文教学大纲(试用修订版)》2000 年);作文的量次:"命题作文每两三周一次,其他方式的作文练习,每周一两次"(《全日制十年制学校中学语文教学大纲(试行草案)》1978 年);作文的篇幅:"能写五六百字记事、写人的文章","能写五六百字的说明文","能写五六百字一事一议的议论文"(《全日制十年制学校中学语文教学大纲(试行草案)》1980 年);作文的速度和课外练笔的字数:"恰当地运用各种表达方式写一般实用文(45 分钟能写 600 字左右的文章)","其他各类练笔不少于 3 万字"(《全日制普通高级中学语文教学大纲(供试验用)》1996 年)。[1] 这些量的规定与我国从 20 世纪 20 年代就开始的识字、阅读和写作实验中的定量研究有很大关系。

量的研究依靠统计学的方法抽样、测量和计算来验证假设,数字是量的研究最基本和必不可少的符号。虽然不是语文活动的任何方面都可以像物理学的元素那样得到精确的测量,数字并不能体现语文活动的所有方面。语文教育研究对数量化的追求和对统计科学程序的严格遵守,是为了发现、验证语文教育活动的本质联系及其发展变化的内在规律。

三、语文教育量的研究的特征

从认识路线上讲,量的研究以分析、分解和还原的方法,把整体分解为各个部分,分别研究每个部分,然后加以综合来认识整体。在量的研究中总是先构造变量,把抽象的概念和命题表述为具体的、可观察的变量,然后进行测量与计算,从而对事物数量特征和数量关系作出量的描述和解释。[2] 量的研究追求对有关事物的构成或者某些性能的等级、程度、规模、范围等可以用数量表示的规定性进行精确地测量,其出发点是在于把握事物量的规定性,从量的关系上发现可以"推而论之"的教育活动本质联系及其发展变化的内在规律。[3] 事物质变总是从量变开始的,量变积累到一定程度必将引起质变,量的研究能观测到事物的微小变化,防止或

① 课程教材研究所:《20 世纪中国中小学课程标准·教学大纲汇编(语文卷)》,人民教育出版社 2001 年版。
② 赵俊峰、李志凯:《论心理学中量与质的研究》,《信阳师范学院学报》2006 年第 2 期。
③ 胡中锋、黎雪琼:《论教育研究中质的研究与量的研究的整合》,《华南师范大学学报》2006 年第 6 期。

引起事物的质变。如《上海市小学低年级识字教学字量、字种研究——以上海一期课改 H 版、S 版和现行 2004 年版小学语文教材为研究对象》①，对这些版本教材的各自要求会认字、会写字进行量的考察分析，把握小学低年级语文教材中生字编排量的规定性及存在的问题，为现行小学语文教材的修订提供参考，为基础教育教材编写人员提供一些有价值的数据和思路。

从主体的参与来讲，量的研究将研究对象看作是客观实体，研究者与研究对象相对分离，研究者尽量避免与被研究者的情感交流和意见交换，按照价值中立的原则，收集资料、研究资料和客观检验，以防止研究的客观性受到污染。② 量的研究强调研究者是独立于研究过程之外的主体，研究者在研究过程中要保持价值中立，即不带任何个人感情色彩地向被研究者搜集能够验证假设的有关资料。因此，语文教育量的研究常用于学生语言文字运用方面，如《北京市城区初中学生语言文字使用情况的调查》③等。

从研究程序和逻辑上来讲，量的研究的基本过程是：提出假设、确定具有因果关系的各种变量、抽样、选择测量工具、控制无关变量、实施测量、检验效度、数据运算与分析、验证假设。量的研究过程是一种具有标准化程序的、自上而下的演绎过程，遵循的是从一般原理推广到特殊情境中的思维方式。④ 量的研究一般采用理论随机抽样方法，认为总体中的每一个个体具有对等或同质的信息源。⑤ 从总体中选择样本对总体来说具有代表性。其目标是检验一个理论的概括性，使人们能够运用理论，了解并预测某些现象。如《小学语文改革实验教材句联生成的定量研究》⑥，文章从语言生成的角度出发，以小学语文改革实验教材三版教材中一年级的主课文为语料基础，以"小句中枢说"为理论依据，采取静态与动态相结合、统计与分析相结合、形式与意义相结合等方法，对小学语文改革实验教材的句联状况进行定量定性的动态研究，并在详细描述教材中句联状况的基础上进行句联生成规律的探讨。

从资料特点和收集方式上讲，量的研究采用试验、问卷、量表、统计报表等方式来收集数字的形式呈现的数量化的资料，像可操作的变量、统计数据等。量的研究所搜集的资料是具有数量关系的资料。这些资料是通过采用观察、试验、问卷、量表、结构式访问等方式进行测量，通过清晰的数学语言和严谨的逻辑推理进行定量分析，以数据或图形图表等形式表现出来。量的研究在收集资料上具有严谨的结构性，即收集资料的项目、观测的变量以及变量间的内在逻辑结构和分析框架都是事先设计和确定下来的。由于量的研究是建立在大量抽样统计基础上的，研究对象的范围较大，更具有说服力。

---

① 胡根林、陶本一等：《上海市小学低年级识字教学字量、字种研究——以上海一期课改 H 版、S 版和现行 2004 年版小学语文教材为研究对象》，《上海教育科研》2008 年第 4 期。

② 赵俊峰、李志凯：《论心理学中量与质的研究》，《信阳师范学院学报》2006 年第 2 期。

③ 曹保平：《北京市城区初中学生语言文字使用情况的调查》，《中学语文教学》1999 年第 6 期。

④ 胡中锋、黎雪琼：《论教育研究中质的研究与量的研究的整合》，《华南师范大学学报》2006 年第 6 期。

⑤ 赵俊峰、李志凯：《论心理学中量与质的研究》，《信阳师范学院学报》2006 年第 2 期。

⑥ 杨洋：《小学语文改革实验教材句联生成的定量研究》，武汉大学 2005 年硕士学位论文。

第二节　语文教育量的研究方法的运用

一、语文教育量的研究的具体方法

在教育研究中，量的研究方法可以用于各个方面，如教学方面的教材研究、教法研究、考试质量研究等；学生方面的德、智、体、美、劳等方面发展状况的研究，认知研究，情感研究，个性研究等；管理方面的办学水平研究、办学效益研究等。它既可用于对个体的研究，也可以用于对总体的研究；既可进行横向（静态）的比较研究，也可以进行纵向（动态）的比较研究。对语文教学实验进行量的分析，指的是从数量方面对语文教学活动进行计算和分析，采用数学的方法揭示语文教学活动的数量关系、数量特征和数量变化，进而确定语文教学活动的本质及其发展规律。这种定量分析，能避免实验者的主观随意性，更深刻、更精确地认识语文教学的本质。用定量的方法去描绘语文教学的状态和进程，是语文教学科学化的特征之一。

（一）对教学现象及其关系量的描述方法

对语文教学现象及其关系予以量化，以便精确地表述和处理它们。这是用特定的算式对资料数据计算出一些综合指标，用以综合说明事物或数据资料特征的一种方法。常用的综合指标有绝对数、相对数、平均数和标准差。

绝对数是用来表明一定条件下某一事物或现象规模的总量指标。由于语文教育基本情况的数量资料首先都表现为一定的总量，如学生总数、班级总数、作文总数等，所以它既是反映事物规模的一个指标，也是反映语文教育基本情况的一个重要指标。

相对数是反映事物或现象程度或幅度的一个指标。两个绝对数之比，其比值通常用百分数表示。如作文优秀人数所占的比重、作文成绩增加的幅度等，均可用相对数予以说明。

平均数是反映事物或现象水平的一个指标。例如，研究分析学生的语文学习水平、语文教师的教学水平，以及作文的发展水平等，均可用平均数予以说明，平均数可以作为总体水平的代表数值。当数据资料未经分类汇总时，可计算算术平均数；当数据资料已经分类汇总时，可计算加权平均数。根据归类资料的不同，加权平均数又分为组距数列平均数、等级平均数、评分平均数和总平均数等。

组距数列平均数是对分段统计人数的资料计算的平均数；等级平均数是对各个体赋予不同等级后按等级归类汇总再算平均等级；评分平均数是对各方面赋予不同比重并评分再综合算平均数；总平均数是在已知各个平均数基础上算总的平均数。若分析学生阅读在某个时期的平均发展速度时，可计算几何平均数。

标准差是反映事物或现象内部差异情况的一个量数，或者说是反映总体中个体之间差异程度的一个量数。欲研究分析学生之间语文学习或词汇积累的差异情况、学生之间的阅读或写作积累的差异情况、语文教师之间对某个问题看法的差异情况等，均可用标准差予以说明。标准差的值愈大，说明差异愈大。例如，假设甲、乙两个班语文科成绩的平均分均为 80.7 分，而甲班的标准差为 16.36，乙班的标准差为 8.76，说明两个班该科成绩虽然水平是一样的，但由标准差可知，乙班学生成绩的差异比甲班小，也即是说，乙班学生的成绩比甲班的更整齐些。

标准差的计算有已经分类汇总资料和未经分类汇总资料两种方法。

（二）关于语文教学现象及其相互关系数量分析方法。

在教育研究中所获得的数据资料（考试分数或其他）总是有波动的，即使条件相同（如考生的语文学习能力、语文教师的水平、考试的内容相同等），所获得的数据也是有差异的；如果条件不同则更是如此。数据的这种差异性究竟由什么原因引起，是偶然因素（称随机误差）还是条件的不同（称条件误差）所造成的呢？显然，前者所造成的差异属非本质性的差异，而后者所造成的差异则属本质性的差异。但是这两种误差往往是混杂在一起的，而且一般不容易被直观地辨别出来。为了正确区分这两种误差，统计学提出了一种称为"统计检验"的方法来解决这类问题，帮助我们推断数据的差异或者说客观事物的差异是否出于偶然。统计检验的具体方法很多，作用也很广泛，最常用的有差异分析法和相关分析法。

1. 差异分析法

在语文教育研究中，我们常常需要就某一问题或某一现象对不同个体之间或不同总体之间的差异情况予以分析，并以此作为某种决策的依据，如语文学科成绩的差异分析，语文教材教法的差异分析，语文教师与学生各种能力、写作素质的差异分析，语文教师与学生的态度、意见的差异分析等等。在统计检验中，比较常用的差异分析方法是 t 检验和 u 检验。

t 检验可以用于对两个总体平均数的差异分析，其方法是通过计算 t 值并给予检验。若算得 t 值的绝对值大于 t 分布表中的 $t(\mathrm{d}f)\alpha$ 值，则认为两个总体平均数存在本质性的差异，或者说有显著的差异。否则，它们不存在本质性的差异，或者说没有显著的差异。对于两个总体是独立总体（即横向比较或静态比较）以及两个总体是相关总体（即纵向比较或动态比较）的计算公式是有所区别的，具体运用可参阅教育统计学的有关专著或论文如《教学效果的统计分析》[①]等。

u 检验可以用于对两个总体比例的差异分析。其方法是通过计算 z 值并给予检验。若算得 z 值的绝对值大于正态分布表中的 $Z1-\alpha/2$ 值，则认为两个总体比例存在本质性的差异。否则，它们不存在本质性的差异。同样，对独立总体（即横向比较）与相关总体（即纵向比较）的计算公式也是有区别的。

2. 相关分析法

语文教育的各种现象之间有着广泛的联系，其现象的变化总是与其他现象的变化相互联系、相互影响的。如语文教育发展与语言发展的关系、与语言运用之间的关系，学生各种语文能力与性别之间的关系，语文学习成绩与学习兴趣的关系，阅读与写作和语文环境的关系等等。在语文教育研究中，我们经常需要分析、揭示语文教育现象之间的这些关系，以便为语文教育、教学、教材编写提供有意义的信息。在统计检验中，比较常用的相关分析方法有积差相关法、等级相关法、点双列相关法和 x^2 检验法。

积差相关法是对两现象都可以进行具体数值测定的一种相关分析法。例如，字种与认知之间的关系、认知与年龄之间的关系，均可用此法予以分析。它主要是通过计算积差相关系数

---

① 杜长江：《教学效果的统计分析》，《连云港职业技术学院学报》1990 年第 1 期。

r 值并给予检验。若 r 值的绝对值大于相关系数 $\rho = 0$ 的临界值表中的 $r(\mathrm{d}f)\alpha$ 值,则认为两现象之间存在显著的关系。否则,它们不存在显著的关系。

等级相关法是对现象中的个体据一定标准排列顺序后所进行的相关分析法。例如,男生和女生对某问题答案选择的顺序是否有关系,两位评卷者对若干考生作文答卷评定的顺序是否有关等等,均属此种情形。它主要通过计算等级相关系数 rs 值并给予检验。若算得 rs 值的绝对值大于等级相关系数临界值表中的 $r(n)\alpha$ 值,则认为两现象间存在显著的关系。否则,它们之间不存在显著的关系。

点双列相关法是对两现象中的一现象进行具体数值的测定,对另一现象则把个体分成两部分后进行的相关分析法。例如,语文成绩与性别(男、女)的关系、语文成绩与兴趣(感兴趣、不感兴趣)的关系、语文成绩与性格(内向、外向)的关系等,均可用此法。它主要通过计算点双列相关系数 rpb 值并给予检验。若算得 rpb 值的绝对值大于相关系数 $\rho = 0$ 的临界值表中的 $r(\mathrm{d}f)\alpha$ 值,则认为两现象之间存在显著的关系。否则,它们之间不存在显著的关系。

x^2 检验法是对两现象的个体都分成两部分或者多部分后所进行的相关分析法。例如,语文学习态度与性别的关系、性格与文学感悟能力的关系等,均可用此法。它主要是通过计算 x^2 值并给予检验。若算得的 x^2 值大于 x^2 分布表中的 $x^2(\mathrm{d}f)\alpha$ 值,则认为两现象之间存在显著的关系。否则,它们之间是独立无关的。

(三) 语文教育研究数据统计学上差异显著性检验方法

从全体中抽出部分进行分析,根据所得的统计量推断总体的数量特征。语文教育研究中的定量分析,主要是在对数据作初步整理之后,进行统计学上的差异显著性检验。这种检验是必要的,它是根据样本观察值的不同来推测相应总体之间有无实质性差异的依据,它可以帮助我们从带有偶然性的观测值中推导出规律性的结论。

前面所述的统计分析方法属单变量的统计分析方法,多元统计分析则是一种多变量的统计分析方法。教育现象的变化本来就是多样性的,变化的原因也是多因素的,因而要科学地解释客观现象,就必然要使用多元或多维的分析方法。多元统计分析的方法也很多,目前教育研究中较为常用的有多元线性回归分析、聚类分析、主成分分析和因素分析等。

多元回归分析是在无法进行有控制的随机实验中,减小没有控制外来因子而可能发生的偏差的一种方法。

聚类分析是将个体或因素指标进行分类的一种方法。例如对语文能力的分类、学生的分类、评价指标的分类等,均可用聚类分析的方法进行。

主成分分析是将多个变量或多个因素指标化为少数的若干个综合变量或综合指标,而这若干个综合指标可以反映原来多个指标的大部分信息。例如,在评价学生的作文时,要考虑很多指标,如写作态度、价值观、写作目的、写作要求、写作方法、表达方式等,全部列出也许有四五十个甚至上百个指标。因此,寻找少量的若干个综合指标来代替原来的许多指标是很有必要的,即把许多零乱繁杂的指标给予压缩,从而建立一个科学易行的品德评价指标体系。主成分分析的作用就在这里。

因素分析是主成分分析的一种推广。它的基本目的是用少数的几个因素去描述许多因素之间的关系。被描述的因素是可观测的,即显在的;这少数的几个因素是不可观测的,即潜在的。在语文教育领域中,许多基本要求如"美感"、"语感"、"理解"、"感悟"、"欣赏"等,实际上都是不可观测的。再具体地说,学生的理想本来就是人的深层的内心世界,是属于深层的心理现象,它是不可直接观测的,是一种潜在的因素。但我们可以变不可测为可测,即通过学生的政治思想倾向、人生价值观念、个性心理品质以及学习活动表现等显在的行为去分析评价其潜在的理想。因素分析的作用也就在此。

在语文教育研究中,如果我们能正确运用上述方法进行研究分析,必将得到比较科学、客观、公正的研究结果,从而为语文教学、教材编写提供可靠的依据。

二、语文教育量的研究的注意事项

(一) 语文教育量的研究应注意的两种倾向

一是泛化倾向,即试图将教育量化研究方法应用于一切语文教育现象中。而这一研究模式依赖于对语文教育现象深刻的定性认识和数学工具的相应完备,这两个条件,并不是对所有语文教育现象的研究都已具备。因此,对一切语文教育现象进行量化研究并不现实。

另一种倾向是对语文教育量化研究的排斥,认为精神现象不可能用定量的方法来研究,即使对某些语文教育现象勉强使用了量化方法,也只能是过于简化形式化,而无助于揭示教育现象的本质。这种倾向完全忽视了教育现象中量的存在,因为有些语文教育现象的量还是可以具体描述的。同时,这种倾向还完全忽视了教育量化研究发展的历史,对由语文教育量化研究而带来的科学的进步缺乏基本的评价。

以上两种倾向都存在着一个共同的问题,即都没有从教育现象与量化方法的适切性方面去考虑。我们认为,鉴于对教育现象的定性认识和数学发展的现状,在应用语文教育量化研究方法时,应对语文教育现象进行具体的分类,区别出哪些适合量的研究,哪些不适合量的研究。

(二) 语文教育量的研究应注意的两个问题

一是定量研究运用范围窄。从国内现有研究成果来看,定量研究大量运用于自然科学学科中,而在语文学科领域运用有限,往往局限于识字量、字频、字种的调查统计与教材编写等方面的内容。

二是所运用的定量研究方法比较单一。目前我国语文教育科研的主要方法是传统的定性思辨方法,虽有论文使用定量研究,但是大部分论文使用表格、百分比的一般量化方法,只有少量论文应用方差分析、假设检验、回归分析、一般函数等传统定量方法。其他如差分方程和微分方程模型方法,以及系统科学方法、模糊数学方法和灰色数学方法,在语文教育研究领域至今极少人使用。此外,教育研究领域中运用实验法获得数据的也甚少,大部分依然是传统的问卷调查。即使已有的语文研究一般量化方法目前也无公认的数学逻辑,这也是定量研究的一个空档,值得进一步探究。

【案例 8 - 1】

中小学生语文阅读能力结构的发展特点①

能力结构的构成是否受年龄变量影响的问题,一直为心理学界所重视。西方心理学家的研究多数支持分化理论。这个理论最先由 Garrett 于 1946 年提出,他对 9 岁、12 岁与 15 岁三个年龄组的儿童分别进行了 10 个关于记忆力、言语能力与计数能力方面的测验,根据研究结果提出,能力结构随年龄的增长会不断发生分化,总的趋势是由较综合的、笼统的能力因素逐渐分解为较多的、较单纯的能力因素。后来许多研究都支持了 Garrett 的观点,尤其以 Osborne 与 Jackson 的研究(1964)最有说服力。他们采用韦氏儿童智力量表中的分测验编成全套测验,对刚入学的六岁儿童进行测验,并对测验结果进行因素分析,发现了 8 个因素。仅一年后,还是用同样的测验对同样这些儿童进行测试,因素分析的结果却得出了 10 种因素,这表明能力结构随着年龄而分化。②尽管多数研究结果支持分化理论,但也有部分人提出异议。他们认为,这些研究之所以会得出能力结构随年龄增长而分化的结果,可能是由于它们对不同年龄组所使用的成套测验人为地造成的,测验编制者或许对年龄的个体的能力范围掌握得较为全面,而认为幼年儿童的能力是较少区分的。这样,他们编制的测验对年龄较大者比较小者更为适用,因此,"幼年儿童的较少分化,可能是存在于测验者的心目中和工具中,而不是存在于儿童的智慧能力中。"③这种批评确实值得注意,因为因素分析的结果直接受变量的数量与内容的影响,如果无法解决测验编制的客观性问题,则难以真实地揭示能力结构的发展趋势,其结果很难排除歧义。

本研究准备在解决测验设计的客观依据的基础上,对小学六年级、初中三年级、高中三年级三个年龄切面的语文阅读能力结构进行分析,揭示该能力结构的发展动态与模式。

一、研究方法

过去,我们已对小学六年级、初中三年级与高中三年级学生的语文阅读能力结构进行了因素分析研究,我们以各年龄组的学生语文阅读领域的实际活动为参照来确定分测验的设计,使各年龄的成套测验与其实际的语文阅读活动相一致,解决了测验设计的客观性问题。本研究就是根据过去研究所揭示的这三个年龄切面的语文阅读能力结构的构成模式进行分析,以揭示语文阅读能力结构的发展趋势。拟进行下面两步分析:

1. 比较三个年龄的语文阅读测验的相关矩阵,分析各年龄的分测验之间的相关的变化趋势。

2. 比较三个年龄的因素模型,从量与质两方面分析各年龄语文阅读能力结构的变动情况与发展趋势。

---

① 莫雷:《阅读与学习心理的认知研究》,北京师范大学出版社 2006 年版,第 15 - 25 页。
② 克雷奇等著,周先庚等译:《心理学纲要》,文化教育出版社 1981 年版,第 308 页。
③ 同上注。

二、结果分析

（一）三个年级语文阅读分测验间相关的变动情况

根据过去研究所得出的小学六年级、初中三年级与高中三年级三个年级语文阅读成就测验的相关矩阵，我们分别统计各年级的分测验的平均相关值及达到两种显著水平的 r 所占的比例，结果见表1。

表1　三个年级语文阅读分测验交互相关的变动情况

年　　级	平均相关值	大于 0.25 的 r 的数量(%)	大于 0.321 的 r 的数量(%)
小学六年级	0.349	56	43
初中三年级	0.323	52	36
高中三年级	0.294	54	30
平均	0.322	51	36

注：当 $N = 100$ 时，$p0.05 > 0.254$，$p0.01 > 0.321$

对表1中三个年级分测验间相关平均值进行检验，差异非常显著，用 $(N-K)$ 检验法对年级间两两进行检验，差异均达到显著性水平，再对三个年级达到显著性水平的 r 的数量进行 χ^2 检验，差异也非常显著。可见，无论从分测验的相关平均值还是从达到显著性水平的 r 的数量来看，都反映了分测验间相关程度随年龄递增而逐步减弱的趋势。这与 Garrett 的研究结果是一致的。

（二）三个年级的语文阅读能力因素负荷矩阵的分析比较

我们根据过去研究所得出的小学六年级、初中三年级与高中三年级的语文阅读能力因素负荷矩阵的数据进行综合，制成表2。根据表2所示，我们可以对不同年级语文阅读能力结构构成的变化趋势从量与质两方面进行分析。

表2　三个年级学生语文阅读能力因素负荷简表

序号	小学六年级			初中三年级 分测验
	分测值	负荷较高的因素	负荷	
1	词义的理解	语言解码能力	0.796	词义的理解
2	词义的辨析	语言解码能力	0.801	词义的辨析
3	词法的理解	语言解码能力	0.717	词法的理解
4	句子含义的理解	语言解码能力	0.823	句子含义的理解
5	句子结构的理解	模式辨别能力	0.789	句子结构的理解
6	句子关系的理解	模式辨别能力	0.748	句子关系的理解
7	错句病句的理解	语言解码能力	0.666	句子技巧的理解
8	课文局部内容的保持	筛选贮存能力	0.817	错句病句的鉴别
9	课文整体内容的保持	筛选贮存能力	0.836	课文局部内容的保持
10	文言文词句的理解	语言解码能力	0.669	课文整体内容的保持

| 序号 | 小学六年级 | | | 初中三年级 |
	分测值	负荷较高的因素	负荷	分测验
11	文章中词义的理解	语言解码能力	0.775	文言文断句
12	文章中句子的理解	语言解码能力	0.699	文言文词的理解
		语言解码能力	0.610	
13	文章局部内容的字面性理解	组织连贯能力	0.579	文言文句子的理解
		组织连贯能力	0.674	
14	文章局部内容的推论性理解	语言解码能力	0.557	文章中词义的理解
			0.803	
15	文章整体内容的理解	组织连贯能力	0.751	文言文断句
16	文章篇章结构、写作方法的理解	组织连贯能力	0.748	文章局部内容的字面性理解
17	对文章的评价	组织连贯能力	0.691	文章局部内容的字面性理解
18	阅读获得的新知识的运用	阅读迁移能力	0.679	文章整体内容的理解
19	快速阅读理解	语感能力	0.539	文章篇章结构、写作方法的理解
20	快速阅读理解	组织连贯能力		对文章的评价
21				阅读获得的新知识
22				快速阅读理解
23				快速阅读保持

第一，从量的方面来看，表2的数据表明，语文阅读能力结构的因素的数量随年龄(年级)的递增而增加。同样是解释75％以上的总方差，小学六年级只需要6个公因素，初中三年级需要8个因素，而高中三年级则需要10个公因素。可见，不同年龄的学生进行语文阅读活动的能力的构成因素数量是不等的，年龄越大的学生，其语文阅读能力结构的因素数量就越多，这种趋势与Garrett及Osborne等人的研究结论基本相符。从表2的结果来看，这三个年级的分测验(变量)的数量大致相同(但小学六年级比初三、高三少3个)，但各年级阅读能力结构的因素的数量相比较却有较大幅度的递增(1：1.33：1.67)。由此可见，语文阅读能力结构的组成因素这种递增不能归因于分测验的增加，而是客观上存在着因素数量随年龄而递增的一种趋势。

表3进一步列出了三个年级语文阅读能力结构的因素变动情况。从表3可见，语文阅读能力结构的数量之所以增加，是因为最初由某个公因素所解释的若干分测验，到后来需要两个或更多的因素才能解释，这样便表现为由原来的一个公因素变成两个或更多的公因素。小学六年级语文阅读能力结构共有六个主要因素，这些因素在初三、高三阶段仍然存在，只是随年龄的增加从原来某些因素中不断分化出新的因素，从而形成了因素数量随年龄增多的趋势。小学六年级阶段的六个因素中，模式辨别能力、筛选贮存能力、语感能力与阅读迁

移能力均未见有明显的分化,而语言理解能力、组织连贯能力则随年龄的增加不断分出新的因素。

表3 三个年级语文阅读能力结构的因素变动情况表

小学六年级能力因素	初中三年级能力因素	高中三年级能力因素
因素1.语言理解能力	因素1.语言理解能力 因素2.组织连贯能力	因素2.语言理解能力 因素5.词的解码能力 因素3.语义情境推断能力
因素2.组织连贯能力	因素5.概括能力 因素6.评价能力	因素1.组织连贯能力 因素7.概括能力 因素9.评价能力
因素3.模式辨别能力	因素3.模式辨别能力	因素4.模式辨别能力
因素4.筛选贮存能力	因素4.筛选贮存能力	因素6.筛选贮存能力
因素5.语感能力	因素7.语感能力	因素8.语感能力
因素6.迁移能力	因素8.迁移能力	因素10.迁移能力

小学六年级阶段由这两个因素所解释的变量(分测验),到初三阶段则要四个因素才能解释,而到高三阶段则要六个因素才能解释。

第二,从质的方面看,不同年龄的语文阅读能力结构中各种因素的相对地位是有变化的,总的趋势表现为性质上更为复杂的因素的重要性逐渐增加。我们对表2中三个年级语文阅读能力结构中诸因素所解释的总方差的百分率作了归一处理,得出各个因素在整个结构中的相对地位,结果见表4。

表4 各年级语文阅读能力结构的因素的相对地位

因素比重		小学六年级	初中三年级	高中三年级
因素一	名称比重	语言解码能力 0.375	语言解码能力 0.267	组织连贯能力 0.153
因素二	名称比重	组织连贯能力 0.249	组织连贯能力 0.225	语言解码能力 0.144
因素三	名称比重	模式辨别能力 0.128	模式辨别能力 0.139	语义情境推断能力 0.139
因素四	名称比重	筛选贮存能力 0.119	筛选贮存能力 0.100	模式辨别能力 0.115
因素五	名称比重	语感能力 0.669	阅读概括能力 0.076	词义理解能力 0.098
因素六	名称比重	阅读迁移能力 0.060	评价能力 0.071	筛选贮存能力 0.092
因素七	名称比重		语感能力 0.063	阅读概括能力 0.078

因素比重		小学六年级	初中三年级	高中三年级
因素八	名称比重		阅读迁移能力 0.060	语感能力 0.073
因素九	名称比重			评价能力 0.058
因素十	名称比重			阅读迁移能力 0.051

从表4可见,在小学六年级的语文阅读能力结构中,语言解码能力处于十分重要的地位,所占的比重(即所能解释的总方差的分量)远超过其他因素。到了初中三年级,语言解码能力虽然仍居首位,但它在整个结构中的相对重要性已大为降低,其所占的比重只是略高于第二位的组织连贯能力。并且,初中三年级新分出来的概括能力、评价能力与原有的组织连贯能力,均属对文章整体把握方面的能力,可见这类能力所占的分量已逐步占据了主要地位。及至高三阶段,组织连贯能力已跃居首位,新分出来的语义情境推断能力(也属对文章整体把握方面的能力)处于第三位,这样,对文章整体把握方面的能力因素在整个能力结构中已占了绝对优势,这类因素所制约的变量越来越多,影响面越来越广,所占的分量越来越大,逐渐成为导致学生语文阅读差异的主要变因。前面表2所列的结果,也十分明确地反映了这个趋势。从表2可见,在小学六年级阶段,对文章的词、句的理解,对文言文词句的理解等分测验主要受语言解码能力的制约,而到初三、高三阶段,则逐步转为主要受组织连贯能力、语义情境推断能力等制约。

一般认为,语言解码能力是一种较为基础的因素,而组织连贯能力、概括能力、评价能力及语义情境推断能力等对文章整体把握的能力,是较为复杂的、层次较高的因素。因此,语文阅读能力结构中上述这种因素的相对地位的变化,实际上反映了性质上更为复杂、层次较高的因素的重要性越来越强的趋势。研究结果表明,语文阅读能力结构是随年龄增长而不断变化的,这个变化既表现在因素的数目逐步增加,又表现在结构中因素的地位变动,更复杂更高级的作用趋于增强。

三、讨论

能力结构的因素为什么会随着年龄增长而不断增长?对此人们有不同的解释。苏联心理学界较多人持活动丰富化的观点,他们认为,就个体所从事的某个范畴的活动而言,随着年龄的增长,该范畴的活动可能会不断扩大,新的内容(子活动)不断增加,也可能是该范畴的某些子活动发生分解,分成更多的子活动。无论是哪种情况,都具体表现为该范畴中相对独立的子活动的数量增多,即活动不断丰富化,这样,必然促使该活动的能力结构的新的因素形成或派生,从而表现为能力结构因素的数量不断增加。

我们认为,活动丰富化的解释有其合理性。一般来说,在进行因素分析时,对同一领域的活动而言,其子活动较多(亦即变量较多)时往往会比子活动较少时(亦即变量较少)需要更多的因素来解释,这是符合活动丰富的设想的。但是,许多能力结构因素的分析研究是在变量相同的情况下,亦即子活动并没有增加的情况下,仍然得出能力结构的组成因素随着年龄而增加的趋势,这是活动丰富化观点无法解释的。因此,西方心理学家更倾向于用能力因素的分化或分解来解释这种趋势。他们认为,随着儿童年龄的增长,原先比较笼统的、综合的能力逐步分解成较多的、较为单纯的因素,这样便表现出能力结构的因素随年龄而增多。西方心理学界这种解释,是有一定实验依据、言之成理的。

然而,从本研究的情况来看,我们认为,中小学生语文阅读能力结构的构成因素随年龄而递增,主要不是由于活动丰富化。因为,从小学六年级到初三、高三,语文阅读领域的子活动并无明显的增加,本研究中三个年级作为因素分析的变量基本相同。同时,根据本研究的结果的分析,我们也可以确定,中小学语文阅读能力结构的因素数量的增加,亦不符合西方心理学界所提出的那种分解模式。从表3中可见,因素的数量随年龄而增加,是由于原先某个因素所制约的若干变量(分测验)改为由多个因素制约所致,但尽管新的因素不断出现,原先那个因素依然存在,只不过是其制约范围(即影响的变量的数量)缩小而已,而不是由综合的、笼统的因素分解成若干较单纯的因素,并且在内涵上也难以看出原先因素与后来新增的因素有何包含或交叉关系。我们初步推断,中小学生语文阅读能力结构构成因素随年龄而递增,可能是通过一种"接替"的模式而实现的。所谓的"接替"模式,可概述如下:某个领域活动的若干子活动在起初阶段受到某一能力因素的制约,但这个能力因素对这些子活动的制约作用是不相同的,其中一些子活动可能会自始至终都受到该因素的影响,该因素是它们的恒定的影响因素;而对于其余的子活动而言,它们的顺利进行,只不过是要以该因素发展到一定程度作为先决条件或前提。这样,在初始阶段个体这种能力因素还未发展到这种程度时,这些子活动的进行质量主要取决于该能力因素的发展水平。然而,随着个体年龄的增长,该能力因素逐步发展到足以满足这些子活动进行的程度,自此,这些子活动的进行水平不再依赖于该能力因素的进一步提高,而其他因素的作用便突出出来"接替"原先的因素对这些子活动发生影响。这样,原先由该因素制约的若干变量中,只有其中一部分变量仍继续受它的制约,而另一部分则改由新的因素影响,因而出现能力结构中原先因素与新增因素并存的现象。这种由于原先因素对活动的影响作用作为新的因素所接替而导致能力结构的因素的数量增加的形式,便是我们所说的"接替"模式。而对于以一定程度的发展为某(些)活动进行的先决条件或前提的因素,我们称之为该活动的"基础能力因素"。

本研究结果已表明,语文阅读能力结构的因素随年龄而增加,具体表现为该结构中其因素原来所制约的部分变量随年龄的增加逐步转由新的因素制约的接替过程。表5列出了这个接替过程中所涉及的因素及其所制约的分测验的变动情况。

表5 接替过程的有关因素与分测验的变动情况

分测验名称		负荷分较高的公因素		
		小学六年级	初中三年级	高中三年级
词的理解 *		语言解码能力	语言解码能力	词义理解能力
词义的辨析 *		语言解码能力	语言解码能力	语言解码能力 词义理解能力
文章中词义的理解 *		语言解码能力	语言解码能力	语义情境推断能力
错句病句的鉴别 △		语言解码能力	语言解码能力 评价能力	评价能力 语言解码能力
句子含义的理解 △		语言解码能力	语言解码能力	语言解码能力
文言文词句的理解(小学)	文言文词的理解 *（中学）	语言解码能力	语言解码能力	语义情境推断能力
	文言文句子的理解 *（中学）		语言解码能力	语义情境推断能力
	文言文断句 *（中学）		语言解码能力	语义情境推断能力
文章中句子的理解 *		语言解码能力	组织连贯能力	语义情境推断能力 语言解码能力
文章局部内容的字面性理解 *		语言解码能力	组织连贯能力	组织连贯能力
文章局部内容的推论性理解 △		语言解码能力 组织连贯能力	组织连贯能力	组织连贯能力
文章篇章结构写作方法的理解 △		组织连贯能力	组织连贯能力	组织连贯能力
快速阅读保持 △		组织连贯能力	组织连贯能力	组织连贯能力
文章整体内容的理解 *		组织连贯能力	概括能力	概括能力
对文章的评价 *		组织连贯能力	评价能力	评价能力

"△"表示该分测验有三个年龄阶段均受同一个能力因素制约
"*"表示该分测验在三个年龄阶段受不同的能力因素制约

从表5可见，语文阅读能力结构的变动过程主要涉及两个重要因素，它们是"语言解码能力"与"组织连贯能力"，这两个因素是语文阅读范畴中许多子活动（分测验）的"基础能力因素"。在小学六年级阶段，语言解码能力影响制约着八个分测验，而到后来，只有两个分测验仍受它的制约，其余六个分测验已改由新的因素制约。也就是说，语言解码能力实际上只是两个分测验的恒定的影响因素，是其他六个分测验的基础能力因素。同样，组织连贯能力起初影响制约了五个分测验，但只是其中三个分测验的恒定影响因素，是其余两个分测验的基础能力因素。初三、高三阶段新的因素的出现，都是对语言解码与组织连贯能力这两个因素的制约作用的接替。

根据过去研究中学生出声完成各分测验的有关材料，可以比较具体地反映出这个接替

语文教育研究方法

过程。以组织连贯能力为例,在小学六年级,学生在完成文章宏观阅读方面的分测验(包括对文章篇章结构的理解、中心段意的概括、对文章的评价等)时,都首先要在头脑中对所阅读的文章内容初步形成一个连贯的心理表征或映象,因此,都首先要求有一定程度的组织连贯能力。当个体组织连贯能力未达到这个程度时,其发展水平的高低,便直接影响着这些分测验完成的质量,成为制约这些分测验的主要因素。而到初中三年级,学生的组织连贯能力均已达到一定程度,对所阅读的文章,都基本能在头脑中形成一个连贯的心理表征,这个方面已能满足进行概括文章中心段意、评价文章等活动的需要,因而,组织连贯能力不再成为影响"文章整体内容的理解"与"对文章的评价"等两个分测验的主要因素,而由"概括能力"与"评价能力"接替它分别制约这两个分测验,此时,组织连贯能力只是继续对"文章篇章结构、写作方法的理解"等三个分测验起影响作用。这样,在小学六年级阶段受组织连贯能力所制约的五个分测验,到了初三阶段则变成受三个因素的影响了。语言解码能力所制约的分测验的变动情况也大致如此。综上所述,我们可以初步认为,语文阅读能力结构的因素随年龄而增加,主要是通过"接替"的方式实现的。从心理学以往的许多有关研究中,似乎都可以看到这种"接替"模式的存在,它很可能是能力结构构成因素逐增的重要途径。当然,对于这样一个重大问题,还需作更广泛更深入的研究才能确定。

四、小结

本研究表明,语文阅读能力结构随年龄的增长在两个方面发生变化,一方面是因素的数量不断增加,另一方面是结构中的较复杂层次较高的因素的相对地位不断加强,而该结构的因素的增加主要是通过"接替"的方式实现的。

这里所选择案例是"活动——因素分析法"。"活动——因素分析法"是分析能力结构的方法。首先,按照所研究领域的现实活动设计分测验,使这些分测验能客观地代表该领域的活动,用这套分测验进行测试并对结果进行处理,分析出直接对活动发生影响的能力因素,然后通过实验对各分测验的完成过程做定性分析,确定它们的心理实质,据此对分析出来的因素的心理意义进行鉴别,最后得出该能力结构模式。"活动——因素分析法"是我国学者莫雷在总结国外研究成果与不足的基础上创建性地提出的,这种新方法的提出对于我国在能力结构乃至语文阅读能力结构的研究上具有重要的启发意义。

在语文教育研究领域中,不可能没有"价值研究",它需要用一种整体的、定性的、思辨的研究方法。另外,教育是一种具体的实践活动,它有一定的活动程度和规模具有鲜明的"量"的特征,"定量"能使我们更科学地"定性",因此定量研究又是必不可少的。

教育和人的复杂性及各种研究方法的互补性决定了教育研究应采用多层次、多方面、多指标的方法。根据语文教育研究对象的性质和特点,灵活地应用各种方法,才有可能充分揭示教育现象的本质和规律。因此,定量研究在语文教育科学研究领域中与定性研究相结合是一个势不可挡的趋势。

1. 什么是语文教育量的研究法?

2. 语文教育量的研究适合探讨哪些课题?

3. 进行语文教育量的研究有哪些注意事项?

第九章　语文教育实验研究方法

　　自 1978 年改革开放以来,在全国各地掀起一股实验热潮,人们逐渐认识到,没有教育实验,教育科学的发展将是十分困难的。教育实验的广泛展开,使人们对语文教育实验的规范性、科学性认识不断提高,并加强了对语文教育实验基本理论的研究。但如果再仔细分析一下,不难发现这些研究还存在不少的问题。因此,认真反思,总结经验,弄清语文教育实验研究的发展状况,将有助于语文教育实验的发展和完善。

第一节　语文教育实验研究方法概述

一、教育实验研究的缘起

　　一般认为,科学意义的教育实验形成于 19 世纪末。由于社会的急速变化,引起了教育的诸多危机。面对危机,许多教育学者,鉴于自然科学和实验心理学的发展,力主运用实验的方法来研究教育问题,解决教育危机。实验教育学于 19 世纪末 20 世纪初产生于德国,德国心理学家、教育家欧内斯特·梅伊曼(Ernst Meumann)于 1901 年首先提出了"实验教育学"的概念。之后德国教育家威廉·奥古斯特·拉伊(Wilhelm August Lay)于 1903 年出版了《实验教育学》,系统地论述了实验教育学的性质、目标体系和方法等,在二人的大力宣传和推广教育实验的情况下,20 世纪初在一些欧美国家发展为以教育实验为标志的实验教育学流派。[①] 后来,随着教育测量学与统计学的发展,教育实验也越来越获得更多的科学方法的支持,从而得到长足地发展。

　　中国语文教学的实验研究,以刘廷芳 1921 年在美国哥伦比亚大学进行的汉字字形、字音对字义影响的实验为开端,由此从国外向大陆、台港推进,继而对中国语文的识字、写字、句子、口语、阅读、作文、教材、教法等进行较为系统的实验研究,并取得了丰硕的研究成果。20 世纪 20 年代到 40 年代,可称为语文特征性实验时期,其特点是:(1)实验的主要目标是研究中国语文字、词、句、篇等的特征,以便揭示中国语文不同于西方语文的独特性质。(2)实验的主持者都是受过教育心理学专门训练的中国学者,起端于美国大学中国学者的实验研究。(3)客观实验研究都十分注重中国语文的实用价值,以寻求实验研究的社会意义。这时期的实验研究力图揭示语文教育的各个基础层面的科学假设。(4)从实验本身看,实验设计和实验控制水平不高,实验结构不够稳定,甚至出现在相同条件下与实验结论截然相反的现象。20 世纪 50 年代

---

① 田涛:《实验教育学与实践教育学之比较研究》,《内江师范学院学报》2007 年第 1 期。

到 70 年代,可称为语文实证性和理论性实验时期,其特点是:(1)实验的方向由对外国已有理论的实证性验证转向中国语文教学的理论性研究,但是只是局限于语文本身的特征及学习语文的理论发生实验研究。对语文教学尤其是课堂教学的实验研究较少。(2)实验的主持者大多是中国香港、台湾及大陆部分大学的中国语文教育专业研究人员,使中国语文教学实验呈现"中国化"。(3)自 20 世纪 70 年代开始,随着新理论的发展和现代精密仪器的出现,实验研究的精确性大大提高。(4)实验的课题更加丰富,实验设计不断完善,实验水平不断提高。20世纪 80 年代到 90 年代,可称为语文理论性和普及性实验时期,其特点是:(1)实验的核心是对语文教学理论探讨,为构建中国语文教学理论体系作出了积极贡献。(2)更多的中、小学语文教师和教学研究人员主持和参与了实验研究,在中国语文教学实验的普及性、大众化方面迈出了一大步。(3)从教和学两个方面研究中国语文,实验结果更适用于各学校教学的实际。(4)实验的重点地区由台湾和香港转向大陆各省市,使大陆出现了前所未有的语文教学实验气象。20 世纪 90 年代末至今,可称为语文教育实验深度发展时期,其特点有:(1)课题研究与参与面更具深度与广度。无论课题的多样性还是实验研究的持久性、地域覆盖的广阔性、参与人员的主动性,都是我国语文教育史上未曾有过的。就深度而言,由单项实验走向综合实验,进而注重整体实验;由探索性实验、印证(验证)性实验走向应用性实验。(2)实验效果更加显著。教学实验研究带动了整个语文学科的进步,同时铸造了一大批语文教改新星。(3)与新课改紧密相联。[①]

二、语文教育实验研究的内涵

教育实验就是利用实验的方法来研究教育问题,指的是研究者按照一定目的,合理地控制或创设一定条件,人为地变革研究对象,从而验证假设探讨教育现象因果关系的研究方法。

语文教育实验研究法是指以一定的理论假设为指导,根据语文教育目标,有计划地控制变量,在规定的时间内对实验效果进行定量、定性的分析,以揭示语文教育现象的因果关系,进而揭示语文教育规律的研究方法。语文教育实验旨在研究语文教学活动的必然性,它不仅是语文教育理论发展的生命线,也是提高语文教育质量的科学依据。

在语文教育实验中,被实验人员操纵的因素叫"自变量"(也称实验因子),一般是指教材、教法、学法等。经过自变量的作用所导致的实验对象的变化叫"因变量"(也称实验结果,如学习成绩、语文能力、心理水平等)。语文教学实验的关键在于严格控制无关变量,有效的操纵自变量,考察自变量对因变量影响的效果。是否控制无关变量,是否主动操纵自变量,是区别语文教学实验与非实验的标准。语文教学实验的灵魂在于控制。从这个意义上说,没控制的语文教学研究不能称语文教学实验。因此,教学实验的概念不同于教学试验、教学实践、教学调查、教学测量的概念,也不同于自然科学实验的含义。

语文教育实验的实质在于揭示语文教育现象的因果关系,探索语文教育规律。"因果关系"和"规律"是语文教学实验追求的主要目标。保尔·拉扎斯菲尔德(Paul Lazarsfeld)认为因

---

① 汪潮:《中国语文教学实验研究概述》,《云梦学刊》1995 年第 1 期。

果关系的三条标准是：(1)在时间上原因先于结果；(2)两个变量之间存在相关关系；(3)两个变量之间的相关关系不能由于第三个变量的存在而消失。[①] 规律就是语文教学因素之间的必然关系。规律有三个标准：(1)客观性。规律是客观存在，不以人的意志为转移的。(2)必然性。规律具有不可避免性，如果按照规律办事，就必须达到结果。(3)重复有效性。规律能在相同的条件下重复，依然有效。

三、语文教育实验研究的特征

一般来说，语文教学实验具有以下四个基本特征。

(一) 实验设计的规范性

语文教学实验是一项复杂的研究活动，只有实验前充分考虑各种影响因素，进而精心设计一个规范的实验方案，才能获得可靠的实验结果。实验设计是力求最少的人力、物力和时间以取得最多、最有效的实验数据的实验程序和模式。

(二) 实验内容的语文性

语文教学的本质在于它的言语实践性，语文教学实验必须符合这个特点，把口头语言（听和说）、书面语言（读和写）作为实验的基本内容。

(三) 实验过程的控制性

语文教学实验是在控制变量的特定条件下研究因果关系，所以要控制实验过程，摆脱与实验无关的干扰因素，做到自变量要单纯、因变量要可靠、无关变量要消除。在一定意义上，语文教学实验的质量取决于控制水平。

(四) 实验结果的可测性

语文教学实验不同于一般语文教学研究的特点在于它的结果是可测量的，是量化的，可进行定量分析，借统计方法揭示实验结果的数量特征，如绝对数、相对数、平均数、相关系数、差异的显著性水平等。

第二节　语文教育实验研究方法的运用

一、语文教育实验研究的一般程序

(一) 实验的准备

教育实验的准备阶段的总体任务是制定实验研究的实施方案。[②]

1. 确定实验研究课题，明确实验目的

确定实验课题，明确实验目的，是实验研究的第一步。这一步应注意以下几个方面：

(1) 教育实验课题应是教育理论或实践迫切需要解决的问题。教育实验课题应从教育发展和改革过程中的理论问题或现实问题中来选择。例如，传统的教育理论强调以教师为中心，

---

① 李臣之：《教育实验归因的详析模式与辩证分析》，《教育研究与实验》1994 年第 2 期。
② 汪基德：《教育实验研究的一般过程》，《河南教育》2000 年第 6 期。

忽视了学生的主体作用,教学效果不好;而杜威的"儿童中心主义",又忽视了教师的主导作用,教学效果也不好。能不能吸收这两种教学思想的优点,提出一种新的教学模式,把教和学统一起来呢? 这就产生了卢仲衡所领导的自学辅导教学的实验课题。另外,实验课题应该是一个前人没有提出,或者是虽然提出但没有解决或没有完全解决的问题,即实验课题应当具有创造性。

(2) 实验课题的范围应恰当。实验课题既不能太大,也不能太小。太大,实验因素多,不易操作;太小,就没有价值。比如,"关于实施素质教育的实验研究"这一课题,虽然很重要,但因涉及的问题太多、太复杂,一般人难以驾驭,不宜作为实验课题。

(3) 实验课题的表述应简洁明确。实验课题的表述要求概念清晰,有明确的界定。比如,"教学方法实验"不如"××教学方法实验"的表述清晰准确。我国一些著名的教育实验课题的表述一般都较好,如"中国文字横写与竖写之比较实验"、"注音识字,提前读写实验"等。

实验目的与实验课题是密切相联的。实验课题确定后,实验目的也就明确了。不过,在表述实验目的时应明晰具体,使人们容易理解。比如,"中学语文读写创教学改革实验",这样表述的实验目的就比较明晰具体。而"探讨语文美育系列化问题"的表述就比较笼统,使人难以把握。类似这样的实验课题,涉及的因素较多,应在实验目的之下,再规定一些具体的实验目标。

另外,对实验目的是否达到,要有一个客观的测量标准。有些问题较抽象,无法直接测量,应找到间接的测量方法。比如肇庆学院梁沛好副教授主持的全国教育科学"十一五"规划课题阶段成果之一《写作教学渗透幸福心理教育的实验研究》[①],实验中,幸福感是一个较抽象的概念,怎么办呢? 研究者采用华南师范大学的《主观幸福感调查问卷》把内容分为两部分:(1)基本资料;(2)三个测量维度:总体生活满意度、积极情感维度、消极情感维度,来描述幸福感的品质。并将写作的认知、写作的情感、写作与社会人际的关系及写作的实践共四部分,明确为8项因子。在主观幸福感量表上呈现前后测结果,发现写作主体的自我意识、写作的情绪体验、写作实践的自我效能感及写作实践的维度上都达到了显著性变化。这样,就把抽象的问题具体化了。

2. 明确实验因素,建立实验假设

实验的目的就在于揭示变量之间的因果关系。要揭示变量之间的因果关系,必须由实验者自由操作某一变量(自变量),控制其他的变量(控制变量),考查由自变量的变化所引起的另一变量(因变量)的变化。这里所说的自变量就是实验因素,又称实验因子,它是由实验者操纵的;因变量就是实验的结果,它是实验对象(即被试,通常是学生)在实验因素和其他控制变量的作用下的反应;控制变量是指那些除了实验因素(自变量)以外的所有影响实验结果的变量,这些变量不是本实验所要研究的变量,所以又称无关变量、无关因子、非实验因素或非实验因子。例如,若一项实验想考查甲、乙、丙三种语文教学方法的教学效果如何,教学方法就是实验

---

① 梁沛好:《写作教学渗透幸福心理教育的实验研究》,《教育学术月刊》2008 年第 7 期。

的自变量,教学效果就是因变量,除教学方法以外的影响教学效果的因素,如教师的水平、学生的原有基础、家庭辅导的情况、学习时间等,都是无关因素,需要进行控制。这里,教学方法有三种,即自变量可以有三种不同的状态,我们称之为水平,实验因素只有一个(教学方法),因此,这是一个单因素三水平实验。若还想同时考查不同的教材对实验结果的影响,即想考查哪种方法更适合于哪种教材,这就构成了双因素(教学方法、教材)实验。

明确了实验因素,就有了解决问题的假设(假设通过如此的内容和方法,可以最有成效地实现教育目标)。若没有明确的实验因素,就等于没有解决问题的假设,也就谈不上实验了。在目前一些学校所进行的整体改革实验中,实验因素不明确,这种实验,即便是取得了"成绩",也不知是哪个因素在起作用,更无法进行推广。

3. 选择被试,确定实验方法

选择被试,主要考虑其代表性。为此,抽样时要注意抽样的范围和样本的容量。抽样的范围应根据所研究问题的适用范围来决定。若研究的问题属于初中二年级的,就应在初中二年级中选择样本;属于城市学生的,则应在城市里选择。为减小实验误差,教育实验最好采用大样本,即样本的容量(每组被试的人数)应在 30 以上。

被试确定后,再根据实验课题的任务,确定实验的方法。教育实验通常采用等组法。例如,若想比较两种教学方法的优劣,就应按被试的学习基础、智力水平等因素相同或相近为原则,将被试分为两组(班)。其中,采用新方法的组(班),称为实验组(班),采用原有教学方法的组(班),称为对照组(班)。

(二) 实验的实施

实施阶段是实验的实质性阶段,是决定能否得出可靠的实验结论的关键。实施阶段的具体任务主要有三个方面:

1. 操纵自变量

自变量是一种假定的原因变量,研究者要根据实验方案有计划地向被试呈现自变量。对于教学方法之类的自变量,是离散型的,实施时,严格按每种方法的要求分别在实验班和对照班进行教学就行了;但对于连续型的自变量(如教学时间、复习次数、分散复习),应严格按实验方案规定的层次(水平)进行,其层次不应过多或过少。比如,在"语文集中复习与分散复习效果的比较实验"中,在总的复习时间相同的情况下,分散复习时间间隔多长,分为几次,都应按实验方案的要求去做。层次太多,所需的实验分组数就会增加;层次太少,则难以发现最适当的层次。

2. 控制无关变量

在实验中,要采取有效方法,消除无关变量对被试的影响,或者使无关变量对被试的影响在各组中相同。如研究教学方法对学生学习成绩的影响,可以使教学内容、被试水平、教师的态度、前后测试题难度等影响实验结果的因素在各组中相同。

3. 及时测量和记录因变量及其他重要实验资料

因变量值的大小,其可靠性和有效性如何,直接关系到实验的成败。因此,在实验前、实验中和实验后,都应重视采用可靠、有效的测量工具,及时收集被试和因变量的数据资料。

（三）实验的总结与评价

1. 实验的总结

（1）对实验数据和有关资料进行统计分析。对实验结果进行统计分析时，要根据被试的分组情况、人数等科学选用统计方法，并对实验数据进行全面的分析，得出科学的结论。

（2）撰写实验报告。撰写实验报告要确保客观性与科学性。应将研究的真实过程和结果公诸于众，不能随意地引申夸张，更不能歪曲和篡改实验结果。结论的得出应具有充分的证据，所用的数据、图表、数字的运算等应准确无误。

2. 语文教育实验研究的评价

评价是对语文教学实验进行客观的价值判断和积极的实验导向。通过有效性评价，确定实验结果的可靠性和可推论性。通过形式性评价，对实验过程的各个环节进行技术鉴定。通过综合性评价，对实验的研究水平和社会价值进行全面的衡量。

（1）实验的有效性评价。实验的有效性指的是实验效度，包括实验的内在效度和外在效度。语文教学实验只有在保证其有效性的前提下，才能取得科学的实验结果，教学实验首先是通过检验实验是否有效进行评价的。

实验的内在效度。这是实验研究能够揭示出所要实验的因果关系的有效程度。它反映了因变量的变化在多大程度上来源于自变量。如果一个语文教学实验研究能够说明因变量的变化确实是由自变量所引起的，而不是由其他因素引起的，那么实验的内在效度是高的。

实验的外在效度。这是实验结果对所研究的语文现象的概括性和代表性的水平，也称可推广程度。一般来说，语文教学实验不仅要取得正确的实验结果，还要把实验结果推广到语文教学实践中去，这就要求实验具有"可推行性"。

语文教学实验的评价不以实验结果的得分高低为标准，得分低的语文教学实验也有科学价值。例如，对某种语文新教材的可行性实验，其结果没有达到课程标准的要求，反而增加了学生的学习负担。从新教材的可行性看，这是不成功的。但是，只要实验是按照科学程序设计和操作的，其结论就是科学的。它的成功在于通过规范性的语文教学实验证明了新教材的不可行性，就是说，实验的内在效度是高的。

（2）实验的形成性评价。实验的形成性评价指的是对实验全过程各个要素的评价，以便分析实验结果形成的具体特点。这里，循着实验程序介绍评价的内容及其要点：一是关于实验课题的评价，包括假设表述的明确性、必要性和可行性。二是关于实验假设的评价，包括假设表述的明确性和简要性、结果的可验证和论据的充分性。三是关于选择实验被试的评价，包括抽样的随机性、标本的代表性和被试的容量。四是关于实验变量的评价，包括自变量的单纯性、因变量的目标性和可靠性、无关变量的控制性。五是关于收集实验资料的评价，包括资料的选择性、正确性、系统性和典型性。六是关于分析资料和获得结论的评价，包括客观性评价、共变评价（因果关系的逻辑性）、定量和定性结合评价。七是关于实验报告的评价，包括可读性、严密性和独创性。

（3）实验的综合性评价。可以从科学性、独创性、教育性、研究难度、实验效果五个方面对语文教学实验进行综合评价，各个方面又可以分诸子因素，每个因素再细分等级。也可以从理论贡献、实践意义和推广价值三个方面进行综合评价。一是"理论贡献"是分层次的。或是深入说明语文教学的新思想，或者是对有关教学观点进行补充，或者提出了有前景的理论问题，或者在研究方法上有所创新。二是"实践意义"是实验获得的新成果对提高语文教学质量及学生学习成效的价值。三是"推广价值"是根据社会认可程度和实验移植的效果反馈进行判断。

二、语文教育实验研究的注意事项

语文教育实验研究法，同样需要引入变量的概念。变量是随着条件、情景的变化而在数量或类型上起变化的人或事物的特征或方面，又称因子或因素。按其在教育实验中的作用，可分为自变量、因变量和无关变量。一项成功的教育实验应当准确把握这三个要素，即操纵自变量、观测因变量、控制无关变量。

（一）自变量及其操纵自变量

这又叫实验变量，是实验前假定存在的因果联系中的原因变量，也就是研究者施加于被试的可以操纵的教育影响。如《初中语文听力实验研究》[1]中，教师所运用的不同训练方式就是这个实验的自变量。

教育理论与实践研究者能否成功地操纵自变量，使之真正有效地作用于被试，是实验成功的关键之一。操纵自变量有两层意思：一是要使自变量发生合乎实验要求的变化，通常有两种变化状况。一种是从无到有的变化，即从没有这种教育影响（教育措施）到有这种教育影响（教育措施），如《初中语文听力实验研究》中的对控制组不作评价和对实验组作评价。另一种变化是有这种教育影响，但在形式上、层次上有差异。如此实验中的实验组与对照组之间，分为训练前、训练后一和训练后二两个层次，以体现其变化。不管是哪一种变化，操纵自变量就要使自变量发生变化。二是要使自变量真正有效地作用于被试，以期引起被试的变化。即要把自变量具体化为几个可以操作的教育方案并加以实施。在实验中将对学生用听记复述法、听读答卷法、听忆评判法、听想续写法、综合训练法等不同方法，对学生进行训练。在训练方案中对每一种形式都作了具体规定，这样的实验就具有可操作性。

（二）因变量及其观测因变量

这是一种假定的结果变量，它是实验变量作用于实验对象之后所出现的效果变量。如《初中语文听力实验研究》[2]中学生阅读速度的测试成绩就属于因变量。科学地观测因变量是教育实验成功的又　个关键。为了解自变量对因变量是否有影响，除了要操纵自变量，使之发生变化外，还必须观测因变量是否也随之发生了变化。这需要考虑几个问题：其一是要观测哪些因变量。自变量作用于被试后，被试可能在许多方面发生了变化，其教育效果往往可表现在许多方面，究竟从哪些方面来观测教育效果，在实验前必须明确。其二是如何对因变量进行测定。教育效果的测定项目确定后，需考虑通过怎样的方式把这些项目的效果测定出来。是口头测定、书面测定还是操作测定；是个别测定还是集体测定。是口头测定的要拟订发问提纲和

---

[1] 黄燕明：《初中语文听力实验研究》，《教育理论与实践》1989 年第 4 期。

[2] 同上注。

记录方式,是笔试的要出好问卷,是操作的要准备好器材、拟订操作要求。其三,当项目和测定方法确定后,还要确定如何评定成绩,是采用等级评定还是打分数等,各种评定标准以及试卷的得分标准都须具体明确。

(三) 无关变量及其控制

那些不是实验所需要研究的、自变量与因变量之外的一切变量统称为该实验研究的无关变量,也称非实验因子或无关因子。如《初中语文听力实验研究》中学生原有的基础水平、练习时间的长短、教师组织教学的水平,听读、听写试题的难易程度等一切可能影响学生练习成绩的因素都是该实验中的无关变量。有效地控制无关变量,将其影响减少到最低限度,是教育实验成功的第三关键。经典实验常采用消除、平衡、抵消等方法来控制无关因子。一是消除,即想方设法把无关变量排除在实验之外,尽可能不让这些因素影响实验结果。一些心理实验在暗室或隔音室内进行,就是为了消除作为无关因子的光线、室外噪音等物理因素的干扰。事实上,教育实验中诸多影响实验结果的心理因素是很难消除的。因此,在使用此法时,还应采用其他方法加以控制。二是平衡,指在分组比较实验中,要使各组的无关因子作用相同,这样可以把实验班与对照班的不同归结为实验处理的不同。三是抵消,即让同样的被试先后接受几种不同的实验处理,使每一种实验处理以不同的次序出现,列成机会均等的组合,并随机分派接受各个顺序组合。让同样的被试先后轮换接受各种不同的实验处理,从理论上讲,被试自身以及由实验顺序造成的练习、适应、疲劳等无关因子效应便可在先后轮换过程中相互抵消了。

【案例 9-1】
初中语文听力训练实验研究[①]

杭州拱宸中学　黄燕明

一、问题的提出

我国语文传统教学重读写、轻听说。近年来,对于学生"说"的能力的训练和培养,已逐渐引起了语文界广大有识之士的重视,但如何训练和培养学生"听"的能力,问津者却仍很少。随着社会生产和生活的高效率,随着记录和传播口头语言的先进技术和工具的出现、普及,人们越来越多地使用口头语言,也越来越高地要求有更强的"听"的能力。因此,语文教学应当十分重视对听力的训练和培养,这是时代的要求。新大纲对初中分年级具体提出了"听"的能力的要求,更显示了初中语文听力训练的必要性和迫切性。我认为,听力,是一种迅速而高效地捕捉有用信息的能力,包括准确记忆、迅速理解、敏捷判断诸项能力。本实验假设,通过听力训练,将使学生具有更敏锐的理解力、更迅速的反应力和更缜密的思维力,从而使说、读、写能力得到相应的提高。

---

① 黄燕明:《初中语文听力实验研究》,《教育理论与实践》1989 年第 4 期。

二、实验措施

（一）实验对象和研究方法的确定

将八六年九月入学的初一学生随机编班，通过先期测试，采用对等化方式，从两个班中各选四十名学生，配成两个对等的组，分别作为实验班和对照班，由同一教师执教，进行等组实验。

（二）训练的措施

实验班施加以下措施，对照班则控制如下因素：

（1）训练的安排。在为期一年的实验中，第一学期，实验班每周用两个早自修进行听力训练，第二学期则每周安排一节听力训练课。每十次训练为一阶段，共经历了五个阶段五十次训练。

（2）训练材料的选定。选择训练材料，首先着眼于课外报刊的短小记叙文，字数大都在千字之内，同时也采用个别课文的全篇或段落。

（3）意义的宣传。在训练前，注意到了对实验班学生进行有关听力训练的意义宣传，但考虑到"霍桑效应"对研究成果真实性的影响，没有作过多的强调。

（4）阶段目标和训练要求的提出。向实验班学生提出如下阶段训练目标：

第一阶段：能听清材料，机械复述大意，基本正确。提高有意注意和强记能力。

第二阶段：能理解材料，创造性地复述大意（包括概括、扩展、改组、用自己的语言复述等）。提高语文说、读、写诸项能力。

每次训练，尤其是前半阶段，则向学生提出具体、明确的要求：

听话时，要控制联想，加强自己的有意注意，不要把注意轻易转移。

听话时，两眼要注视说话者，注意说话者的体态语言。

听话时，要注意说话者声音的轻重，语气的缓急和节奏的快慢。

（5）训练的方法。主要原则是由易到难，由单一到综合。具体方法简介如下：

听记复述法。这是一种最基本、最低层次的听力训练方法，目的是提高学生有意注意和强记能力。要求学生在听完两遍材料录音（或教师朗读）之后，在限定的时间内机械复述材料，根据训练的要求和限定的时间，可口述可笔述，不需要作任何想象和改组，越接近材料原意越好。

听读答卷法。这是一种听力、阅读综合而以听力训练为主的训练方法，目的是提高学生阅读能力。要求学生听完两遍材料后，在限定的时间内，通过对材料的记忆和理解，书面完成阅读材料的问卷。

听忆评判法。这种听力训练方法不同于前一种，它不仅需要对材料简单的记忆和单一的理解，还需要对材料的综合、判断。目的是提高学生的判断能力，改善学生的思维品质。要求学生听完两遍材料后，在限定的时间内，通过对材料的综合、判断来评判材料，提出自己的看法和见解。

听想续写法。这是一种在听记、理解的基础上，综合听力和写作的训练方法。目的是提高学生创造想象能力和写作能力。要求学生在听完两遍材料后，续写所听的材料，可以是续篇，更多的则是根据教学要求的续段，当然，想象、描述要合理。

第一次是分组后未经训练的先期测试，结果证明对等化分组是可信的，第二、三、四、五次是实验班每进行十次训练后的测试，第六、七次测试是分别在第五次测试后的一周和三周进行的后效测试，证明第五次测试，即终结性测试的可信度和学生听力的保综合训练法。综合运用上述训练方法，一般步骤：教师读材料，全部学生听，部分学生机械复述，其余同学听，另一部分同学评判"机械复述"，其余同学听，再抽一部分同学续段续篇，其余同学听，最后学生评析"续"的段或"续"的篇，可他人评析，也可自我评析和反思他人的评析。听力训练贯穿始终，其他能力综合其中。通过这种训练使学生语文诸项能力都得到了训练和提高。

（三）测试

实验班和对照班同时进行对比性测试。共作了八次书面综合测试（其中一次因记录不完整，作无效处理），若干次说、读、写的单项测试。

三、实验结果及其分析

通过测试，经初步统计分析，获得如下实验结果：

（1）经过训练，实验班学生"听"的能力明显高于对照班。"图表一"是两个班的七次听力测试成绩对照：持度。图一所示，两个班的测试成绩有起伏，那是因为各次测试的材料难易不一所致，而不是听力的起伏。两个班听力的差距逐渐增大是显而易见的。

图表一：

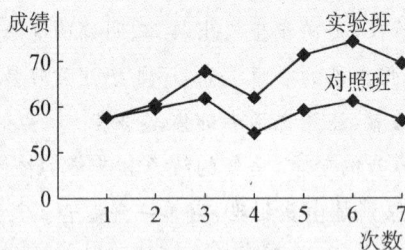

	一	二	三	四	五	六	七
实验班(40人)	58.6	59.7	68.1	61	73.3	75.6	70
对照班(40人)	58.5	59.7	63.4	55.1	60.1	62.2	68.1
差值	0.1	0	4.7	5.9	13.2	13.4	11.9
P 值				$P<0.05$	$P<0.01$	$P<0.01$	$P<0.01$
结论	无显著差异			差异显著	差异相当显著		

（2）随着听力的逐步提高，实验班同学"说"的能力也有相应的提高。实验班与对照班均有课前几分钟的说话训练，使两个班的学生都逐渐会"说"起来，但实验班施加了听力训练，又使两个班的差距逐步拉开，因此，听力训练对说话能力的促进作用是显而易见的。"表二"是听力训练前后学生即兴说话平均时间的统计：

表二：

	训练前	训练后（一）	训练后（二）
实验班(40人)	1′02″	2′38″	2′52″
对照班(40人)	1′03″	1′47″	1′50″

表三：

	规定时间	最快	最慢	平时用时	平均成绩
实验班(40人)	40	29	38	32	74.7
对照班(40人)	60	30	56	45	72.4

表四：

	规定时间	最快	最慢	平时用时	平均成绩
实验班(40人)	40	28	39	32	74.7
对照班(40人)	40	30	40	45	72.4

若从"说"的"质"方面考察，实验班学生显得更好些，能够说得较完整、具体、有条理的学生占 57.5%，而对照班只占 30%。两相比较，实验班的学生显然更能"说"，更善于"说"。

（3）听力训练提高了学生的阅读速度。表三和表四是两次阅读速度的测试情况。"表三"是第一次阅读测试情况，实验班的规定用时少，而对照班的规定用时则较多，测试成绩无显著差异，但实验班学生的阅读速度高于对照班。"表四"是第二次阅读速度测试情况，试题与前一次基本同质等量，两个班的规定用时也一样，但平均成绩实验班高于对照班。经检验，$P < 0.01$，差异显著。两次测试从不同的角度表明了实验班学生的阅读速度明显快于对照班学生。

（4）听力训练提高了学生理解能力。小小说《曙光》和《丰碑》曾分别被用来作为训练前后的测试材料。编制了重在理解的八道选择题、五道简答题和一道续写题，规定的用时较少，测试情况如下：

进一步的分析表明，两个班的差异主要表现在续写题上。测试卷删去了材料的结尾，要求学生根据对上下文的理解，补写出符合原意的结尾，这对理解能力的要求是比较高的，训练前无显著差异，而训练后，在满分20分的情况下，差值竟达 4.5 分，差异极其显著。分析试题，实验班学生得分高的原因，不是因为写作能力强于对照班，而是因为续写得合理，具有较强的扩展能力。这类学生占 62.5%，而对照班仅占 37.5%，差异是显著的。

表五：

	选择题(40分)		简答题(40分)		续写题(30分)		平均成绩	
	训练前	训练后	训练前	训练后	训练前	训练后	训练前	训练后
实验班(40人)	27.5	32	25.1	28.4	13	16.6	65.6	77

	选择题(40分)		简答题(40分)		续写题(30分)		平均成绩	
	训练前	训练后	训练前	训练后	训练前	训练后	训练前	训练后
对照班 (40人)	27.6	30	24.8	26.2	12.8	12.1	65.2	68.3
差值	−0.1	2	0.8	2.2	0.2	4.5	0.4	8.7
P值							$P < 0.05$	
结论							差异显著	

(5) 听力的发展对写作能力的提高影响不大。"表六"是听力训练前后不同类型作文的情况统计：

表六：

	命题作文		材料作文		看图作文		听故事作文	
	训练前	训练后	训练前	训练后	训练前	训练后	训练前	训练后
实验班 (40人)	20.74	21.37	19.1	21.12	76.21	78.76	69.3	75.34
对照班 (40人)	20.78	20.64	18.9	19.87	76.4	78.7	69.2	71.5
差值	−0.04	0.73	0.2	1.25	−0.19	4.06	0.1	3.84

前两类作文出自试卷，满分为30分，后两类满分为100分，显然，两个班的成绩在训练前后无多大差异。即使是听故事作文，经检验，差异也不显著。差值之所以较前三类大，原因恐怕也在于"听"中，而不是在"写"上。表中各类作文的平均成绩对比表明，听话能力的发展和写作能力的提高相关性不显著。至少也可以这样认为：周期不长的听力训练决定不了写作水平的提高。

四、初步讨论

(1) 实验证明：初中语文课中进行听力训练是可行的、必要的，它为减轻学生负担、提高学习语文兴趣、发展学生多种能力提供了又一条新的途径。

(2) 听力训练贵在坚持。分析"表一"、"图一"可知，只有坚持训练，差异的显著性才逐步显示了出来。当然，一个学生平时的听话能力，一般是达不到在课堂训练条件下所测试出来的结果，但长久坚持训练，培养学生这种技能，一定会使他们受益无穷。

(3) 听话能力的提高和阅读能力的提高相互促进、相互制约。听话，吸收的是声音信息，而声音一纵即逝，阅读，可以对书面语言反复推敲，因此，听话时的思维活动应该更敏捷、更迅速，敏捷的反应力，强化了学生感知语言材料的能力，促进了阅读的速度，加上理解力的不断发展，阅读能力自然得到了提高。而阅读能力，尤其是理解能力的提高，又促进了听力的再发展。这就是实验班与对照班在听话能力和阅读能力上差距逐步拉开的原因。

(4) 一点反思。分析"表六"可知，听话能力的提高并没有能够促使写作能力的发展。

原因何在？就客观而言,写作水平是语文诸种能力的综合,仅凭听力训练,要想解决学生作文中的遣词造句问题、篇章结构问题、方法技巧问题、甚至社会阅历问题,实在是勉为其难了。再说通过"听"来促进"说"和"读",再借说、读能力的提高来促进"写",显然,作用是间接了,短期的训练是难见其成效的。就主观而言,是期望过高和训练方法不足。听想续写法,原本旨在能直接促使写的能力发展,但事实上,这种训练方法更有助于理解能力的发展,作为一训练方法是确实可行的,但对写作的影响微乎其微。如果多采用一些有效的方法,比如仅仅在训练材料的选择上,多选文情并茂的优秀之作,给学生多提供一些范例,或者多选学生的优秀习作,给学生多一点激励,甚至多选一些有典型毛病的学生习作,给学生多一点教训,那么,即使无济于"大事",至少是不无裨益的。

用整体观点考察语文教学实验,包含两个相互关系的过程:(1)从部分到整体,把握局部研究问题在整体结构中的地位及其与整体结构的普遍关系。(2)从整体到部分,把局部研究对象从整体结构中抽取出来,作出明确规定。

每一次语文教学实验研究的问题,相对于整个语文教学领域来说都是部分,当着手对它进行研究时,不能忘记它是整体问题中的局部,不能忘记它与其他问题有着千丝万缕的关系。例如,听话能力的提高并没有能够促使写作能力的发展。原因何在？就客观而言,写作水平是语文诸种能力的综合,仅凭听力训练,要想解决学生作文中的遣词造句问题、篇章结构问题、方法技巧问题甚至社会阅历问题,实在是勉为其难了。听力的提高与阅读、写作能力的提高可谓相辅相成,因此必须注意它们之间的相互依赖关系。只有这样,才能有意识地考虑多方面的因素,对无关因子加以控制。

一个实验课题总有它自己的各个方面,可以把它分解成相互关系的不同侧面的小问题,从而找到解决这个问题的小步子。从整体到部分,就是要弄清楚实验条件、实验对象、实验结果。语文教学的综合实验应与单项实验相辅相成,互为补充。只讲综合,没有单项实验作为组成要素,结果只能是空中楼阁。所以,综合实验应既有整体规划,又有分项设计,集分项实验之成功以组成整体优化之硕果。由于当今教育现实的复杂、研究对象性质和情境的不同,造成现实的教育实验多种多样,本实验作为单项实验,与其他类型和层次的教育实验的基本特征是共同的。

要继续深入地开展语文教学实验研究,除了在已有实验基础上填补语文教学本身的实验空白(中文学习生理、中文失语症、中国手语、中国语音、听说、课堂气氛、教学技术等方面的实验)外,还要到中国语文与外国语文、中国语文与其他相邻学科的边缘区和结合部去勘察,开垦中国语文教学实验的处女地,吸取、借用其他学科的原理、方法、技术来探索中国语文教学问题。

思考与练习

1. 什么是语文教育实验研究法？

2. 语文教学实验研究早期探索的价值是什么？

3. 语文教师如何开展语文教育实验研究？

第十章 语文教育调查研究方法

调查研究是教育科学研究中最基本、最常见的一种方法,是研究者为了深入了解教育现状,或者为了确定和解释社会的或心理的变量之间的关系,而采取的系统的调查研究方法的总和。

第一节 语文教育调查研究方法概述

一、教育调查研究的缘起

社会调查的历史,最早可以上溯至古代埃及和中国的人口统计。古埃及在公元前3050年,为了筹集资金修建金字塔,曾对全国人口、资财等进行过调查。中国古代大禹时期的"定九州,计民数"堪称最早的社会调查实践之一。调查研究作为一种系统的科学的方法,起源于19世纪初,经历了原始搜集资料——科学搜集资料——概率统计多因素交互作用分析等几个发展阶段。

最早将调查法运用于教育研究的是1910年由美国Kendall·N主持,为期一周的关于Boise地区学校制度的调查。接着,1911—1912年哈佛大学韩纳士对新泽西州两个地区做了学校调查。当时调查研究法发展很快,不仅有个人主持的调查,而且有由各州、县、局团体主持的较大型调查。不仅用于对学校教育有关情况的调查,而且用于教育经费情况调查,特别是开始对调查材料计算分布情况,用统计法加以整理。1925年,斯坦福大学编辑出版了《学校调查》一书。至1933年,美国学校调查报告总数达四百多份,这些为调查研究法的形成和不断发展提供了重要的实践基础。[1]

二、语文教育调查研究的内涵

语文教育调查研究法是围绕一定的语文教育问题,通过问卷、访谈、观察等方式,有目的、有计划、系统地搜集有关资料,从而获取关于语文教育现象的事实,作出科学的分析,提出具体工作建议的研究方法。

语文教育调查研究包括两层含义:一是调查,即用科学的手段和方法搜集有关研究对象的客观事实材料;二是研究,即对所搜集的事实材料进行整理和理论分析,最终得出合乎事实的结论。调查是研究的前提和条件,研究是调查深入发展的必然结果。调查研究决不只是单

---

① 裴娣娜:《教育研究方法导论》,安徽教育出版社1995年版,第159页。

语文教育研究方法

132

纯地记录有关事实,而是要综合运用各种方法进行分析研究,从而使认识从经验层次深入到理论层次。

三、语文教育调查研究的分类

语文教育调查研究根据不同的标准,一般可做如下分类①:(1)按照调查范围,语文教育调查研究可以分为全面调查、抽样调查、典型调查和个案调查;(2)按照调查目的,语文教育调查研究可以分为现状调查、相关调查、历史调查和发展调查;(3)按照调查手段,语文教育调查研究可以分为问卷调查、访谈调查、测量调查和观察调查。

语文教育调查研究既可以研究教育现状,如对新课改后语文教师课堂教学行为的调查、苏教版小学语文教科书中我国古代题材课文的调查、农村小学生识字量的调查;还可以研究人的教育理念、态度、观点、认识等问题,如对某地区初中语文教师对新课程适应度的调查;也可以进行教育的比较研究,如农村与城市教育均衡发展的比较研究等。调查研究不必像实验法那样控制对象以及其他变量,而是在自然状态下去搜集资料;不像历史法那样以教育的"过去事件"为研究对象,而是以教育的"现在事件"为研究对象,探究教育教学的事实。总之,由于教育调查研究具有应用广泛、自然可靠、实施方便、出成果快等特点,已成为教育科学研究中一种效益较高发挥特殊而重要作用的研究方法。

调查研究方法也有一定的局限性,如所搜集的材料或数据的代表性较难把握,容易失真;调查研究只能揭示事物之间的某种关联,不能可靠地揭示事物之间的因果关系,等等。例如:有位语文教师在进行一项"小学低年级生字抄写练习的调查"时,把某区几十所小学低年级学生每天花在抄写练习上的时间及每字抄写的遍数,以及这些小学生对生字的巩固率作了调查,结果发现抄写练习的时间、遍数与生字巩固率之间不存在因果的联系,即练习的时间多,抄写的遍数多,生字的巩固率并不一定高。以上结论只是揭示练习时间、遍数与练习的效果之间存在着某种关联。那么,抄写练习的时间与遍数到底以多少为最好呢? 这就需要用实验法来回答这个问题。② 因此,教育调查研究与教育实验研究、教育行动研究等其他研究方法结合使用时,可以发挥出更大的优势。

第二节　语文教育调查研究方法的运用

一、语文教育调查研究的一般程序

(一) 准备工作

从某种意义上说,调查工作成功与否,取决于调查前的准备工作是否完善。调查前的准备工作主要有③:

---

①　岳亮萍:《中小学教师怎样进行课题研究(三)——教育科研方法之教育调查研究法》,《教育理论与实践》2008年第3期。

②　郭根福:《调查法在小学教学研究中的应用》,《中小学教师培训》2000年第2期。

③　蒋有慧:《怎样开展调查研究》,《江西教育科研》2002年第11期。

1. 确定调查课题

调查课题的确定必须遵循三个基本原则:一是目的性原则。调查的目的是指调研者期望通过调查达到的结果,即通过调查所要了解的情况,要分析的问题和要解决的问题等。例如:一位教师为了掌握小学生在学习作文过程中的心理状况,从而寻找改革小学作文教学的有效措施,于是确定了"小学生作文心理的调查"这一课题。目的不明或毫无目的的调查会造成极大的浪费,应当避免。二是价值性原则。任何调查课题都应以能否丰富和发展教育科学理论、解决实际问题为原则,即要考虑调查的科学价值和实际意义。如果用其他研究方法可以解决的问题,就不一定要用调查法。三是量力性原则。这是指调查课题和调查范围的大小,要视参加调查的人力物力条件而定。调查课题越大,范围越广,所需要的人力和经费越多,时间也越长。在一般情况下,课题不宜太大,既要看需要,也要看可能。

2. 选取调查对象

调查资料主要来源于调查对象,调查对象的选择是否恰当,将直接影响到调查结果。调查对象应视调查课题和调查目的而定,不同的调查课题和目的,要用不同的方法去选取调查对象。调查对象要有代表性和全面性。多数课题要获得有关总体的统计数据,无法逐一调查,这时就需要用抽样的方法来选取调查对象。

3. 草拟调查提纲

调查提纲是搜集资料的依据,实际上也是调查报告的梗概,其内容必须符合课题需要。在调查过程中,调查提纲往往要修改多次,有时还得增添或删除一些项目。草拟调查提纲以后,还要按此要求,设计必要的调查表格、问卷、访谈提纲等等,以保证调查资料的丰满。

4. 制订调查计划

调查计划是调查工作的程序安排,通常包括以下内容:调查课题的目的、调查对象及范围、调查时间及地点、调查工作方式方法、调查步骤及日程安排、调查的组织领导及人员分工、调查中的要求、调查所需的经费、备选方案。

5. 试验性调查

先在小范围内试验一下,看看所选取的方法、问卷、量表以及进度和要求是否合适,从而进一步完善调查计划。

(二) 实施调查

实施调查就是到实地去进行调查,在此阶段,主要任务是根据调查计划中选定的调查研究方式、方法进行资料搜集。在调查中,是让访谈员进行提问和记录,还是让调查对象独立完成? 如果在资料搜集的过程中使用了访谈员,就需进一步考虑访谈员是该亲自去还是通过电话访谈? 此外,还有关于问卷的发放与回收的方式等种种问题,作为一个研究者,在收集资料的过程中,必须对资料的搜集作细致的考虑。

收取的调查资料主要有两类:一类是书面资料,如前面提到的调查问卷、调查表格以及能反映调查对象情况的有关材料;另一类是来自调查对象的口述材料,如访谈调查对象得到的调查资料以及调查者通过观察得来的事实材料等。

搜集资料要力求全面、系统,要注意资料的典型性、客观性和真实性。口头材料,尤其是对于某种教育现象的评判材料,由于要受到调查对象立场、观点、情感、好恶等因素的制约,往往带有一定的主观性、片面性。这种主观性和片面性就是材料的误差,这种误差在书面调查材料中也难以避免。因此,调查者要善于辨别材料的真伪,尽可能做到实事求是。

(三)整理资料

通过调查阶段收集到的原始资料通常是粗糙、杂乱、分散的,必须经过整理,使之系统化、条理化。在整理材料时,首先进行资料的整理,即对搜集到的资料进行审核和科学的分类汇总,这是加工处理资料的第一项工作,是后续分析的基础。整理资料时,应根据资料的性质采用不同的方法。对调查者口头叙述的材料,要用明白流畅的文字加以整理;对调查得来的数据材料,则要运用统计法、列表法和图示化加以整理,有的还应当进行检验。对整理完的材料,调查者还应对其优缺点以及原因所在进行分析。对调查资料的整理以及对调查结果的分析、综合,应尽量做到将定性研究与定量研究结合起来,以增强调查的说服力。

(四)撰写调查报告

总结、撰写调查报告是调查研究的最后阶段,它必须明确具体地介绍调查的实际情况,对所研究的问题做出解释,给出结论,提出改进的意见、建议和措施。

二、语文教育调查研究收集资料的基本方法

(一)观察法

观察法是在自然状态下,研究者通过感官或辅助仪器,有目的、有计划地观察调查对象的外部表现(如言语、表情、行为等),从而获取经验事实的一种科学研究方法。这种方法能帮助我们弄清客观事物,使我们对所要研究的对象有直接的了解。例如,研究城市学校中农民工子弟插班生的心理特点,就可以采取日常观察的方法。在一定时期内,通过每天课内外学习生活、集体活动等各种场合,观察他们对己、对人、对事的态度和行为方式,分析其心理特点及其产生的原因,研究相应的教育方法措施。

(二)问卷法

问卷调查是教育调查研究中,用得相当普遍的搜集数据、获取信息资料的一种重要方法,具有标准化、隐匿性、间接性等特点和优点。问卷法的重要环节是问卷的设计。问卷设计应做到:问题符合调查目标,整份问卷能显示一个重要主题;要让答卷人感到必要而愿意合作;问题不超出问答者的知识和能力范围,不涉及社会禁忌和个人隐私;答案格式简洁明了,调查结果易于整理分析。

1. 问卷的一般结构

问卷一般由前言、正文、背景和结语构成,如案例 10-1。前言是调查者向被调查者说明调查的目的与意义,回答问题的要求以及关于匿名和保密保证等问题的一段话。目的是引起被调查者对调查的重视,激发其社会责任感和义务感,消除顾虑,愿意填写问卷。正文也称问卷的主体,包括一系列的题目及对回答的指导语。背景部分主要是有关被调查者的一些背景信息,一般包括被调查者的性别、年龄、教育程度、职业、平均月收入、婚姻状况等内容,为防止过早地遭到不必要的拒绝,这部分内容可以放在正文的后面。结语常是一段短

语,其内容是对被调查者的合作再次表示感谢,以及关于不要漏填或复核的提示。也有的问卷在结语处提出 1-2 个关于本次调查的形式、内容等方面感受的问题,征询被调查者的意见。

2. 问卷题目的设计要求

问卷正文中的一系列题目,都是为收集要了解的有关信息和要研究的有关问题设计的。为了能获取科学可靠的信息,就必须做到合理地、科学地、艺术地提出每一个问题。

例如,我们要了解中小学语文教师素质状况,由于"素质"是个综合的抽象概念,而一个教师素质是多方面的,因此必须把构成教师素质的各个方面相对分解开来,认识其内涵,并使其具体化。只有具体可操作化的内容才是我们设计问卷题目的直接依据。比如,我们把教师素质总目标分解为政治思想和师德、知识水平和知识结构、教育思想观念、教师业务能力、身心素质。这样把总目标进行一级分解后,仍不具有可操作性,因此还要进行二级分解,使之进一步具体化。比如又把师德素质具体分解为对学生的态度和对工作的态度,这样我们就可以编拟一道或几道反映教师对学生的态度和对工作的态度方面的题目,通过教师回答时的不同反应水平来判断。

3. 问卷题目的形式及其数据的统计处理

问卷中使用的题型大体有三类,即封闭式、半封闭式和开放式。封闭式是指问题提出后,给出若干被选答案,让被调查者在其中选择符合他实际情况的答案,而且只能在其中选择。这类问题在问卷中占绝大部分。半封闭与封闭式大体相同,其区别只是在被选答案中如果没有符合其情况的则在"其他____"项上填上他自拟的答案。这类题在问卷中出现的数量较少。开放式是指只提出问题,不提供任何答案,由被调查者自拟答案。这类题在问卷中一般设置一道,最多两道。

应当特别注意的是,问卷题目形式确定的同时,必须考虑调查后数据的统计处理方法,数据的统计处理也是为目的服务的。根据调研目的的需要,首先应明确收集哪些信息,而这些信息常需要将调查的原始数据进行综合、概括或转换才能明确显示出来。因此,在设计问卷题目时就必须清楚这些问题能否收集到所需要的数据信息,这些数据将用什么方法进行整理、分析,使其反映的信息能清楚地被描述出来,为问题的研究提供依据。否则,可能会出现调查的原始数据无法进行综合或找不到恰当的方法进行统计分析,使调查的数据信息不能充分利用,这将是一种极大的损失。[①]

4. 问卷回收率的计算

对回收的问卷,在剔除废卷的同时要统计有效问卷的回收率。一般来说,回收率达到 70％—75％以上时,方可作为研究结论的依据。为保证结论的可靠性,如果有可能,可做小范围的跟踪调查,了解未回答问题的被试的基本看法,以防止结果分析的片面性。

① 王景英:《关于问卷调查研究的几个问题》,《中小学教师培训》1999 年第 1 期。

【案例 10－1】

小学语文课堂教学非正式评价的调查问卷(教师)①

尊敬的语文老师:您好! 这是一份关于小学语文课堂教学非正式评价的问卷。选项的答案没有正误之分,请您根据您的真实情况在下列题目中选择符合您的选项并在相应的选项上打钩,在横线上写上相应的答案,可以多选。非常感谢!

1. 在课堂上,一般在什么情况下您会表扬您的学生_____

(   )学生回答问题正确时

(   )学生积极配合教学时

(   )学生表现良好时

(   )其他_____

2. 在课堂上,表扬学生后您发现学生上课_____

(   )更认真听并更积极了

(   )不认真听

(   )没有变化

3. 在课堂上,在什么情况下您会批评你的学生_____

(   )学生回答问题错误时

(   )学生不配合教学时

(   )学生表现不好时

(   )其他_____

4. 在课堂上,批评学生后您发现学生上课_____

(   )有变化并认真听讲

(   )没有变化

(   )有变化但更不认真了

5. 对不同的学生,在课堂上您采用的评价词语_____

(   )相同

(   )基本相同

(   )不同

(   )基本不同

6. 在课堂上您能意识到你有采用非正式评价吗?_____

(   )能

(   )不能

(   )不知道

---

① 引自 http://www.askform.cn/9188－21543.aspx

7. 在采用非正式评价的时候您知道您为什么采用吗？_____

（　　）知道

（　　）有时候知道

（　　）不知道

（　　）有时候不知道

8. 您一般在什么情况下采用非正式评价_____

（　　）学生做对或者做错时

（　　）学生表现良好时

（　　）出现意外的情况时

（　　）其他_____

9. 一般情况下您采用非正式评价的方法是_____

（　　）通过口头表达

（　　）课后和学生访谈

（　　）通过肢体语言

（　　）其他_____

10. 在课堂教学中您应用非正式评价时遇到的主要困难有_____

（　　）评价的方式太少

（　　）评价的词语较缺乏

（　　）评价的目的不明确

（　　）其他_____

11. 影响您在课堂上实施非正式评价的原因_____

（　　）沉重的教学负担

（　　）学生的课堂表现

（　　）您的心情

（　　）其他_____

12. 对学生课堂上出现的问题您采用的评价是_____

（　　）立即评价

（　　）稍后评价

（　　）不做评价

13. 课堂教学中您一般是让哪种类型的学生起来回答呢？_____

（　　）语文成绩好的

（　　）在语文课堂上表现积极的

（　　）有举手的同学

（　　）其他_____

14. 在课堂教学中对学生作出评价后课堂秩序_____
   （   ）变坏
   （   ）变好
   （   ）没有变化

15. 心情不好时,您评价学生会发现学生在课堂上的表现_____
   （   ）和平常一样
   （   ）比平常好
   （   ）比平常不好
   （   ）其他_____

16. 在课堂上您一般对学生的哪方面进行评价_____
   （   ）回答问题的结果
   （   ）课堂表现
   （   ）上课的积极性
   （   ）其他_____

（三）访谈法

访谈法是研究者以口头交谈的方式与被询问者进行研究性交谈,从谈话中搜集客观的、不带偏见的事实材料,用以研究和解决某些问题。尽管有些调查采用自我填答方式,但研究者提问并记录答案仍是调查测量过程中常见的组成部分。访谈法虽然了解的样本较小,花费的人力、物力、时间较多,但却容易进行,而且,深入交谈可以获得可靠有效的资料。

访谈法有个别谈话与集体谈话两种形式,选用哪种形式要视调查课题而定。调查课题不宜相互交流的,就用个别谈话法;反之,则用集体谈话法。运用谈话法进行调查时,研究者首先要使调查对象在情绪上放松,要使被调查者对你有亲近感、信任感,这样调查出来的结果才有真实性、准确性。访谈最大的优点是可以追问,因此特别适用于"深度调查"。访谈前一要准备访谈提纲;二要准备记录方式。

访谈时提问的措辞、提问的背景及提问的方式往往会造成被访者受到访谈员的影响。不影响所获答案标准化的访谈行为必须做到以下五个方面[1]:

（1）呈现研究。受访者就对研究目的有一共同理解,因为目的性与他们答题的方式有关。对诸如保密性、自愿性以及谁运用结果等问题的假设都会影响到答案。

（2）提问。问题应当按事写所准备的那样准确提出,不做任何变异或措辞改变。有时,即使问题用词的细小改变都会对问题的回答产生重要的影响。

（3）探查。如果受访者没有完整回答问题,访谈员必须提出一些补充问题以引出更好的答案,这就是探查。重复性的提问如"还有什么吗?"、"能多谈一些吗?"的标准化探查可以应付绝大多数的情况。

---

[1]　福勒:《调查研究方法》,重庆大学出版社 2004 年版,第 4 页。

（4）记录答案。提出开放式问题时，要逐字记答案，也就是说要准确记录下受访者所用的词语，而不阐释、概括或者遗漏。在封闭式问题中，给了受访者选项，访谈员应该在受访者真正选定后才记下答案。

（5）人际关系。一般说来，访谈员不要讲述他们自己的事情或者表达与访谈主题内容有关的个人意见和看法。访谈员也不能就受访者做出的答案有任何评价。

（四）测验法

测验法是用一组测试题去测定某研究对象的实际情况，从而搜集有关资料数据进行研究的一种方法。在教育科学研究中，测验法具有诊断功能、建立和检验科学假设的功能、评估功能、预测和选拔功能。此方法在教育调查、评估、实验中经常被运用，是教育科学研究中常用的方法之一。

三、利用因特网实施语文教育调查研究

因特网不仅冲击着传统的教学方式、教育组织形式，以及教育观念，而且冲击着传统的教育科学研究方法。从技术上讲，利用因特网既可以实现问卷调查研究，又可以实现访谈调查研究。

（一）利用因特网进行语文教育调查研究的可操作性

问卷调查按调查途径可分当面问卷调查和邮寄问卷调查。前者适于近距离的、集中性的调查，后者适于远距离的、分散性的调查，可以利用因特网实施。被调查者的邮政地址在因特网上对应的是 E－mail 地址，问卷的邮寄可通过众多电子邮寄软件发送。之后，只要打开电子收件箱，便可检阅回收到的问卷。这样，足不出户，便可在因特网上进行"邮寄问卷调查研究"了。

目前，因特网软件资源中能实现实时交谈的软件很多，这些软件可以实现文本访谈，即双方交谈时，把想说的话通过键盘录入计算机中，而双方交谈内容就以文本形式分别显示于显示器屏幕的上下半部。此外，还有许多语音对话软件，只要双方的计算机配置麦克风、音箱、声卡及这类软件，便可进行语音访谈了。

（二）利用因特网实施语文调查研究的优势与局限性

因特网蕴藏着极为丰富的信息资源，其中包括许多功能强大、用户界面友好的软件，并且信息资源每天都在迅速膨胀。这些信息资源是开放的，可以为每个因特网用户所共享。此外，信息的传送速度也是飞快的，而且在不断提高。正是由于这些特点，通过因特网进行教育调查研究具有多功能性、快捷性、节约性和多媒体性几个优势。

利用因特网作调查研究时，调查者与调查对象首先必须是因特网的用户，都具有一定的经济收入与知识文化水平，所以目前，用因特网作教育调查研究的调查对象的学历层次及地域分布受到限制。显然，那些调查小县城、乡镇或者农村教育情况的研究便无法在因特网上进行。除此之外，还有许多问题有待进一步研究，如利用因特网进行调查研究的安全性问题、被调查者的合作问题，以及因特网对调查研究信度、效度的影响问题等等。[①]

---

① 马红亮：《利用 Internet 实施教育调查研究初探》，《现代远距离教育》1999 年第 2 期。

四、语文教育调查研究报告的写作

调查报告的写作是全部调查研究过程和调查研究结果的具体总结,是研究者对所研究问题的再思考、再研究、再升华的思维过程,也是研究者借以表达自己的思想观点以及传播新理论、新知识、新方法的主要形式。调查研究报告的写作,作为全部调查研究过程的关键环节中的最后一环,有其他环节所不能替代的相对独立的作用。

调查报告是调查成果的最终展示,如案例 10-2。一般来说,调查报告应包括以下几方面的内容:调查目的,讲明此次调查的目的意义所在;调查内容,列举此次调查的项目和内容;调查方法与过程,综述此次调查采用的主要方法以及调查过程等主要情况;调查结果与分析,对此次调查的情况和问题进行分析,作出结论,提出自己的意见和建议等。

在撰写调查报告时,前面三个部分的内容可以略写,即点到为止。而最后一部分即调查结果与分析是调查报告的主体,应当详写,既要反映经过调查得到的真实情况,又要分析其中存在的问题及其成因,还要提出自己的观点和看法,力求做到观点和材料相结合。

【案例 10-2】

态度决定一切 一切决定态度[①]
——初中生语文学习态度的调查研究
江苏如皋市教育局教科室 姜健荣

一、问题的提出

教育部颁布《基础教育课程改革纲要(试行)》以后,人们对《纲要》的研究倾注了极大的热情。但仔细观察研究后发现,两年来的研究是轻重不等的,其中以研究性学习、学习方式转变等问题为热门,而遭冷落的又以学习态度、价值观的形成等为最。这并不是因为学习态度等问题不重要或者已不需要研究。有关研究表明,学习态度贯穿于学习过程的始终,对学习活动及其结果产生着或积极或消极的影响,是教师评价学生的第一指标,不同学校、教师对此的平均使用率高达 71%。尽管人们大多重视它,但由于理论和技术的匮乏,难以准确地评价和有效地调控,因而对这个问题的研究到目前为止还几乎是一个空白。

所谓学习态度,就是对学习持久稳定的内在心理倾向。常态下,完整的学习态度由认知、情感和行为倾向三个要素构成。学习态度既是总体的,又是具体到学科及其不同部分的内容的。

总体的学习态度反映了主体对学习的或积极或消极的总体倾向性,一般来说不难观察判断;问题的关键在于对具体学习内容态度的复杂性。中小学生处在打基础的学习阶段,各门课程不能有所偏废,但学生可能对数学学习感兴趣而对语文学习兴味索然,就是在语文上也可能喜欢阅读而害怕作文,由此,学习内容的广泛性带来了对不同学科及其不同部分学习态度的复杂性。与任何态度一样,学生的语文学习态度也非与生俱来,而是在长期的语文学

---

① 姜健荣:《态度决定一切,一切决定态度——初中生语文学习态度的调查研究》,《中学语文教学》2003 年第 9 期。

习体验中,通过与他人的交流和相互作用形成的。一经形成就会成为其习惯和人格的一部分,就会在行为反应模式上呈现出规律性,并稳定较长时间而不轻易改变。就其本质而言,学生对语文学习的态度就是对语文学习的心理准备状态,驱动着或正确或错误的语文学习行为,产生着或积极或消极的语文学习结果。学生对学习语文课程的态度既是内隐的,又是复杂的。这给语文教师出了一道难题,学生的语文学习态度不但不易直接观测,而且直线的或笼统的感觉和解析往往与实际情况相违,十分容易错判误定,因而也就谈不上有效的调控。这是制约语文教学效率的一个"瓶颈"问题,由此,研究学生的语文学习态度,借以透视语文教学状况,对于诊治语文教学的少慢差费痼疾,当不失为一个重要视角。

二、调查的对象与方法

为了使研究的结果具有相对的总体代表性,本调查选择江苏省如皋市的 4 所不同层次的初中校,随机抽取每所初中的初二(1)班学生共 206 人为对象。

由于对语文学习态度的测量尚没有现成的量表可用,故笔者的第一步工作是编制测量量表。借助于著名社会心理学家利克特的总加评定法原理,按照语文学习态度的三个构成因素(对语文学习的认知、情感、行为倾向),笔者编制了二十个正负两种、价值大致相等的问题构成完整的总加量表用于测试。

本次调查共发放 206 份问卷,全部回收并有效。对于正问题,被试越同意则得分越高;对于负问题,被试越同意则得分越低。为避免量表法可能有的误差,本调查辅以行为观察法来互验调查结果。笔者会同被测学校、班级的领导和教师,认真研究每一个被试,结果表明,两者的结论一致,能彼此印证,具有较高的信度。

三、调查的结果与分析

第一,初中生对语文学习态度的状况不尽如人意。本次调查测试量表的总分为 100 分,60 分为标准"中立态度",80 分为标准"较为积极态度";实际结果为人均 72.88 分,介于中立与较为积极之间,又向较为积极稍微倾斜。其中 80 分以上的 40 人,约占总数的 19.42%;60—79 分的 154 人,约占 74.76%;59 分以下的 12 人,约占 5.83%。经过对照比较,我们发现,这次测试的学习态度总分的分布情况和他们语文考试分数的分布情况基本吻合,由此也就验证了一个结论:学习态度决定学习水平,由学习水平可以反推学习态度。

第二,在语文学习态度的三个要素中,存在问题最大的是对语文学习的情感,其次为对语文学习的行为倾向。本次调查测试量表每个问题的分值为 5 分,得 3 分为"中立态度",得 3 分为"较为积极态度"。测试结果的分段统计显示,初中生对语文学习的认知较为令人满意(测试认知水平的 1—6 题的平均得分为 4 分,正好达到"较为积极"的水平),而在语文学习的情感(7—14 题测试情感的平均得分为 3.46 分)和行为倾向(15—20 题测试行为倾向的平均得分为 3.54 分)两方面则离"较为积极"相对较远。根据已经取得的对学习态度三要素结构的研究成果,对学习的情感是影响学习结果的最为重要的因素,而后才依次是学习行为倾向和学习认知。这个结果与我们语文教师平时对学生学习态度的教育大多局限于口头强调语文学科的重要性等认知因素有关,忽视了情感培养和行为促进只能事倍功半,这应该说是语文教学高耗低效的重要原因之一。

第三，初中生对语文学习的情感和行为倾向不够积极的最主要症结依次为：自习时间不足、缺乏学好语文的自信心和怕写作文。按题统计的结果显示，涉及这三方面内容的三题平均得分是所有20题中最低的，分别为：2.68、2.69、2.82，均低于标准"中立态度"的3分。经验表明，怕写作文的学生往往写不好作文，而作文水平是语文水平的最明显、最主要的标志。一般说来，作文好的学生对整个语文学习是不会缺乏自信心的，也愿意多花时间在语文学习上。因此，上述三个方面其实可以归结在一起，就是初中生在学习语文的兴趣和信心上存在较大问题，怕学怕写是症结所在。

第四，尽管初中生对语文学习的整体态度不尽如人意，但向着理想态度转化的可能性却是具备的。在20个问题中，平均得分超过4分即达到"较为积极态度"。

水平的有5个问题，占总数的25%，且分布在学习认知（3题）和行为倾向（2题）两类中。初中生对语文学科的价值、必要性和在日常生活、未来发展中的作用是有着正确而积极的认知的，并且有着学好语文的行为倾向，这就为语文教师全面、科学地调控其语文学习态度，进而提高教学效率提供了良好的基础条件。

四、教学建议与讨论

学生在语文学习态度三因素等方面的不平衡性反映了其语文学习态度的复杂性，因此，对语文学习态度的调控，不仅需要整体的把握，而且更需要分门别类地施加影响。

第一，以语文教师本身对语文学习的积极态度为最有力武器，整体调控，努力使学生的语文学习态度改观。语文教师自身的学习态度是对学生语文学习态度的最有力的调控，当然，这种调控既可能是积极的，也可能是消极的。从现象上看，没有多少语文教师不说自己所教的学科重要、不说自己热爱所教学科。但这仅仅是现象，问题的本质在于我们声称的积极态度在自己身上是不是能对象化，也即自身语文水平如何、是不是在不断地钻研语文学科。据本人了解，现状是不容乐观的。不少老师都会对学生说"学习语文要多读、多思、多写"，但就是自己不怎么去做，往往把语文教师当做一项谋生的职业，而不是一项发展的专业，课本加教参就对付了。这样的教师，任你怎么说语文重要，学生也不会相信，因为你不学习不钻研就演绎不出语文学科的魅力，谁还会跟着你去学语文？因此，一个语文教师如果没有终身学习的态度，那他的学科造诣肯定不高，不仅对所教学生的语文学习态度产生负面影响，而且会消极影响其学习结果，误人子弟。

第二，以学生对语文学习的认知为起点，构筑积极的语文学习态度的牢固基础，努力促使其内化为价值观。学生对语文学习的认知，就是对语文学习的知觉、理解和评价，是整个语文学习态度的基础。建立积极认知的有利因素是，几乎没有人会怀疑语文学科的重要性；但与此同时也几乎所有人都认为语文难学、水平提高慢，从升学考试的功利目的看，与其把时间花在语文上倒不如花在数理化上来得效果好，于是不少教师和家长都对学生阅读文学著作等课外读物进行严厉限制，这对语文的教与学是十分不利的。家教市场的学科分布就验证了这一点，很少有家长会为孩子找语文家教。因此，在对语文学习的认知上看似有基础，其实基础又十分脆弱,说起来积极做起来消极的现象由来已久、根深蒂固,其本质就是积极的认知并没有内化为价值观。我们不妨借鉴医学上的"预防接种效应"来建立和巩固积极的学习态度,即在阐述语文学习态度时,不只展开正面论证,而且提供正反两面论点和论据的"双面论证",在给学生增加正面营养的同时,通过反驳反面论证的内容来刺激其抗体的产生,从而促进积极的语文学习认知向形成价值观转化。

第三,以语文教材和教学本身的固有魅力为兴奋点,让学生主动学习,努力使学习语文的过程变成一个愉快的情感体验过程。学生对语文学习的情感,是在认知基础上产生的对语文学习的情绪反应,常常表现为爱憎、褒贬、喜恶、远近等等。情感和整个态度状况密切相关,一定的态度必然产生一定的情感,反之亦然,学生一旦喜欢、热爱、尊敬语文学科,那整个语文学习态度和学习水平就会长足进步。语文教材和教学本身是有其特有的魅力的,一堂充满激情、旁征博引、纵横捭阖、引人入胜的语文课会令人终身难忘、永远受益。这是语文教学的优势所在,我们要善于利用这种优势找准教材和教学中能激发学生兴趣的兴奋点。正如著名心理学家布鲁纳曾经强调指出的那样:"学习的最好刺激,乃是对所学材料的兴趣。"学生在课堂上兴奋了、动情了,就不是被动的容器了,就会成为主动建构知识的探求者。教学实际中,为数不少的语文教师喜欢把语文的教与学搞得玄之又玄、高不可攀,以为由此便可获得学生对语文及其教师的尊敬。殊不知,非但尊敬没有获得,即使获得了也会令学生敬而远之,使学生对原本喜欢、熟悉的东西变得隔膜起来。因此我们要努力使学习语文的过程变成一个愉快的情感体验过程,让学生在情感升华中获得水到渠成、挥之不去的稳定学习态度。

第四,以学生对语文积极主动的学习行为倾向为归结,让学生成功学习,努力使学习认知和学习情感的已有成果物化为学习水平。学生对语文学习的行为倾向,是在认知和情感基础上产生的对语文学习意欲表现出来的行为,通常表现为"学不学"和"怎么样学"。就整个态度结构而言,行为倾向是归结点;不能产生行为倾向,其认知和情感也就失去了意义。经验表明,学生准备不准备发生学习行为,与既有的水平有关,对语文学习最积极主动的学生是已在语文学习上取得成功的学生。而现实中,学生对语文学习怀有失败心态却是一种十分普遍的现象,特别是作文,给分吝啬几乎是一种陋规、痼习,惨不忍睹的分数令不少学生沮丧懊恼、望而却步。如此,何谈语文学习的兴趣和信心?何来语文学习的积极态度?学生学习语文太需要成功来激励了。我们不妨学一学导游,引导学生一个台阶一个台阶地爬,一个山头一个山头地过,移步换景,在每个台阶每个山头上都能通过我们的引导享受到不同的风景,在愉悦中不知不觉地到达山顶,至少到达他力所能及的最高点。因此,只有使学生的语文学习认知和情感的已有成果物化为学习水平,积极主动的学习态度才会稳如磐石,而这个过程中,行为倾向是需要把握的无可替代的中介。态度决定一切,这是说明态度的重要作用,也是我们调查研究的起因;而通过以上分析又可看到,一切又决定态度,这是态度形成的原理,也是我们这次调查研究的最终结论。

研究表明,在目前的教育调查中普遍存在以下问题:(1)缺少对前人研究的必要交代,缺少对测量工具信度和效度的检验;(2)抽样方式单一、不全面,样本代表性不强;(3)数据处理应用的方法不多,有些调查结论缺乏统计学的支撑;(4)对结果的讨论还有待深入,推广性不足。[1]
对于这些问题,在应用教育调查研究方法时要尽量避免。

【思考与练习】

1. 什么是语文教育调查研究法?

2. 语文教育调查研究搜集资料的基本方法有哪些?

3. 选定一个调查课题,根据课题需要,试编制一份调查问卷或一份访谈提纲。

---

① 黄复生、李映霞、左春凤:《二十年一回首:教育问卷调查研究的元分析》,《中小学管理》2005 年第 2 期。

第十一章　语文教育质的研究方法

英文中"qualitative research"在中国大陆被译为"质的研究",在台湾、香港、新加坡等地被译为"质性研究"。如果望文生义的话,此类研究似乎是对社会现象"性""质"的研究,而与此不同的另一种方法则是"量的研究"或"量化研究"(quantitative research),好像是将重点放在事物的量化表现上。在追求教育研究科学化的过程中,人们似乎倾向于将科学化与数量化等同起来,将量化的程度作为研究的科学化程度的指标。这种对教育研究科学化问题的理解是片面的。量的研究和质的研究只是从不同的角度解释教育现象,二者既不能互相代替,也没有高低层次之分。质的研究作为一种与量的研究有着明显差别的研究方法,目前已经广泛地运用于教育研究的各个领域,虽然这种研究方法在国内语文教育研究领域运用得还不多。

第一节　语文教育质的研究方法概述

一、教育质的研究的缘起

国外的质的研究方法经历了一个曲折的发展过程:在其发展早期,主要依赖于个人的主观经验和理论思辨,缺乏统一的指导思想和系统的操作体系;在实证主义占主导的社会科学研究领域曾长期受到冷落。20世纪60年代末以来,社会科学家们越来越意识到:要研究复杂的社会现象,仅仅使用量化的方法有一定的局限性。量的研究适合在宏观层面上大规模地进行社会调查和政策预测,但是不适合对微观层面进行细致深入的研究,不利于了解当事人的心理状态和意义建构(特别是当事人的看法和研究者不一致时),也很难对研究者不熟悉的现象进行调查。量的方法不仅将复杂流动的社会现象简单地数量化、凝固化,而且忽略了研究者对研究过程和结果的影响。近二十多年来,在对以实证主义为理论基础的量的研究提出质疑的同时,质的研究在人类学、社会学和民俗学等学科的基础上逐步发展起来,从本体论和认识论的角度对一些重要理论问题进行了探讨,并逐渐发展出一套操作方法和检测手段,质的研究不论是在概念、术语、理论和方法上都有了质的飞跃。

目前国外学术界一般认可的质的研究方法是指:在自然环境下,使用实地体验、开放型访谈、参与型与非参与型观察、文献分析、个案调查等方法对社会现象进行深入细致和长期的研究;分析方式以归纳法为主,在当时当地收集第一手资料,从当事人的视角理解他们行为的意义和他们对事物的看法,然后在这一基础上建立假设和理论,通过证伪法和相关检验等方法对研究结果进行检验;研究者本人是主要的研究工具,其个人背景以及和被研究者之间的关系对研究过程和结果的影响必须加以考虑;研究过程是研究结果中一个不可或缺的部分,必须详细加以记载和报道。①

二、语文教育质的研究的内涵

质的研究发端于社会学领域,在教育领域也取得了较快的发展。然而质的研究在语文教育研究领域中,只是在近几年才引起语文教育工作者的关注。相关的文章主要有:《质的研究——语文教育研究方法的新视野》、②《中学语文教师角色功能的质的研究》、③《诱人的"口袋书":高中生课外阅读的质的研究》④等。

语文教育质的研究法是指语文教育研究工作者本人作为研究工具,通过深入语文课堂等现场,在自然情境中采取体验、访谈、观察、实物搜集等方式搜集语文教学资料,运用归纳法分析这些资料并形成语文教学理论的研究方法。语文教育质的研究是对语文教育全面整体的理解,不限于量化的部分,所以它比较适合运用于对一些很难量化或者不能量化的语文教育现象的研究中,如对语文教师的职业道德状况、语文教育教学方法改革、语文教育教学过程中的师生关系、语文教师对教材的使用、语文学科课程的实施情况等的研究。

由于质的研究强调研究者对研究过程和结果的影响,研究者在与被研究者的互动关系中,通过归纳分析各方面的资料,对被研究者的行为进行解释和意义建构,探讨的核心是过程而不是结果,所以它较适合对研究者比较熟悉或者比较小的样本及具体的对象进行研究,在语文教育研究中的典型例子有对学生个案分析、教师角色功能分析、教学案例分析等的研究。

语文教育质的研究有助于促进语文教育研究对象走向回归。在语文教育领域,传统的研究目的在于发现语文教育的普遍规律,研究对象较多的是停留在语文教育的理论层面。这种研究所形成的理论前提是预设某种语文课堂情境来进行语文教育研究的,距离语文教育的实际有一定的距离,所形成的研究成果与语文教育的实际情况亦有差距。质的研究可以促使语文教育研究者为解决语文教育中的实际问题而深入研究。质的研究面向语文教育的真实情境,重视对语文教育问题的现场研究,重视语文教育的实际。在自然的语文教育情境中了解语文教育教学发生的动态过程,所研究的问题能真正达到促进语文教育发展的目的。

语文教育质的研究为语文教育研究结果的呈现方式提供了另一种思路。传统语文教育研究习惯于进行基础理论的建构,以此去指导语文教育"该如何做"。这种理论的建构是基于作为研究主体的研究者有能力通过理性的思考,或者说能够通过观察,运用归纳和演绎的方法来把握语文教育这一客体的本质和规律,从而为语文教育立法,研究者的主要任务就是去发现语文教育教学本质规律,然后以居高临下的姿态去指导语文教育实践。质的研究启示语文教育研究结果的呈现方式可以用"解释"和"描述"替代"建构"。语文学科是人文性很强的学科,语文教育颇具情境性,语文教育的诸多实践问题和困惑无法通过"建构"理论来解决。在语文教育质的研究中,"描述"重在对语文教育现象进行描述,反映语文教育的真实活动情境;"解

---

① 陈向明:《旅居者和外国人——留美中国学生跨文化人际交往研究》,湖南教育出版社1998年版,第37-38页。
② 桑志军:《质的研究——语文教育研究方法的新视野》,《中国成人教育》2008年第11期。
③ 刘晓玲:《中学语文教师角色功能的质的研究》,西北师范大学2003年硕士论文。
④ 金美君:《诱人的"口袋书":高中生课外阅读的质的研究》,《思想·理论·教育》2005年第12期。

释"则从语文教育当事人的角度对特定的语文教育现象情境进行解释。将质的研究"语文教育化",使得语文教育研究由理论建构到寻求解释与描述,使语文教育研究者的行动方式产生重大转换——由外在走向内在,由裁定走向参与,由宣示走向对话,从解决教师在语文教育情境中的具体问题出发,对已经发生过和正在进行的语文教育实践进行回顾反思,对语文教育的各个方面进行批评性的分析,在此过程中借鉴相应的教育教学理论,发现自身教育教学行为的经验以及所存在的问题。

语文教育质的研究可以促使语文教育改革实验研究整体规划、系统发展和研究的本土化。当前语文教育改革实验研究,将研究的问题经过预设,以严格的操作程序为基础,将问题分解为若干部分,然后再去探寻各部分之间的内在联系。这种将研究对象人为地拆分,必然会影响研究结果的真实性。质的研究则将语文教育研究对象与具体的语文教育情境联系起来,使之成为一个整体来考察。因此,质的研究使语文教育研究表现出来的任何细节都不是孤立地发生作用,而是在与其背后潜在的意义获得联系之后进入语文教育研究视野,这种视野所表现出来的整体性和系统性是此前的语文教育研究所匮乏的。

另外,在语文教育的实验研究中,质的研究更为注重自下而上的研究方法——归纳法,认为理论具有一定的可变性与适应性,语文教育改革理论应该来自语文教育实验中的反复提升,而并非移植,质的研究中的扎根理论(强调以丰富详尽的第一手资料为基础来进行理论研究的方法)为我国语文教育研究需要形成自己特色的本土化理论提供了借鉴。正如凯和沃森(Kay and Watson)所概括的:"教育现象中没有所谓'法则'存在。跨国的概括命题是无效的,有关教育的理论陈述必须出自各国特殊的背景。我们必须尽可能地接近我们要研究的人的内部世界,尽可能地学习'生活的语言',我们必须理解他们的处境……整体地思考一国的教育体制就好比用审美的眼光从事艺术品鉴赏工作——完整地体验比讨论什么部件构成了这件艺术品更有价值"。[①]

语文教育质的研究还有助于语文教育研究主体的回归。以发现语文教育普遍规律为目的的"为理论而研究",使得广大的语文教师对语文教育研究望而却步,语文教育研究成了理论研究工作者的专利,而语文教师对研究的结果也缺乏相应的认同,使得语文教育的理论和实践严重脱离。语文教育研究的对象和研究主体出现了背离。质的研究"语文教育化"可以使语文教育教研合一。语文教育中质的研究不是为了理论上的产出和普遍规律的发现,而是为了语文教育实践的改进。它并不轻视理论,而是以理论来改进语文教育的实践。它从根本上肯定了语文教师对语文教育研究的价值,对教师研究主体地位的认同(也促使了语文教育理论工作者立足语文教育实践)。语文教师可以根据教育实践中的具体问题展开研究反思,寻找解决问题的办法,对教育的现象进行解释。这种自然状态下质的研究,可以使语文教师在与研究对象的互动中反思自己的教学行为,理解研究的对象。质的研究可以增强语文教师的研究使命感、责任感以及成就感。

---

① Kay and Watson. *Comparative education: the need for dangerous ambition*. Educational Research, 1982, 24 (2): 129 - 139.

三、语文教育质的研究的特征

对语文教育质的研究的认识,虽然不同学者的侧重点有所不同,但还是形成了一些共识。

(一) 注重自然情境下的"田野式"研究

语文教育质的研究把研究对象放到丰富、复杂的自然情境中进行考察。研究者深入语文教学情境之中,注重在真实情境中探索语文教育活动。

(二) 在思维方式上重视归纳法

语文教育质的研究遵循广泛搜集资料,从下而上地建立语文教育理论架构的研究路径。

(三) 在研究结果上重视解释性理解

语文教育质的研究不同于量的研究,它在研究结果上不注重形成普适性理论,而是试图用开放的态度去探讨对象的实质,研究者通过自己的亲身体验,去理解研究对象的行为意义,去了解研究对象的情感,对研究对象的生活故事、意义建构做出"解释性的理解"。

(四) 在研究对象上重整体性分析

语文教育质的研究重视对研究对象进行全景式的整体系统分析,认为社会现象活动是一个有机整体,局部的割裂分析会使研究对象背离事物的原貌,同时强调从不同角度对研究对象进行考察。

(五) 重视良好的研究者与被研究者的关系

语文教育质的研究强调对被研究者内在情感生活的体验,实现研究者与研究对象的互动,体现了质的研究对人的独有特性的重视,使人的个性和人的社会活动的独特性、丰富性得到彰显。

第二节　语文教育质的研究方法的运用

一、语文教育质的研究的一般程序

质的研究过程在形式上和量的研究十分类似,虽然它们各自所包含的内容和操作方式有所不同。质的研究过程一般包括:确定研究现象、陈述研究目的、提出研究问题、了解研究背景、构建概念框架、抽样、搜集材料、分析材料、做结论、建立理论、检验效度、讨论推广度和道德问题、撰写研究报告等。这些步骤在实际操作时不是相互孤立、按前后序列依次进行的。由于质的研究本身是一个不断演化渐进的过程,它们彼此重叠、互相渗透、循环反复。在语文教育质的研究过程中需要根据研究目的、要求有所变化与调整。如《中学语文教师角色功能的质的研究》所研究的对象是中学语文教师的角色功能,研究的目的是探索正确的语文教师角色在学生主动学习语文和教师顺利实施教学过程中所起到的重要作用,从而使语文教学在传承民族文化的同时更符合学生身心发展规律,使学生在愉悦心理驱动下求知、成长,教师也因学生学习快乐而欢乐,由此感到职业的魅力,并为此执著追求。研究所依据的思想,即主体性教育。采取访谈、观察、实物搜集等等质的研究方法,对语文教师角色功能进行认定,对影响语文教师角色实现的诸因素进行分析,对语文教师实践教师角色的意义作必要的思考,对实践语文教师角色功能的方法和途径进行探索,试图初步构筑一个较完整的语文教师角色功能体系,以便为今后的探索创造条件。

二、语文教育质的研究的具体方法

材料的收集与分析对于语文教育质的研究是非常重要的,其方法主要有三种:访谈、观察和材料分析。这些方法在案例 11－1《诱人的"口袋书":高中生课外阅读的质的研究》中都有体现。

(一) 访谈

访谈通常使用开放式,访谈结构应该为被访者用自己的语言表达自己的想法留有充分的余地。访谈者应注意被访者对问题的定义和思维方式,遵循他们的思路,用他们的语言表述来讨论问题。如果被访者没有提到访谈者认为重要的问题,访谈者可以在访谈结束时用开放的方式询问对方的意见。访谈者应注意询问被访者个人的意见,以免对方使用时下流行的口号式语言而忽略个人的看法和感受。为了避免被访者使用的抽象概括性的语言,访谈者还可以询问事件的细节以及有关人物的反应。被访者的非语言行为对于了解他们的心理活动也非常重要,在访谈过程中访谈者可以同时观察被访者的面部表情和形体动作,不失时机地记录声音。访谈过后,访谈者应该尽早对访谈结果进行分析处理,并撰写备忘录。备忘录可分成:(1)描述型,报告访谈结果;(2)解释型,对结果做出初步的解释;(3)理论型,建立最低层次理论;(4)方法型,讨论访谈时使用的方法及其对研究过程的影响。

(二) 观察

观察一般分为参与型和非参与型两种。

在参与型观察中,观察者和被观察者一起生活工作,在密切的相互接触中倾听观看他们的言行。这样做的长处是:研究的情境比较自然,研究者可以深入到被研究者的文化内部,更深刻地了解他们行为的意义。但是这样做对研究者的要求比较高:研究者不得不同时扮演双重身份,既是研究者又是参与者,很难保持做研究所必需的心理和空间距离。

在非参与型观察中,观察者置身于被观察者的世界之外,作为旁观者了解事件的动态。提倡隐蔽式(covert)的学者认为,人类的一个本性就是不相信别人,因此,为了获得可靠、真实的信息,研究人员不必征得研究者的同意。[①] 坚持公开式的人们则认为,不论研究效果如何,研究者都应该尊重被研究者做选择的权利,必须事先征得对方的同意。一般说来,征得被研究者的同意是非常重要的,而所谓"真实"并没有绝对的衡量标准。研究者和被研究者像世界上所有的人一样,生活在"一个真实的世界"里。[②] 超越时空的"真实"实际上是不存在的。被研究者在被告知的情况下对某一位特定的研究人员所提供的信息在此时此地就是"真实"的。

(三) 材料分析

质的材料分析一般采用归纳法,从原始材料逐步抽象到概念。具体做法丰富多样,常用的

---

① Joseph Macwell, *Qualiiative research Design*, Newbury Park:Sage Publications, USA. 1996.

② Joseph Macwell, *Qualiiative research Design*, Newbury Park:Sage Publications, USA. 1996.

语文教育研究方法

有类别分析和叙述分析。

类别分析将具有相同属性的材料归入同一类别。材料的属性可以从事物的要素、结构、功能、原因等各个层面进行分类。类别可以组成树枝型主从属结构或网状连接性结构。"植根理论"提倡将类别分析分成三个阶段：开放式分析、轴心式分析和选择式分析。[①] 开放型分析要求研究者以一种开放的心态，尽量排除个人的偏见和研究界的定见，将所有的材料按其本身所呈现的属性分类。轴心型分析着重于发现和建立类别之间的各种联系，包括因果关系、时间关系、语义关系等。选择式是在类别中找到一个可以统领所有类别的类别，将所有的研究结果统一在这个类别的范围之内。

这种分阶段分析的方法比较适合建立"植根理论"。其他分析方法的阶段性不是如此分明，也不强调一定要将所有的材料都纳入一个分析框架。事实上，这种做法有可能将一些无法分类，但是对回答研究问题十分重要的材料排除于结果之外。最近质的研究材料分析中兴起的叙述法可以弥补这一不足。叙述法将材料放置于自然情境之中，生动逼真地对事件和人物进行描述和分析。叙述结构可以采纳前因后果排列、时间流动序列、时空回溯、圆周反复等方式。叙述形式包括轮廓勾勒、片段呈现、个案分析等。

在实际的研究过程中，叙述型分析和类别型分析可以结合使用：前者可以为后者补充血肉，后者可以帮前者分清层次和结构。

三、语文教育质的研究的注意事项

质的研究不使用随机抽样的方法，不能像量的研究那样将从样本中得到的结果推广到从中抽样的人群。然而，质的研究的目的不是企图通过对样本的研究而找到一个可以推广的普遍规律，而是对社会现象进行深入细致的研究，再现其本质，从而为处于类似情形的人和事起到一种观照作用，通过认同而达到推广。此外，研究结果可以具有"内部推广度"，即，将在样本中获得的结果推广到样本所包含的情境和时间，将此时此地收集到的信息推广到研究对象所描述的彼时彼地或一个时期。

质的研究特别强调对研究过程的报道和讨论，因为详尽深刻的对方法和研究关系的反省有助于读者了解研究过程，从而对研究的可靠性做出自己的判断。提供丰富的原始材料还可以帮助读者判别结论的真实性。有人将质的研究报告的风格分成五种类型：(1)现实的故事，尽可能真实地再现当事人看问题的观点，从他们的角度使用他们的语言来描述研究结果；(2)坦诚的故事，介绍研究者使用的方法和在研究过程中所做的反省和思考，再现访谈情境和对话片段；(3)印象的故事，详细描写事件发生时的情境和当事人的反应和表情动态；(4)批判的故事，从社会文化大环境对研究结果进行更深入全面的探讨；(5)规范的故事，用研究结果去验证某一理论或研究者自己的某种观念。报告可以将类别表述和叙述体结合起来，类别中穿插有小段故事或事例，叙述结构按类别层次排列。此外，研究报告还应该讨论该研究的理论意

————

① Anselm Strauss Juliet Corbin. Basics of Qualitative Research: Grounded Theory Procedures and Techniques, Newbury Park: Sage Publications, USA, 1990.

义和现实意义,指出研究的不足之处,并提出进一步研究的方向。

语文教育理论的构建必须由观察、分析语文教学实际情形而来。语文教育质的研究方法,重在探究整个语文教学过程而非重视结果,并且注重把语文教育放在特定的情境中研究。语文教育质的研究方法通常是检验研究对象整体而不是部分,叙述语文教育现象而不是量化的引述,引用语文教师的语言而非实验者的语言。

质的研究发端于国外,语文教育研究者在借鉴的同时,应当努力创设出适合于我们国情的本土化的质的研究方法、适合语文学科特点的语文教育化的质的研究方法。

【案例11-1】

诱人的"口袋书":高中生课外阅读的质的研究①

金美君

本研究以中学生阅读的"口袋书"为切入口,试图对中学生课外阅读的行为和意义建构获得解释性的理解,并在做整体的探究与剖析的基础上解读形成其行为和意义的性质与过程,力图使更多的人在阅读故事时,能够共同于思考、建构与批判中达到"视域融合"。

一、问题的提出及研究意义

《中共中央、国务院关于进一步加强和改进未成年人思想道德建设的若干意见》中指出:"未成年人是祖国未来的建设者,是中国特色社会主义事业的接班人。目前,我国18岁以下的未成年人约有3.67亿,占总人口的28%。他们的道德状况如何,直接关系到中华民族的整体素质,关系到国家和民族的命运。"中学阶段是未成年人健康成长的关键时期,也是其世界观、人生观和价值观逐步形成的关键时期。课外阅读有利于开阔中学生视野,关系到中学生的文化积累与心灵成长,在未成年人的思想道德教育中肩负着重要职责,有利于中学生形成正确的"三观"。然而,在现实生活中,我们越来越发现中学生的课外阅读状况很不理想:许多学生阅读的热点是武侠小说、言情小说,一些"口袋书"甚至让他们迷恋到不能自拔的地步。("口袋书"是指一种64开本或小36开的新型袖珍类出版物,因其体积小、便于携带,俗称"口袋书"。分合法和非法两种。非法的"口袋书"有纯文字型的,也有学生喜爱的日本漫画形式,大多由不法书商假冒或伪造港台出版社名义出版,不同的图书共用一个书号,印制粗劣,一个系列包含几十种甚至上百种,里面充斥着色情、暴力、恐怖等各种低级趣味的内容。本文所指的是非法的"口袋书"。)而对中外名著,却说没时间阅读。

作为研究者、观察者,我们是否静下心来用我们的"第三只眼"重新审视中学生,去体验中学生的平凡生活,体会他们选择课外读物的无奈,聆听和关注孩子们自己在说什么、想什么,体验他们生命脉搏中的涌动和激情。我们有必要对中学生课外阅读中日益凸显的问题投入更多的重视和思考。因而,本研究以"口袋书"为切入口,以三位学生(文中以甲、乙、丙为代号)为主要研究对象,通过观察、访谈等方法,为时30天的跟踪调查,试图对高中学生课

---

① 金美君:《诱人的"口袋书":高中生课外阅读的质的研究》,《思想·理论·教育》2005年第12期。

外阅读的行为和意义建构获得解释性的理解,并在做整体探究和剖析的基础上解读形成其行为和意义的性质与过程。

二、研究过程

(一)被访者基本情况

甲同学:女,18岁,独生女;高二某班的英语课代表,校学生会主席;能歌善舞,活泼开朗;学习成绩数一数二,年年都被评为"三好学生"、"优秀团干部"。

乙同学:男,18岁;不善言语,比较内向,各方面表现都让人放心,做事主动;学习刻苦,特别擅长写作,成绩中等稳定。

丙同学:男,19岁;一个经常制造事端,令家长、老师无奈的学生,打架、逃学、处分样样少不了他;父母忙于做生意,很少有时间管他,跟爷爷奶奶一起生活;贪玩好动,讲"哥们"义气,自我克制力较弱。

(二)研究时间

本次研究前后共历时30天。大部分时间选择在他们放学后,有时在午休或课间。

(三)研究方法

本次研究使用实地体验、开放型访谈(包括单独访谈和集体访谈两种形式)、参与型和非参与型观察、问卷等方法。访谈每天都在进行,每次谈话的时间视情况而定,在和他们访谈的同时,对他们的老师、同学也做了10次单独访谈、一次集体访谈和一次集体问卷。访谈在征得被访者同意的情况下进行录音,同时做现场速记和观察笔录。问卷采用不记名的方式,尽可能使问卷真实、有效。

(四)资料分析

在实地研究时,研究者一直努力使自己从"局外人"的角色向"局内人"角色转换,尽量用同学们的视角来感受发生在当时情境的一切,避免自己是"从金鱼缸外看金鱼"。这个转换使研究者每一次研究都获得了大量的第一手资料。

三、研究纪事

研究的过程,既是被研究者感性地叙述、回溯、总结自我成长的过程,也是研究者分析、鉴别、思索、提炼的理性思维过程。

(一)进步的阶梯:中学生课外读什么书?

在青少年的成长阶段,多读中外文学、优秀中华人物事迹很有必要,读这些书籍是孩子们了解世界、感悟真理、开启内心世界、升华人格所不可缺少的内容,一本好的书籍可以指引青少年通往智慧的国度。

现在的中学生在看书吗?在看这些好书吗?他们到底在看什么样的书呢?为此,我们设计了以下问题:(1)你是否喜欢读课外书?(2)你在读课外书时遇到的最大困难是什么?(3)你平时读的课外书中最多的是什么种类的书?带着这些问题,我们就高中生的课外阅读情况,对甲、乙、丙三人进行了访谈,并对他们所在的高二某班全体同学共50人进行了问卷调查。

调查显示,同学们所读的课外书籍涉及面较广,有小说、散文、诗歌、科普读物、报刊、名著等。从阅读情况来看,有近90%的学生课外阅读的首选读物是网络小说、科幻小说或漫画书等;有10.7%的学生表示他们只看杂志和报纸,其中《青年文摘》《读者》的读者最多;5%表示只看漫画、言情和侦探小说;8%的学生表示只看些复习、辅导材料;把中外经典作品作为课外阅读首选的学生微乎其微,只有4%的学生说自己平时喜欢读些名著,孩子们似乎忽视了阅读经典著作对他们成长的作用。相当多的孩子表示,漫画书、图文书以及那些解释宇宙与生物奥秘的解秘书是他们的最爱,一些讲述基本电脑知识的书也占了一定的阅读比重。由此我们可以看出,学生中读畅销书的人不少,但专心读名著的学生比例太少,与相对厚重难读的名著相比,轻松、幽默的卡通书似乎更受学生的欢迎。

更值得关注的是,在调查中我们发现,学生中很少有人不知道"口袋书",有相当一部分学生表示自己曾接触过"口袋书",有些学生甚至将其形象地直呼为"小黄书"。当被问及"你是否看过'口袋书'"时,89%的学生表示看过;"你身边的同学看'口袋书'的状况如何?"57%的学生表示很普遍。书名五花八门,无奇不有,《饼干情人》《东宫娇娃》《调戏情人》……充满蛊惑和暗示,随手翻翻便可见大段的暴力以及色情描写,其中还有不少令成年人都脸红的画面和对话,大胆程度令人咋舌。

相对比较内向的乙同学对这一问题谈了他的观点,"可以自由支配的时间本来就少,我就喜欢看些校园小说之类的","可能会看一些娱乐性的杂志,还有一些跟学习有关的课外辅导书"。当被问及"为什么不看些中学生课外名著必读丛书"(书目是从他们语文教师处获得的)时,他的回答与大多数学生的回答大同小异,认为名著虽好,但许多名著太古板了,许多细节读起来很费劲,不像在他们中间流行的小说、漫画那样通俗易懂、贴近生活。另外,课外阅读主要就是紧张学习之余的一种消遣放松的方式,本来时间就紧,哪还有精力去研读名著,再说"有许多名著是可以通过电影、电视了解的"。

也许在学习压力日渐增强的高中学习阶段,真正用于课外阅读的时间很有限,他们采用的是"见缝插针"的阅读形式,选择杂志为主要阅读文本,既是智慧也是无奈的选择。而且大部分学生对于课外阅读是凭自己感觉,缺乏家长、老师必要的指导,他们读书随意性强,喜欢读什么就读什么,碰上什么就读什么。学习上的压力在课外阅读中得以充分释放,这或许也是学生们宣泄压力的一种方式吧。

(二)诱人的草莓:中学生为何喜欢"口袋书"?

调查结果显示,几乎所有人都知道不良"口袋书"的危害,丙同学就深受其害。"它不仅影响了我的学习,也使我在思想上误入歧途"。但是,为什么"口袋书"无处不在、无处不有呢?为什么现在的中学生对它如此着迷呢?我们不禁要思考现在的中学生课外生活是否如孩子们希望的那样丰富多彩、学生对传统的教育方法是否感兴趣、学生对课外读物有多大的选择范围以及老师、家长该怎样进行引导……所有的现象都不是孤立的,简单化的处理往往只会流于表面,只有去了解孩子,与他们沟通,理解他们的所思所想,我们才会找到更好、更全面的解决办法。了解下来,学生离不开"口袋书"的原因主要有以下几种:

1. 携带方便，情节感人

随着我们接触的不断深入，乙同学告诉我说他也时常翻看"口袋书"，他的许多同学都很喜欢这种"口袋本"中的言情故事。"因为'口袋书'携带比较方便，装在书包中不宜被家长、老师发现，上课时还可以夹在课本中阅读。"我们也发现，口袋书一般篇幅都不太长，如果阅读速度快，一本小说用三四个小时就能看完。此外，"口袋书"中的"男女主人公往往颇有魅力，而他们之间一波三折的故事也很吸引人"。当问他是否认为书中有色情、暴力倾向时，他笑了笑说："有些有，不过也有真爱呀，也有纯洁的爱情。"再追问他何时开始看"口袋书"时，他略思考了一下，回答说"大概是初二的时候吧。一开始是别的同学看，当身边的同学纷纷看起'口袋书'时，我也控制不住自己了。当时正是因为禁不住诱惑，所以冒着上课被老师发现的危险想'深入研究'"。或许这正迎合了中学生对爱情朦胧、诗意的向往吧。

2. 学习紧张，压力转移

丙同学则更直接地道出了他的观点：因为学习生活太枯燥了，"现在学习那么紧张，几乎没有什么课余时间，许多同学都感到压力太重，而'口袋书'虽然内容不佳，但看起来却让人感觉很轻松，所以难免就会有些同学喜欢它，甚至于沉溺其中了"。当问到"老师有没有给你们推荐一些有教育意义的书"时，他马上就说："当然有呀，老师整天要我们看什么名著呀、人物传记啦……天天听这些，我脑袋都大了。那些'大部头'也不能说不好，可我有时间看吗？每天作业都做得昏天黑地的。咱只能趁课间休息的时候，随手翻翻那些课本以外的书。'口袋书'便于携带，内容还挺吸引人……看后又不用绞尽脑汁去谈感受、写感想。在那小小的书中，我们才能找到自己的天地，才可以稍微陶醉一把。"

3. 价格便宜，宣泄情感

对于成绩优秀的甲同学来说，由于家庭管教严格，她本人学习自觉性较高，在父母、老师眼里，她是个乖孩子、好学生。"你看过'口袋书'吗？"她说学校功课紧张，她自己很少有时间看，但是"口袋书"在同学中还是比较受欢迎的，她也会偶尔翻翻。她说，"大部分同学都看吧，反正我们班有很多人喜欢，有些同学不仅利用课间休息的时间阅读，甚至还在课堂上偷看。虽然老师发现后会没收并进行批评，但还是起不了什么作用"。顿了顿，她又补充说"再说它价格便宜呀，一本新上市的5个故事的合订本仅售4元多，一般也就2—3元一本，而在书屋租借一本'口袋书'一天的价格只要5角钱就够了，而书店里的书却那么贵。"我有些疑惑，好学生也对口袋书那么熟悉，于是说到"你各方面都那么优秀，我们很难把你与口袋书联系在一起"。她犹豫了一下，缓缓说道"那都是表面现象。别看我一步一步走得很顺，老师喜欢，家长放心，似乎无忧无虑的。可他们（指父母、老师）绝对想不到我曾经去找过心理医生，倾诉过内心的孤独和焦虑……回首这么多年求学的时光，我最深切的感受是父母、老师都把我们当成学习机器，很少关注我们的内心世界，阅读'口袋书'纯粹是为了宣泄一下情感……"

我们的教育过于关注学生的"知识世界"，而较少关注学生的"生活世界"和"个人世界"，以致学生体验不到学习对于他们个人的意义。学习文化知识是学生的主业，但是学习毕竟代替不了休闲和娱乐,也代替不了学生情感的需求。可以说,不良"口袋书"正是钻了学生缺乏休闲娱乐、需要情感宣泄与"生活世界"和"个人世界"没有得到很好关注的空子。对于"你们喜欢看'口袋书'的原因是什么"问题(可多选),学生的选择依次是因为价格便宜(34%),同学看也跟着看(31%),内容刺激又好看(39%),书里描写了一种自己感受不到的生活,很向往(46%)。此外,青少年时期正是一个人成长的重要时期,生理、心理都处于成长发育阶段,对外界事物好奇,模仿心理强,不良"口袋书"迎合了青春期少男少女对爱情的好奇心理,语言也简单肤浅,大部分"口袋书"是以漫画的形式出现的,学生们普遍"看得懂";又因为体积小,方便携带(48%),隐蔽性强。具备了这些特点,它在学生中如此盛行就完全可以理解了。

有学生将高中生活编成"酸、甜、苦、辣"四部曲,"酸"、"苦"、"辣"都写得有滋有味,一谈到"甜"就写得非常艰难,而且"甜"中带"苦","甜"中带酸⋯⋯当家长们忙于前途顾不上孩子的时候,当有人不断给孩子制造"口袋书"等文化垃圾时,我们怎么要求孩子出淤泥而不染呢?学校课业任务繁重,竞争激烈,而家庭、学校、社会眼睛多是盯着文化知识教育,把心思用在让孩子提高成绩、考进名牌大学上,忽视了学生的心理健康和精神需求,使学生的精神压力越来越大,学生就会寻找各种途径缓解心理压力,看"口袋书"从某种角度讲也是学生缓解压力的方式。

(三) 开卷有益:"口袋书,带来了什么?"

诗人普希金曾说过:"人的影响短暂而微弱,书的影响则广泛而深远。"书籍对人的影响是潜移默化的。书的王国就像百草丛生、百花齐放的花园,有香花也有毒草。好书是人类进步的阶梯,坏书则是人类堕落的滑梯。是否可以说,坏书或无价值的书是人类进步的陷阱或不牢靠的阶梯?"口袋书"给中学生带来的又会是什么呢?是否真的像有的同学所说的那样"不就一本书嘛,有什么了不起的,大家都在看"?

广大教师对此充满了担忧。当问及"您对'口袋书'的内容如何看"时,37%的老师表示"口袋书"的内容极其不健康,低俗、下流;39%表示"口袋书"中描写不现实情爱的情节太多,对青少年德育不利;24%表示"口袋书"的内容无可学之处。"您的学生读了'口袋书'后,有哪些变化呢?(可多选)"70%的老师表示最明显的表现是学习成绩下降;46%表示学生变得行为鲁莽、脾气暴躁;59%表示"早恋"现象越来越严重,由此引发的早孕、人身伤害等问题也越来越多;48%表示学生越来越不好管理。同时他们还指出,由于"口袋书"大多印刷粗劣,经常阅读这种读物的青少年视力会明显下降。该如何解决呢?表示只能通过教育方式,动之以情、晓之以理的老师占54%;表示一般会采取与家长联手强制的措施控制学生的占29%;表示寄希望于学生自觉的只有17%。调查中,98%的老师希望有关部门严肃查处不法人员,狠抓狠罚,有效净化青少年读物市场。

充满色情和暴力色彩、流行在学生中的"口袋书"仿佛精神鸦片一般,不仅影响了学生的学业,更扭曲了他们对世界、对人生的科学态度,使中学生的世界观、人生观和价值观出现变形。现在有些孩子相当冷漠,甚至到了"铁石心肠"的地步,这与充斥色情、暴力及不良低俗内容的"口袋书"泛滥成灾息息相关，是未成年人犯罪行为逐年上升的原因之一。

应该清醒地认识到，孩子们喜欢的畅销书未必都是优良读物，"开卷"未必有益！书海茫茫，良莠杂陈，珠石兼有。只有开的"卷"既属于上佳精神食粮，又适合青少年口味，开"卷"才能有益。

四、研究者的反思

（一）故事还在进行

"课外阅读"的故事，在过去、现在和将来都会随着它自身的脚步进行着，我们希望形势因我们这些"局外人"的进入而发生改变，那么这短暂的30天实地研究也就成了这些故事中的一部分了。这中间有彼此之间的聆听和倾诉、交流与融合。因此，我们在撰写本文时，一直怀着沉重的心情，把在现场中收集到的、记录下来的用叙事的方式呈现出来，力图从原始材料中直接截取其中的片断，而不用"合成"的手法；一直努力用多元的声音、多维度的镜头让故事的本身去叙述，力图使平凡的事物变得更加清晰，力图使更多的人在阅读故事时，能够共同于思考、建构与批判中达到"视域融合"。

（二）反思中的结论

诗人但丁说过，一个知识不全的人可以用道德去弥补，而一个道德不全的人却难用知识去弥补。教育的首要任务是德育，培养一个人首先要让其具有良好的思想，这是人人皆知的道理。

书是伴随人一生、终生受用的宝物。课外阅读不只是中学生自己的事情，今天的孩子就是明天的主人，它不仅关涉着一代人的素质和命运，而且攸关一个国家和民族的未来。我们无意把中学生的课外阅读情况刻意恶化，但也由此看出情况不容乐观。需要社会各界共同担负起责任。我们要开辟一条让青少年身心能够健康自由发展的"绿色通道"，消灭不良"口袋书"，除了执法部门的打击和家长、老师的封锁外，还必须尽快改变教育方式、加强文化市场管理、丰富文艺创作，将干巴巴的说教通过高超而又自然的艺术手段体现出来，使优良的中学生图书变得"好玩"；同时改变优秀传统书籍的古板面孔，以"口袋书"的体积和价格，加注有时代意义的新鲜文化血液，必然会引发广大中学生的阅读欲望；再者营造良好的读书氛围，创造条件方便学生阅读，做到让积极向上、健康有益的文娱活动充实中学生的课堂内外。毕竟"天地间第一人品，还是读书。"（语出[清]金缨《格言联璧》）

人们常说，孩子的心灵是一块奇妙的土地，看你播下什么样的种子。无数人的成长历程都在验证这样一个朴素的道理：播下一粒思想的种子，就会收获行为的果实；播下一粒行为的种子，就会收获习惯的果实；播下一粒习惯的种子，就会收获性格的果实；播下一粒性格的种子，就会收获命运的果实。我们需要通过课外阅读，在千千万万块中学生这奇妙的土地上播种好思想的种子，然后开始收获行为的果实、习惯的果实、性格的果实和我们国家命运的果实。

思考与练习

1. 什么是语文教育质的研究法?

2. 质的研究发端于国外,你认为如何使其本土化、"语文教育化"?

3. 举例说明应如何开展语文教育质的研究。

第十二章　语文教育案例研究方法

教育是一项系统工程,涉及到许多复杂的问题。教育工作者要恰当地解决这些问题,往往需要对在具体环境中的不同因素是如何相互作用的进行整体研究。教育案例研究能够对高度复杂的教育问题的解决提供有益的启示,而这些启示是实验性的研究所不能提供的。

第一节　语文教育案例研究方法概述

一、教育案例研究的缘起

案例和案例研究(包括案例教学)是 19 世纪末 20 世纪初在西方兴盛起来的一种研究方法。19 世纪 70 年代最早被运用于哈佛法学院,后来依次被运用于哈佛医学院、商学院和教育学院。20 世纪初以来,案例研究思想使西方的教师教育受益匪浅,特别是 20 世纪 80 年代以来,案例研究再度进入兴盛时期,有学者甚至在 20 世纪 80 年代末预测 90 年代将是"案例的十年"[1]。跨入新世纪后,随着我国教育改革的深入尤其是新一轮课程改革的推进,案例的价值已经愈来愈为我们所认识,案例及案例研究已经渐渐成为我国教育理论与实践领域一道亮丽的风景线。

对于案例,大部分研究者把它定义为:案例是一种描写性的研究文本,通常以叙事的形式呈现,它基于真实的生活情境或事件。案例总是试图比较客观而多维地承载事件发生的背景、参与者等信息,力求情境的真实性。该定义重申了案例的三大要素:首先,案例必须是真实的;其次,案例总是基于仔细而又认真的研究;再次,案例应该能够培养案例使用者形成观点多元化的能力。案例使用的目的有两个层次:一是案例作为例证。其目的是建构某一特定的教育理论知识,尤其是建构新理论。案例提供了分析问题、同化不同观点和考量行动的机会,案例展示了需要进行问题识别与问题分析做出行为决策的情境,因此可以用来进行模拟决策和问题解决。二是案例作为个人教学反思的催化剂。这里所强调的是教师个人内省及其专业知识的发展。

二、语文教育案例研究的内涵

"案例"一词源自英文 case,又被译为个案、实例、个例、事例,是一种通过引入情境,引起分析、演绎、推断、归纳,最终解决实际问题的事件的描述。我国学者顾泠沅认为:"所谓案例是指

---

① S. S. Wineberg, A Case of pedagogieal Failure: My Own, Journal of Teacher Education. 1991,42.

包含有某些决策或疑难问题的教学情境故事,这些故事反映了典型的教学思考力水平及其保持、下降或达成等现象。"①李忠如则说:"一个案例就是一个包含有疑难问题的实际情境的描述,是一个教育实践过程中的故事,描述的是教学过程中意料之外、情理之中的事。"②郑金洲认为:"一个案例就是一个实际情境的描述,在这个情境中,包含有一个或多个疑难问题,同时也可能包含有解决这些问题的方法。"③案例总是试图比较客观而又多维地承载事件发生的背景、参与者等信息,力求情境的真实性。人们编制案例的目的是为了进行充分的讨论,案例力图包含大量的细节和信息,以引发持有不同观点的案例使用者进行主动的分析和解读。综上所述,案例在其内容上有这样几个鲜明的特征:一是发生的事件。案例展示的都是一个又一个的事件,作为事件,就不能是对事物的静态的描述,而应展示事件演进的过程。二是事件中包含有问题或疑难在内。换言之,只有那些含有问题、矛盾、对立、冲突在内的事件才有可能构成为案例,简单的"白开水式"没有问题在内的事件,不能称之为案例。三是事件具有典型性。通过这个事件,可以反映一定问题,可以在一定程度上说明类似的情况,可以给案例阅读者带来这样或那样的启示。四是事件是真实发生的。案例读起来生动有趣,像一个故事一样,但这样的故事必须是真实发生的,杜撰出来的故事即使再有趣,也不能称之为案例。

语文教育案例是将语文课堂中发生的真实故事坦率地、中立地、可读性非常强地加以叙述、描写,是引起语文教师在实际教育中的喜、怒、哀、乐的一系列语文教育事件,其间包含语文教师的心理活动、观念的冲撞等。这些事件足以引发语文教师思考和讨论,是蕴含着语文教育理论的典型事例。

语文教育案例研究法,是以叙事为主要方式对特定语文情境及其意义进行描述和诠释的研究方法。语文教育案例研究作为一种研究方法,在语文教育研究领域中有其独特的价值,并发挥着重要的作用和影响。

三、语文教育案例研究的特征

与以往常见的研究手段和方式(如做课题、写论文)相比,语文教育案例研究有几个鲜明的特征。

(一) 从研究的目的看,是以案例诠释理念,解决语文教学问题

语文教育案例研究侧重于语文教师以案例诠释理念,解决语文教学问题。一方面,语文教师注重持续不断地改进自己的实践,并通过案例研究选择自己的典型教育事件,进而对其进行系统的分析和总结。语文教育案例研究强调在改进实践质量的基础上把研究成果付诸文本,这一过程将使语文教师理性分析更为自觉、更加深刻。案例研究帮助语文教师省察教育理论与他们自己日复一日的语文教育实践之间的联系,帮助教师成为研究者,借助研究解决教学实践中的问题。另一方面,语文教师进行案例研究就是把教育教学过程中发生的事件用案例的形式表现出来,并对此进行分析、研究、探讨的一系列思维加工过程。语文教师的案例研

① 顾泠沅:《教学任务与案例分析》,《上海教育科研》2001 年第 3 期。
② 李忠如:《试论课堂教学案例的基本理论和实践》,《教育理论与实践》2001 年第 4 期。
③ 郑金洲:《案例教学指南》,华东师范大学出版社 2000 年版,第 1 页。

究能够帮助自己以研究的思路和视角来看待自己的教育教学工作,也能够促使其他教师通过案例理解理念,解决教学问题。一位语文教师的优秀案例研究中生动形象的感性事例和深入浅出的理性分析,容易引起处于相同职业背景的其他教师的共鸣,激起其他教师思考和判断该教师的具体做法和得出的总结是否得当,换位思考假如自己处于该情景中将会怎样做、怎样想,反思自己在以往的类似情景中是如何做的,与该教师相比较有什么优点和不足。案例可以从不同角度反映研究者的行为、态度和思想理念,提出解决问题的思路和例证。

(二) 从研究的主体来看,语文教师作为研究者

作为研究者的语文教师,工作和研究是融合的,而不是分割的。语文教育案例研究与语文教师个体的教育实践过程有着密不可分的关系,因而比较有利于语文教师作为研究者发挥其主体性作用。在研究内容和对象上,以自己和自己身边的人和事为主,个人亲历的感受是语文教师案例研究的主要资源。在研究人员的组成上,以个人独立研究为主,在独立研究的基础上,开展个体间的交流和集体研究。语文教育案例研究以语文教师的日常工作为基础,在语文教师个体的经验背景中展开,因而使语文教师作为研究者的主体性的发挥有了一个广泛的依托,有助于激发语文教师进行研究的主动性、积极性和创造性。

案例研究的过程是一个从发现问题到解决问题的过程,这一过程的意义在于语文教师经历学习和解决问题的乐趣,以及在获得了自我引导的学习技能的同时,他们积极的情感和良好的意志品质得到了很好的培养,他们将可能立志探究更具挑战性的任务,达到案例创新的效果。而这一点,也正是语文教师作为研究者向高境界发展的阶梯。

(三) 从研究的内容看,是对语文教育实践情境进行观察与思考

案例的内涵是极其丰富的。通过叙事和描述,案例反映了教育情境中大量的生动的细节和信息。这种反映是整体的、动态的、形象的、真实的,它比较完整地提供了研究者对于有关事件的经历和经验,因而有助于人们以直观的具体的方式来认识和把握特定的事件。以鲜活的叙事取代抽象的说理,是语文教育案例研究不同于其他研究的基本特征,也是语文教育案例研究独特的价值和功能。语文教育案例研究是把自然情景下发生的真实事件作为研究的第一手资料,是在自然、真实的语文教育情境中展开研究,语文教育案例研究者首先需要进入一种语文教育情境,强调根据特定的时空情景解释某一事件,而不抽象地考虑问题,作出结论。语文教育案例研究不同于经院式的思辨研究,它要求语文教师走向课堂,走进学生中间,通过实地考察、亲身体验、访谈交流等,获取第一手翔实的资料。

案例对语文教育实践的反映又是简约的。语文教育案例研究不是对语文教育情境的简单复制,而是从特定的视角对所关注的人和事进行的观察与思考;语文教育案例研究反映的是经过研究者选择加工的特定情境,它不是实况录像,而是一部经过精心剪辑的记录片。因此,语文教育案例研究需要有一定的主题,并围绕主题来对实践情境中大量的信息进行筛选、建构及表达,叙事需要建立在一定的思考基础之上。

(四) 从研究的方法上看,重在说明而不是证明

与以往常用的一些研究方法有所不同,语文教育案例研究不再处于纯粹客观的状态。从研究的目的和方法上看,语文教育案例研究重在说明而不是证明,它带有一定的主观性。教育

案例的研究者不是置身事外的观察员，不是为了公正、客观、科学地证明某种理论或假设的正确性。教育案例的研究者是现场的参与者和当事人，他并不掩饰自己的价值观和倾向性，他的观点、立场、态度，通过视角的选择和情感的表达得以强化和放大，表现了研究的主观倾向。这种主观表达的价值在于，对于一个情境和事件，可以给予不同的解释和说明，并揭示这种解释说明的心理依据。语文教育情境是十分复杂的，怎样理解教育行为的合理性和有效性，语文教育案例研究并不是给出一个标准答案，而是提出了可供参考的各种可能性及其内在逻辑。

在语文教育案例研究中，语文教师往往处于一种"当事人"的地位，对所经历的事件具有深切的感受和体验，因而往往表达出强烈的情感倾向。这种情感表达生发出一种感染力，使案例的读者比较容易进入情境，与研究者分享此时此地的感受和思考。案例研究的主体性和情境性，使研究者与读者的沟通建立在十分相似的经验背景和思想基础之上，情感表达促成了思想的共鸣，这也是案例研究这种形式易于为广大教师所接受的重要原因。

第二节　语文教育案例研究方法的运用

一、语文教育案例研究的结构要素

案例是事件，是对教育教学过程中实际情况的描述，案例讲述的应该是一个个的教学事件，叙述的是事件产生、发展的历程，是对事物或现象的动态性的把握。一个完整的案例一般应由标题、引言、案例背景、案例描述（问题与问题解决）、案例分析（反思与讨论）、附录等部分构成。当然，在撰写具体案例时并非千篇一律，只有一种情境、一个模式。而是可以灵活多样的，如："案例背景——案例描述——案例分析"、"案例过程——案例反思"、"课例——问题——分析"、"主题与背景——情景描述——问题讨论——诠释与研究"等。下面我们以蔡晓秋老师的案例研究为例对案例的结构要素作一介绍。[①]

（一）标题

案例的标题是反映事件的主题或体貌的。一般地说，案例有两种确定标题的方式：一是以事件定标题，即用案例中的突出实践活动作为标题，如"阅读教学中意识与能力的培养"；二是用主题定标题，把事件中包含的主题分析出来，作为案例的标题，如"任凭弱水三千，我只取一瓢饮——新课标下高中语文课堂教学目标定位案例"。前者展示事件，吸引读者进一步了解相关的信息；后者反映主题，能使读者把握事件要说明的是什么问题。

（二）引言

引言也可以说成是开场白，一般有一两段话就可以了。主要描述一下事件的大致场景，隐晦地反映事件可能涉及的主题。如：

---

① 蔡晓秋：《任凭弱水三千，我只取一瓢饮——新课标下高中语文课堂教学目标定位案例》，《今日科苑》2007 年第 12 期。

语文新"课标"把能否提高学生能力和创新意识作为检验课堂教学效果的一条重要标准。把积极倡导自主、合作、探究的学习方式作为课堂教学的一条重要理念。要达到这一目的,笔者认为教师处理的课堂定位很重要。本事例中蔡老师设定的主题为,从文本核心思想出发,结合学生学情确定最合适最利于学生发展的教学目标,给学生以最佳的定位。引言部分很自然引出背景与问题介绍。

(三) 案例背景

案例背景一般简要介绍案例发生的时间、地点、人物等基本情况,交代案例研究的方法与主题等。在案例研究中,对背景的交代之所以重要,是因为对案例中问题解决方法的分析与评价离不开背景,完整地把握事件的原委离不开背景。背景的叙述可分为两个组成部分:间接背景和直接背景。间接背景是与事件相关但关系程度并不直接的背景。如:

在新课程理念下,课堂教学要求以学生为主体的呼声更是强烈,这就需要教师在课堂上给学生留更多一些自主的时间。如此一来,在对教材的处理上需要教学目标更明确、讨论更集中。所以,虽说仍然要考虑三维目标,但在具体的落实上不妨大刀阔斧,根据学生的学情和基础只选取其中最有利于提高学生能力和增加学生学识的一个方面乃至一点作深入的探究,留更多的空白给学生作课外的延伸,这也是符合学生自主探究学习的需要的。再者,新一轮的教材采用的是一学期两本教材,比之原版教材多了近一倍的教学内容,其设置理念是本着增加学生的阅读量,使得学生在校期间能扩大知识面,优化知识建构,作更丰厚的最基础的积累。这在课堂教学上就意味着更是缩短了课时。相应地,教师在对教材的处理上就更需要对教学目标作新的定位了。

直接背景是直接引导事件发生与事件联系极为密切的背景。如:

2006 年 5 月 18 日,市里"教坛新秀送教下乡活动"在我们学校展开,其中一节课上的是"说'木叶'"。

该开课老师在重点的确定上应该说还是有所选择的,对 1—3 段略讲,主要采用筛选信息的方式完成了对"古代诗歌现象"的探讨,而把重心放在 4—6 段,即分析诗歌语言的暗示性,这正是本文的教学重点和难点。她围绕"木"与"树"的不同暗示,设计了两个方面的探讨:一、高树与高木;二、木的特征。讨论很是细致,采用了多种教学手段,可以说是深入浅出了,但是随后她就直接扔出了总结性的问题"作者发出了怎样的感慨"。学生一时还没有反应过来,不能很顺利地找到课文的最后一段中的相关描述,后来教师作了再三的暗示才算是完成了任务。而这时离下课已经只有两分钟,于是拓展练习只好匆匆收场了事。

在直接背景与间接背景的描述上,一般间接背景在前,略写;而直接背景在后,详写。这个案例既有直接的背景介绍又有间接的背景描述。

(四) 案例描述

案例描述是案例的重要组成部分,主要是描述课堂教学活动的情景,即把课堂教学过程或其中的某一个片段像讲故事一样具体生动地描述出来,具体的描述形式可以是一连串问答式的对话,也可以用一种有趣的、引人入胜的方式来进行故事化叙述。案例描述不能杜撰,它应来源于教师真实的经验、面对的问题,当然必要时也可以适当调整与改编,以更好地围绕主题并凸显问题的焦点。

在描述方式上有这样几个基本的要求:一是事例的描述中要包括有一定的冲突;二是事例的描述要具体、明确,不应是对事情大体如何的笼统描述,也不应是对事情所具有的总体特征所作的抽象化的、概括化的说明;三是描述中要把事例置于一个时空框架之中,也就是要说明故事发生的时间、地点等;四是事例的描述,要能反映出教育教学工作的复杂性,揭示出人物的内心世界,如态度、动机、需要等;五是事例的描述要能反映出故事发生的特定的背景。[①]

案例描述的重点是有关问题与问题解决的描述。案例写作之所以与其他文体不同,一个突出的特点就在于它对事实记叙的详细,对问题解决过程进行细致描述。当然,在教育教学中也会遇到一些尚未解决的问题,把这样的问题形成案例时,虽然真实的解决问题的过程还未出现,但可以把解决问题的种种设想和打算罗列出来,以供读者参与评论。如:

> 评课的时候,我们的教研员老师在表示肯定的同时也给出了中肯的意见:关于"木"与"树"的区别,文本表述明白清楚,学生自能阅读,而老师却在这一点上设计了三个步骤来完成对这一目标的理解,未免浅文深教了。他所说的"浅文深教"应该指的是简单的教学点而非全文,而我想到的是既然重点和难点的确定是正确的,为什么还会出现像教研员老师所指出的问题? 而且学生不能回答老师所问的结论的原因又在哪里? 思考再三,原来原因在于文本中诗歌语言的暗示性相对来说还是一个比较大的概念范畴,如果要讲得深讲得透还需确定更精细的目标,而老师对第六段的处理仍旧只抓住"木"与"树",而没有区别比较此段中作者所区别的丰富的意象"黄叶""落叶"与"落木",所以学生未能顺利地领悟到作者所发出的感慨"不过是一字之差……然而到了艺术形象的领域,这里的差别就几乎是一字千里",而这恰恰是本文的内涵可以适当延伸拓展的地方。
>
> 我之所以这么说,还另有两个理由。一是课后练习中,有关梅在三首不同诗歌中所蕴含的不同感情的鉴赏也正是基于梅在不同诗歌中的不同艺术形象而言的。二是《教参》有关资料补充的两篇文章,其一是有关诗歌意象的诠释,其二是诗歌中几个常见的意象举例,如"青草"等。如此看来,这位老师在确定教学目标的时候犯了一个小小的错误,即对文本未作深入的理解,同时未能根据学生具体情况和思维特点作一定的预设,也就是说在对教学目标的确定和突破上还应该有一个更具体的定位的问题,是基于文本核心思想

① Richert, A. E. *Case Methods and Teacher Education: Using Cases to Teach Teacher Inflection*, in Tabaxhnich, B. R. etal. (des.). *Issues and practices in oriented teacher education*, 1991.

与学生学情基础上的定位问题,是教学目标中的三维如何能更集中能更突出的定位问题。教师设计何种教学方法,通过哪些教学步骤来突破重点难点,都必须考虑这个定位问题。

(五)案例分析

案例是由工作生活在教育教学第一线的教师自己完成的,撰写案例的过程,也就是对自己解决问题的心路历程进行再分析的过程,同时也是梳理自己相关经验和教训的过程。因而,系统地反思自身的教育教学行为,对于提升教育智慧、形成自己解决教育教学问题的独特艺术是至关重要的。如:

由这个案例进一步延伸,我们很自然会想到,为了把课堂还给学生,为了实现"带着学生走向教材"的新课标理念,必须重新调整制定教学目标的原则和理念,思考一些新的策略——"任凭弱水三千,我只取一瓢饮"。以下谈谈我所想到的几点。

第一,钻研文本,剥去华丽的外衣直触文本精髓。文学作品作为文学的范畴自然多多少少带有修饰的成分,除去一些应用文之外,有明显文学色彩的作品往往会让我们迷惑于它的外表,对于学生来讲尤其如此,所以作为起引领作用的教师,其在制定教学目标的时候就要考虑这一现象,努力指引学生发现作品的核心思想。《庄周买水》是一篇针砭时事的杂文,但作为文字形式,更可能被故事的生动所掩盖。所以教师要寻找合适的切入点,不妨定位于"在文字中寻找背景的影子",以第一段为切入点,设计问题"什么潮流不可阻挡",利用文字来寻找背景。

第二,以学生为主体,参考学生阅读中存在的问题,完成师者"答疑解惑"的职责。多年来我们一直提倡以学生为主体,但在实践教学中我们往往以种种理由为借口,教师过多地参与了教学,从设计到实施,而现在,新课标再一次把议程提到了桌面,我们何不借着这一缕春风,在制定教学目标的时候就考虑学生在阅读过程中发现的问题?《在马克思墓前的讲话》一文若从体裁上讲是议论文,如果作为议论文教学会不会丢失营养含量?或者如果把它作为演讲稿来讲又会怎样?又或者把重点放在马克思人格的伟大和影响的广泛上又会怎样?而这些,如果你要问学生,学生的回答是"似乎都知道",那么我们还有没有必要去深讲?于是好思考的学生的一句看似不经意的话也应该引起我们的注意"为什么文中看不到很悲伤的情愫",于是我们不妨定位于"刚性文章中的温柔打动"。

第三,要创新,要个性化,突出文学作品作为文学的元素。语文课应该有语文的特色,它不应该仅仅限于工具书,它的魅力更应该在于带给人人文、音韵、情感等各方面的艺术熏陶,所以不妨放开手脚,给学生以更多的文学涵养。《故都的秋》的一般上法是让学生描绘几幅图,然后回到最基本的特点"形散神不散"。那么神到底是什么?细思量,原来是作者作为文人的敏感、细腻的内心世界,如此教学目标可以定位为"文见其人,言为心声——走进郁达夫的心灵世界"。这样,在教法上也可以作相应的调整,抓住文中能充分体现作者敏感内心的语句来分析,如针对"租一椽破屋来住……"设计问题"为什么不是租高级宾馆"。

（六）附录

并不是每个案例都有"附录"部分，是否安排"附录"，要视案例的具体情况而定。"附录"中的内容，是对正文中的主题有补充说明作用的材料，若放在正文中，会因篇幅过长等问题影响正文的叙述。

上述案例包含的内容是案例的形式结构，不是每篇案例的结构都按上述几部分确定，只要在案例相关内容的叙述上考虑到以上几方面并按照一定的逻辑结构加以组合就可以了。

二、语文教育案例研究的一般程序

（一）选择有价值的案例

对于教师来说，案例总是试图比较客观而又多维地承载事件发生的背景、参与者等信息，力求情境的真实性。人们编制案例的目的是为了进行充分的讨论，案例力图包含大量的细节和信息，以引发持有不同观点的案例使用者进行主动的分析和解读。案例要建立在现实的基础之上，能够使教师面对真实而典型的问题进行探究、分析和考量。案例研究的质量高低首先取决于是否选择有价值的案例。

1. 在观察体验中寻找案例

语文教师在研究状态下实施教学过程，留心观察学生的言行。在案例研究过程中，教师是以专业研究人员的角色进入教学，课堂就是研究场所，教师要在研究状态下实施教学计划，在教学过程中观察、分析，让整个教学过程成为一个活的教学案例。教学中，要观察学生的言行，特别是关注与众不同的声音、行为以及思维方式。其实，课堂每天都有精彩，或闪光或缺憾，关键看我们有没有敏锐的洞察力，善不善于从身边或亲历的平凡、平淡的事例中捕捉到新奇。特别值得一提的是，"观察"不仅仅是用眼睛看、用耳朵听，更重要的是用心去体验，用心去认识学生及课堂教学中的事，用情感、意识、思考去触摸事物的本质。例如，一位小学语文教师教学《小雨点》（人教课标版小学语文第一册）。课堂上，她让学生边读书边表演，教师观察发现，当大多数学生都用手比画斜斜的雨丝时，一个学生却在那儿蹦蹦跳跳。教师走过去，亲切地问她：你是小雨点吗？为什么蹦蹦跳跳的呢？她一本正经地说："我是落在水泥地上的水滴，溅起了无数小水花！"多么天真而有灵性的话语。试想，如果教师没有留心观察学生的学习行为，没有让她反馈思维过程，教学岂能如此美丽？这种观察与体验还能保证案例的真实性。案例必须是一个真实的教育事件。为了突出主题，可以在叙述中对案例作一定的详略处理，但不能杜撰或演绎。

2. 在分析评价中选择案例

关注自身的教学需要与困惑，带着问题走进课堂。案例研究如果不关注真实的课堂的教学需要与困惑，那就纯粹属于"开发"，即使很精彩，那也只是纸上谈兵。教学中的真实困惑才是案例研究的切入点。我们要经常抽点儿空，想想：这一段时间我一直在关注哪些课堂教学中的问题？哪些问题比较棘手？选择哪一课尝试解决问题？对于听课者来说，则要带着问题观察教师的教学行为，包括教学语言、教学内容呈现方式、教学情境的创设或者是教师启发点拨行为等。例如，有位老师最近在思考一个这样的问题：教学参考中对文本的主题

語文教育研究方法

思想的表述是否真的符合孩子的认知水平或认知需要？为此，听课或钻研教材时就会特别注意这一块内容。比如《麻雀》（人教课标版小学语文第八册）一文，教参中提示的思想情感目标是"教育学生懂得爱护弱小"。然而，该教师认为，通过这篇课文，从麻雀身上可以感悟到"母爱的伟大及力量"。通过对课堂案例的分析与评价，使选择的案例具有一定的代表性，所反映的问题应该是其他教师在语文教育实践中也很可能遇到的，或正困扰着其他教师的问题。

3. 在反思总结中形成案例

在教学情境中即兴反思，及时改进课堂教学行为。教学情境中通常不允许教师停顿下来进行反思，分析情况，仔细考虑各种可能的选择，决定最佳的方案，然后付诸行动。因此，教师要善于在教学情境中将反思与教学行动融为一体，即教中思，思中教。我们把这样的反思叫即兴反思，即兴反思需要教师在课堂上"一心多用"，既要想到自己预设的教学程序，又要关注课堂教学中学生的认知水平和生成的真实需要，还要对照新课程理念反思教学行为，及时调整教学进程，改变教学策略。这种反思还可以表现为教师提出了别人还没有明确的问题，但更表现在教师运用了别人还没有运用过的策略和方法并很好地解决了问题，或在此基础上提出了新的假说。

教师的案例研究成果需要写成文章，但教师的案例研究文章不仅是"写"出来的，更是"做"出来的。要选择优秀的案例，教师就必须对自己的教育实践问题具有高度的敏感性和创造性，善于发现和创造性地解决问题，善于运用观察、访谈和现代技术等手段搜集案例资料，积累案例研究素材。

（二）开展有效的案例研究

教师的案例研究不仅仅为了追求一个结果，更需要一个过程。中小学教师在教育教学实践中关注自己感兴趣的问题，进而开展案例研究，并获得某种形式的成果（如案例研究报告的完成或实际问题的解决）。与一些专业研究人员的研究有所不同，教师案例研究的过程与其教育教学的工作过程大体上是同构的，因此，其研究过程不是一个从理念到文本的线性过程（如理论准备——进入现场——搜集资料——编码分析——形成案例），而是一个教育实践与理论思考交错促进的非线性过程。参与案例研究的教师首先把实践中发现的问题以及处理问题的全过程写成"案例"；进而围绕案例展开研讨和分析，在此基础上形成"案例报告"；最后，通过对特殊案例的分析取得新的发现，或通过对同类案例研究，概括出一般性的结论。有效的"案例研究"应抓住以下两个基本环节。

1. 形成教学案例

研究者必须在自然状态下的课堂教学中，捕捉到来自一线的鲜活的教学故事，进行积极的反思，形成教学案例，让它们成为先进理念的载体。教师做的教学案例不仅记叙教学行为，还记录伴随行为而产生的思想、情感及候忽而至的灵感，反映教师在教学活动中遇到的问题、矛盾、困惑，也反映出学生课堂学习的状况。每一个案例的研究均是针对实际教学情景，分析说明一个观点、论证一个问题或提出一种解决问题的思路。

教学案例区别于一般事件的最大特点就在于有明确的问题意识，是围绕教学中的问题来形成案例的。在教学案例研究中,需要讨论问题是如何发生的,问题是什么,问题产生的原因有哪些。这部分内容主要是展示问题。在教学案例形成的初期阶段,可以较为鲜明地提出问题,让读者直接获得有关问题的各种信息;而随着案例研究的深入,则逐渐需要将问题与其他事实材料交织在一起,通过读者的分析再确定问题的所在。用于问题解决的教学案例,能够给读者一种问题的现场感,一种复杂情境的真实再现。教学案例形成后,问题解决就成了重要的一环。这个环节集中反映了教师在教学活动中遇到的问题、矛盾、困惑,及由此产生的想法、思路、对策等,而案例分析是就这些问题和想法开展交流、讨论。

这部分内容在一定程度上是整个案例的主体,要详尽描述,切忌把问题解决简单化、表面化。

2. 教学案例的分析研究

案例总是生动的整体,要深刻认识案例,必须在头脑中把案例分解为各个部分、个别属性或个别方面。分析案例的关键是找出分析的标准或依据,然后剖析成功解决教育实践问题的各种影响因素,并区分出主要因素和次要因素。案例分析主要是运用教育理论对案例作多角度的解读,案例分析的内容可以是对描述的情景谈一些自己的思考或用理论进行阐释,也可以围绕问题展开分析。甚至分析问题解决中出现的反复、挫折,也会涉及问题解决初步成效。

案例研究是对"真实记录"进行分析研究,从而寻找规律或产生问题的根源,进而寻求解决问题和改进工作的方法,或形成新的课题。在反思与讨论的基础上,教师归纳出了一定的结论。案例归纳概括的作用在于使认识由感性上升为理性,由特殊上升为一般。概括案例是从具体教育事件中归纳出结论,这种结论不是统计的普遍性结论,而是"分析的普遍性结论"。概括案例就是以小见大,犹如通过一滴水反映太阳的光辉。教师的实践反思是对具体情境作的理性思考,是对所处的教育情境中的各种因素及其关系(包括教育的对象、条件、措施、效果等方面)的思考与权衡。经常的自觉的实践反思会使零散的教育经验得到梳理。

案例分析研究所得出的结论可以是教师在实践过程中已经认识到并加以具体运用的既有理论,也可以是教师在实践基础上提出的新的假说。无论何种结论,教师都必须紧密结合案例对其进行合乎逻辑的解释和论述。只有这样,案例才更具有理论价值,结论才更具有说服力。

三、语文教育案例研究的具体方法

为了便于研究、撰写和交流案例,有时需要给案例进行分类。根据不同的分类标准,案例可以分为不同的类型。以研究涉及的时空范围为标准,可分为宏观的与微观的。案例研究的对象可以大到一个地区、一个较长时期的教育发展状况,也可以小到一个班级、一节课、一个学生的教育教学问题。按研究的表述方式分,可分为实践描述的与理论分析的。案例研究以叙事为主要方式,一般重在叙述、描写及说明,但也可以从某个特定的情境出发,展开较多的分析和议论。按研究的目的和功能分,可分为理论验证型、问题呈现型、经验分享型、知识产生型等。① 目前比较常见的是以语文教育的内容特点为标准，分为教学设计、教学实践、教学研究三大类。按照不同的内容领域，还可以作次一级的分类。如教学设计类包括课堂教学、课外活动等；教学实践包括阅读教学、口语交际、写作、综合性实践活动等；教学研究包括语文课程、语文教学、语文教材等研究案例。从教师研究的现状和需要看，还可以尝试按特定的研究对象来分类，如分为一节课、一件事、一个人、一次活动等。② 这种分类在逻辑层面上有所交叉，但在一定程度上适应了语文教师的工作特点和研究思路，具有较强的针对性和实践性。因此我们作较为详细介绍。

(一) 一节课的案例研究

课堂教学是学校教育的主要途径，也是语文教师工作和研究的主要内容。一节课作为一个相对完整的教学单位，比较集中地体现了语文教师在日常工作中面临的各种语文教育教学问题，是十分适合语文教师开展案例研究的对象。

语文课的内容是非常丰富的，根据情境的特征和研究的需要，语文教师可以从不同的角度切入，选择和确定恰当的研究范围和研究主题。这些观察和思考的角度包括：一节课的整体教学设计与实施，包括设计思想、基本过程、教学要点、课堂效果等；一节课中的某个环节或侧面，如语文教学过程的特定阶段、教材内容的处理调整、教师的教学行为、学生的学习方式等；课堂上的预设与生成或偶发事件，如学生的关于思想内容的争论、语言点理解的分歧，教师困窘于学生提出的难题等。

作为案例研究的对象和范围，一节课除了课堂教学阶段之外，还应包括课前的准备阶段和课后的评价阶段，即由课前、课中、课后三个部分组成。根据实际情况，可以把三个阶段作为一个完整的教学过程和研究对象，也可以有重点地研究其中的某一部分。如某节公开课前集体备课过程中的争议，或课后评课引发的不同议论和评价，都是很有价值的研究内容。尤其是评课阶段所反映的观点和观念的冲突，对于促进语文教师深入思考问题，提高专业水平，有十分明显的作用。

(二) 一次活动的案例研究

除语文课堂教学外，各种语文课外活动也是语文学习的重要组成部分，包括课外阅读、写作、口语交际等言语实践活动、综合性、研究性学习活动等。与语文课堂教学相比，语文教育课外活动更具开放性、生成性及不确定性的特点。语文教师在组织、开展和指导各种语文活动时，有许多值得研究的问题，如活动的主题设计问题、组织形式问题、资源开发和环境支持问题、学生的自主管理问题、教师的参与指导问题等。

由于语文活动的过程和形态相对比较复杂，语文教师可以通过案例研究来总结提炼语文教改经验，根据工作的需要和实践的体验，对一次活动的基本过程或某个侧面进行描述和分析。如近年来各地开展了语文研究性学习活动的教改试验，在缺乏经验和资料的情况下，通过案例研究提供范例和经验，已成为指导教改的一种主要形式。在教改实验的起始阶段，案例研

---

① 张肇丰：《谈教育案例》，《中国教育学刊》2002 年第 2 期。
② 张肇丰：《试说教师的案例研究》，《课程·教材·教法》2004 年第 8 期。

究偏重于语文研究性学习活动开展的整体设计和基本过程,例如,实施的准备阶段——进入问题情境阶段——实践体验阶段——表达与交流阶段等。当教改实验逐步进入推广和攻坚阶段时,案例研究便开始有重点地关注语文研究性学习活动的个别环节、个别侧面,如各个阶段的主要任务、注意要点、指导策略、评价方法、管理措施,以及教师评价、师资培训、社会资源开发等。

(三) 一件事的案例研究

语文教师工作实际上是由一系列的事件所构成的,学校教育中发生的每一件事都可以说是一个情境。除文化学习外,语文教师还要关心学生成长的全过程。在多彩而又繁复的学校生活中,有一些事情会给人以特别的感受,即使时过境迁,这些事仍会留在记忆的深处,触动人的情感和心灵。关注这些事件,就会发现许多值得思索和研究的内容。例如,一次语文情感教学的对话、一次让经典穿越时空的作文辅导、一次借助美的形象品读哲理散文的课堂教学案例分析、一次成功或失败的对话现场细节反思、一位语文教师面对自己失误或错误的课堂教学场景、一本载满师生对话交流的作文本、一张具有特殊意义的节日贺卡,等等。

选择一件事作为研究的对象和内容,故事的生动感人常常是触发教师研究和写作的起因。这里需要注意的是,"生动"是叙事方式的一个基本特征,它是研究的一个起点,但不应是追求的最终目标。从教师案例研究的角度看,案例研究水平的高低,或者说是衡量好与不好的标准,主要还在于故事所蕴涵的学科教育意义。例如,有的学生受某个球星或歌星的奋斗经历激励,刻苦训练,终于在作文大赛中获得成功。这样的事件固然也有一定的社会意义,却与语文教育没有直接的联系。如果把一个事例作为语文教育案例的研究内容,关注点显然不能局限在学生身上,还要看语文教师在这个过程中起了什么作用。

(四) 一个人的案例研究

语文教育研究也是对人的研究。在学校生活中,作为研究者的语文教师经常会对某些特定的对象予以特别的关注,并产生进一步了解和研究的兴趣。这些人可能是一个语言学习困难的学生,也可能是一个有语言天赋的学生,或者是一个本校或邻校的优秀语文教师。通过对这些对象的研究,教师可以从中发现、体会和借鉴许多有益的、宝贵的语文教育教学经验,如一种语文学习指导方法、一条语文教育原则、一种语文教学风格等。

把一个人作为研究的对象,就需要对他有比较全面的了解,因此往往需要通过几件或一系列的事件来反映。由于人的活动和经历往往是丰富和复杂的,而案例研究受主题和篇幅的限制,反映的事件并不是越多越详细越好,因此,研究者还要依据一定的研究重点和研究对象的特点,选择较有代表性的典型事例来反映研究主题和研究结果。

四、语文教育案例研究的注意事项

语文教学,即使是一节课都包含了非常丰富的内容。语文教师可以从不同的角度切入,选择和确定恰当的研究范围和研究主题。教育教学过程中的一个片断、一个情境、一个现象和一个问题常常能给人以特别的意义,拨动我们的情感和心灵,引发我们的思考和研究。一节课除了课堂教学阶段外,还应该包括课前的备课阶段和课后的评析阶段。例如,课前备课过程中的变化反映了教师教学理念的选择和对教育教学的深度思考。课后评析引发的议论和评价都可能成为很有价值的研究内容。观念的冲突、过程的解读都可以有效促进教师深入思考问题。要实现有效研究,需要注意以下几点。

(一) 捕捉教育细节

案例研究有赖于细节的把握。因为具体的生动的细节为教师的思考、判断、选择、决定提供了丰富的信息。有了关键的细节,研究之水才有"源"、研究之木才有"本"。

教师要在平时的教育教学过程中敏锐地捕捉、发现课堂中带有规律性的事件、现象和问题。例如,一位老师在《"诺曼底"号遇难记》①的教学中使用计算机,共在 11 个环节中运用图片、录像、音乐等多媒体手段,如多次播放《泰坦尼克号》的电影片断等。一节课运用了这么丰富的媒体手段,效果究竟如何? 课后,对学生进行了访谈。学生认为,这节课内容丰富,对于海难情境的渲染的悲壮而又震撼。但问到:"课文中情境渲染的作用是什么? 课文是如何表现当时的情景的? 你认为课文中最富于感染力的语言是什么?"等问题。学生则茫然不知所答。为什么我们的教学提供了如此丰富的内容,但学生的心灵却触动不大呢? 现在,计算机多媒体教学在学校中应用已经很普遍,但如何有效地运用,才能使之产生最佳的效果,是需要我们系统、深入地研究的。文字、图片、视频、音频、动画等不同的媒体适合什么样的教学内容? 多媒体教学在哪些环节最有效? 教学中多媒体的课件内容是否越多越好? 我们可以通过观察、实验、调查等研究方法,比较全面、系统地围绕计算机多媒体教学开展专题研究,逐步提高我们对计算机多媒体教学的认识和改进我们的教学。

有了问题或专题,我们又如何开展案例研究呢? 从内容的角度看,我们可以采取"一事一议式的研究"和"全程全息式的研究"两种方式。例如:教学《七颗钻石》②后,教师要求学生交流学习的体会:"这节课我学到了什么?"学生纷纷发言。生 1:这堂课让我懂得怎样去爱心可以产生奇迹。生 2:爱心如一盏灯照亮别人,亮丽自己。生 3:学会爱自己,学会爱别人。生 4:心动不如行动。生 5:大爱无言,从心开始。……学生的语言是精彩的。但我们有没有发现,"学生的反思多属大而空的语言"这一细节。学生"大而空"的发言真的能够说明学生懂得友爱,懂得用心缩短距离? 学生的反思是真实的,感悟是深刻的吗? 细节能够揭示问题,细节值得我们思考。捕捉教育细节,需要教师不断地观察和思考,提高自身的研究敏锐度。否则,就可能对教育教学事件、现象和问题"熟视无睹"、视而不见。

(二) 发现事件的意义

对于案例研究而言,我们不只是在讲一个生动的故事,更重要的是发现事件内在的"意义",理解和解释具体情境中的教育现象,揭示故事背后所蕴涵的各种因素,寻找教育教学的基本规律。

---

① 洪宗礼主编:《语文》(七年级上),江苏教育出版社 2005 年版。
② 同上书。

【案例 12-2】

《心中的鹰》的一个教学片断①

师：同学们把小战士的话读一下。（学生读小战士的话。）

师：小战士打鹰是为谁？

生：为班长。

师：小战士表面上是为班长，为别人，实质是为自己，是自私的表现。人是自私的，人的自私还有哪些表现？

生：（纷纷抢答）：打狮子、打老虎、打豹子、滥伐森林、随地吐痰……

师：在自然界，人充当什么角色？

生：破坏者。

师：你做过类似小战士杀鹰的事吗？

生（纷纷检讨）：① 我逮过一只猫头鹰，把它放在纸盒里，闷死了。

② 过年家里买了鸽子，没有杀，我把它杀死了。

③ 别人养了一对波斯猫，我把一只母的抱回家，它离开公猫，郁郁寡欢，后来死了。

师：这说明动物也是有感情的。大家要爱护动物，维护生态平衡。

这个教学片断有很多问题，包括对环境保护的肤浅、片面的理解，对人与动物关系的一边倒的狭隘主张，对课文《心中的鹰》主题的错误解读以及简单化的教学处理，等等。这里只从教学内容这个角度来分析事件内在的"意义"。从问"小战士打鹰是为谁"开始，这位教师的教学就开始脱离课文，走向一种社会现象的分析与批判，从而成为一种"非语文""超语文"的教学。表面看起来，师生之间的对答好像是与课文有关，实际上，这种联系是暂时的，课文在这里只是起了一个提供"话题要素"的作用。它根据课文所涉及的某一点（杀鹰）展开话题，然后立刻抛开课文，将"杀鹰"这一行为客观化、社会化、主题化，"杀鹰"不再被当作是课文的一个"要素"，而是被当作一个客观行为、社会行为，当作一个具有独立主题的行为来对待和理解。"关于杀鹰行为的描写的意义"的教学已经异化为了"关于杀鹰行为的道德意义"的教学。

更为重要的是，作为一个重要的教学环节，这种处理势必会影响到学生对课文的整体把握，并最终影响到他们对课文的所有方面的接受与理解。在这样一个教学片断里，小战士的"杀鹰"行为被处理成"自私"和"不爱护动物"的行为，那么，这篇课文关于小战士、老猎人、"我"与鹰之间的那种错综复杂的感情描写就变得不可理解，作者对小战士和鹰极有分寸的、细心的描写也就没有必要了，对这篇文章所表现出来的那种探索性的、思考性的语体和冷峻风格也就变得无从把握了，甚至课文中的一些语句也变得无法解释了。这篇课文所有的"语文性"的内容就这样统统被颠覆、被遮蔽、被消解、被抹杀掉了。

这个案例表面上看是教学效果不甚理想，或是教师在追求新的教学方式的过程中处理不

---

① 李海林：《语文教学的"语文性"》，《语文教学通讯·高中刊》2005 年第 9 期。

当。但我们在深究案例的"意义"时,就可以发现,语文教师在教学中有一个比较普遍的问题:在语文教学中,要不要对课文涉及的内容进行分析甚至讨论?答案是肯定的。但这种讨论必须从理解课文的表达形式的必要性这个角度切入。说得更明白点,就是我们的教学目的是要掌握这篇课文的"表达式"(包括"篇章表达式"和"言语表达式");而要掌握它,则必须从理解"表达式"与"表达内容"的关系入手(表达式的奥秘在与表达内容的联系上,表达式的标准就是与表达内容的吻合);在这个时候,我们就需要对课文涉及的内容进行教学。这一规定决定了对内容的教学不能脱离课文的"表达式",脱离"表达式"的分析其实就不是语文的分析了。语文课中的人文教育,不是语文课在"语文表达式"之外单列的另一项内容,而是通过"语文表达式"的教学实现的对"语文表达式"本身所内蕴的人文精神的一种领悟。语文课的人文性,就内在地包蕴在语文之中,离开了语文,对语文所表达的内容的分析,也许仍是人文教育,但它已不再是语文的人文教育。

意义的发现需要提高我们的思维层次,需要我们以先进的教育教学理念为指导,把个别的事件放在更高点的层次上去观察和讨论。惟有如此,才可能对我们所观察、发现到的事件进行较为深入的探究和分析,才能帮助我们提升教育思维的深度、广度和高度,才能够发现真正的或是更多的教育教学意义。

(三) 持续不断的反思

1. 每节课的反思

"课前反思,从设计入手;课中反思,从学生入手;课后反思,从问题入手。"就课堂教学而言,每上完一节课后,都应回过头来看看,教学设计是否切合实际,行之有效;教学行为是否符合新的教学理念;教学方法是否解决现实问题;教学效果是否达到预期目标等。

2. 每一天的反思

每天写一篇教学反思日记。这项看似平淡而机械的操作所记载的内容却是那样新奇、鲜活、耐人寻味、引人深思。有班级管理中体味到的酸甜苦辣、喜怒哀乐;有教学中经历过的失败与成功;有听课学习中的感悟与启迪……虽然短小精悍,内容却富有个性,主题形式多样。例如,我讲的课能吸引学生吗?我的教学怎样启迪、训练学生的思维?今天课上哪几个后进生表现很积极,是什么影响了他们?课堂上同学们的情绪似乎较低落,是什么原因?我对学生的评价措施能否反映学生实际能力,能否激发并维持学生学习的动机?等等。

3. 每个月的反思

每月提出新的科研问题。在教学过程中敏锐地提取教学中存在的问题,并针对这个问题展开调查研究。如:教学中如何增强提问的技巧?教学难点怎么突破?学生怎样有效开展合作交流学习?语文课堂上怎样巧用电教手段?等等。

案例研究是一种研究方式,是一种适合教师工作特点和话语系统的研究方式,它可以被我们教师掌握、运用。案例研究是一个工具,它能有效地研究教学、改进教学、提高教育教学质量。案例研究又是一个过程,它需要教师不断学习,不断实践,不断积累,逐渐养成一种自觉的研究习惯,提高自己的研究能力、教学水平。案例研究的过程就是对教育教学实践的思考过程,就是积累教师实践智慧的过程。教师由于背景不同、视角不同、水平不同,对某一情境的认识、体会是不同的,也会作出不同的解释,存在不同的局限性。所以,案例研究应该加强集体研究,加强教师之间的交流和讨论,促进教师的经验分享,使教师从不同的角度、不同的侧面认识教育事件、现象和问题。这样,我们就可以面对语文教学的共同问题,带动教师教育观念的提升和教育教学实践的进步。

思考与练习

1. 什么是语文教育案例研究法?
2. 语文教师案例研究的要素是什么?
3. 举例说明如何运用案例研究方法开展语文课堂教学研究。

第十三章 语文教育叙事研究方法

叙事研究是近几年颇受我国教育界关注的研究方法之一,而教师以研究者身份从事的叙事研究是其中重要的组成部分。教育叙事可以理解为一种研究方式,也可以理解成研究成果的表述形式。作为教育研究成果表述形式的教育叙事,既指教师在研究过程中用叙事的方法所做的某些简短的记录,也指教师在研究中采用叙事方法呈现的研究成果。

第一节 语文教育叙事研究方法概述

一、教育叙事研究的缘起

叙事即"讲故事",最常用于文学领域。故事是人的经验在真实世界中留下的印记,一个好的故事使我们得以理解事物的意义,而不是仅仅掌握一些刻板的事实与抽象的观点。或许因为故事集中关注人类经验,或许因为故事本身就是人类经验的基本框架,叙事作为一种方法正被广泛地引入到其他学科领域。20 世纪 90 年代,加拿大学者康纳利和克莱丁宁在《教育研究者》杂志上发表了经典性论文《经验的故事和叙事研究》,对教育叙事研究作了一个较为全面的评述,标志着教育叙事研究方法的诞生。

叙事研究作为一种教育研究方法的形成,得益于教育发展的内在需求。首先,教育叙事研究是基于对传统教育科学研究方法的反思。传统教育科学研究方法将生动鲜活的教育现象抽象地量化,使理论显得高不可攀,远离生活,透露出一种冰冷的理性气息。教育越是追求精确,其与人类经验的联系就越少。叙事研究不去追求概念、逻辑和实证,而是关注日常生活世界中的教育经验和生活体验,它强调研究结果的意义性和可诠释性,而不是确定性和可重复性。其次,教育叙事研究是教师专业发展带来的必然性的方法转向。有论者从当前国际教师研究的三种趋向出发,阐述了叙事研究的重要性:(1)教育日益强调教师的反思价值的趋势。(2)愈加强调教师知识的重要性的趋势,如教师知道什么? 他们是如何思考的? 他们是如何专业化的? 在课堂教学中,他们是怎么做决策的? (3)教育研究者试图通过赋予教育实践第一线的教师言说其经历的权力的方式,来强调他们的声音在教育研究中的重要性的趋势。[①] 教师们有着深厚的教育教学和生活经验的积淀,他们具备了进行叙事研究的良好前提和基础。通过叙事,他们就可以把教育教学和教育研究结合起来,教育研究由此对他们也具有了相当的亲和力。

---

① 张希希:《教育叙事研究是什么》,《教育研究》2006 年第 2 期。

国内开始关注并介绍教育叙事的相关研究主要是在 20 世纪 90 年代末,特别是 2000 年以后。目前我国教育学界关于教育叙事的探索主要集中在两个维度:一是从学理层面探讨教育叙事的本质、类型、特征和规范问题;二是从操作层面针对个案展开教育叙事的实践,其中,有针对教师专业发展的,有指向校长职业历程的,有叙述教育家生活变迁的,等等。①

二、语文教育叙事研究的内涵

康纳利和克莱丁宁认为,叙事是基于反思并通过个人的经验来制造意义,具有整体主义的品质。② 国内外关于"叙事"的定义有很多,但归结到最基本的内核及操作定义,就是"叙述""故事"。教育叙事是教育当事人或教育研究者"叙述"发生在教育中的"故事"。"叙述"是指告诉、表达、呈现;"故事"不仅仅意味着事件或情节,更是指富有"教育学意义"的事件。"故事"构成"叙述"的内容,"叙述"赋予"故事"以意义。③

语文教育叙事研究法是通过讲述语文教育故事,启发大家思考故事背后的深层意义,从而揭示语文教育本质规律的研究方法。对语文教育叙事研究目前存在着两种理解:一种是广义的,就是通过对有意义的教学事件、教师生活和教育教学实践经验的描述、分析、发掘或揭示内隐于日常事件、生活和行为背后的意义、思想或理念。这不仅有助于教师改进教学实践,而且能以更鲜活的形式丰富教育科学理论。另一种是狭义的,专指教师叙事研究。如有的学者认为,教育叙事就是教师"叙说"自己在教育活动中的个人化的教育"问题解决"和"经验事实",并在反思的基础上转变自己的教学观念和行为。④ 这意味着,作为实践者的教师不再是教育理论的被动接受者,而是教育理论的积极构建者;不只是纯粹的教育者,而且可望成为真正的研究者,集二者于一身,成为"研究型教师"。

语文教育叙事的主要目的在于关注日常语文教育实践与经验的意义。教育都是在一定的制度环境下发展,制度要求的是共同的规范,但我们的教育实践却是丰富多样的,这是因为在教育的日常实践中,我们面对不同的地域文化环境、不同的学校、师资和生源的状况,只有因地制宜才能求得自身的发展,才能切合实践需求。因而,结合实践的教育研究只有着力关注这种日常生活中的活动、感受、体验与诉求,才能彰显其活力而呈现多样丰富的教育意义。教育叙事正是这样而切入学校中个体和集体教育生活经验,使教育研究回归教育生活本身,在理解和分享中领悟我们自身教育实践活动的意义,并成为教育研究的一种重要方式。⑤

教育叙事研究拓宽了教育研究的视野,在方法论上具有积极的意义。如果说实验研究侧重于教育事实的发现,行动研究侧重于教育问题的解决,那么叙事研究负载的是教育经验或意义的反思和理解。从这一角度来看,教育叙事预示着一种由外而内的转向:从探寻外在的教育事实,解决遭遇的教育问题,转向承载这些事实或问题的"具体个人"内在的价值追求和意义

---

① 刘万海:《近二十年来国内外教育叙事研究回溯》,《中国教育学刊》2005 年第 3 期。
② 康纳利、克莱丁宁:《叙事探究》,《全球教育展望》2003 年第 4 期。
③ 蔡春:《"叙述""故事"何以称得上"研究"》,《首都师范大学学报(社会科学版)》2008 年第 4 期。
④ 刘万海:《追寻事件背后的意义—教育叙事研究述评》,《上海教育科研》2005 年第 3 期。
⑤ 丁钢:《教育叙事研究的方法论》,《全球教育展望》2008 年第 3 期。

建构本身。换言之,教育叙事的目的在于促使叙事者通过叙述个人或他人的教育经验,不断反思个人在教育时空中的生存境况,追寻个人教育生活的价值和意义。这种转向在一定程度上折射出当前教育学发展的部分路向:从外在世界返归内在世界,从公共生活返归个人生活,从工具理性返归价值理性。教育叙事研究区别于传统教育研究方法的"平民化"思维和话语方式,受到教育理论研究者和广大教师的普遍欢迎。

教育叙事研究还带动了一线教师去主动反思自己的教育教学活动,因此也有着积极的实践价值。在各种压力下,中小学教师的教学研究活动逐步被边缘化。学术界主导的理论研究趋于精确、深奥和抽象,却离教育教学的实践有很大距离。各学校内部都有教研活动,但这些教研活动基本都是外部驱动的,教师不能自主进行研究,教学研究对教学水平的促进作用不明显。美国教育学者波斯纳提出了"经验＋反思＝成长"的教师成长公式,该公式体现了教师成长过程是一个不断反思经验的过程,反思是教师专业化发展的主要途径之一。教师的反思是指教师以自己的职业活动为思考对象,批判地考察自我的主体行为表现及由此而产生的结果。教师进行教育叙事的过程,就是对自己的教学活动进行全程监控、分析、调整的过程,是更彻底的自我反思、自我培训、自我提高的过程。通过教育叙事研究,可以把教师带入创新的、发现的、反思的生活中,有利于教师对自我经验进行反思,提高教师原有经验的可利用性,强化成功的教学技能,积累教学策略,提升自己的教育教学理念,促进教师教育科研能力的提高,使教师从理性的高度去审视自己的教育教学行为。

三、语文教育叙事研究的特征

语文教育叙事研究有何特征?对此已有不少研究提及,如"时间性"、"故事性"、"聚焦于个体经验"、"差异性"、"意义诠释"、"重归纳而不重逻辑推演"、"深度理解"等等,但这些特性同样体现在其他学科的叙事研究中,并非教育叙事研究所特有。通过对国内外文献的初步考察,教育叙事研究大致具有以下几个特征。

(一) 真实性

这是指所研究的教育之事是纪实性的,是讲述或呈现教育生活中已经发生的事情、事件,是叙事者亲身经历的经验或研究者"现场"直接采集的材料,不可凭借想象甚至胡编乱造。真实性既显示出教育叙事研究的特点,也昭示着教育叙事研究自身的特别的功能:通过真实地描述教师或学生教育生活的状况,使叙事者回到生活的现场,面向事实本身,重新唤起原初经验,从而找到本真的自我。教育叙事的文本是朴实的,叙事者的心声常常是自然流露的,研究者的态度也是求实的。

(二) 主观性

教育生活是社会生活,教育生活也是人的精神生活,而人的精神是有差异的,所以,叙述教育生活的文本肯定会打上个人理解和重构的标志,这既无法避免,也恰恰体现了叙事研究的共性。教育叙事无论是"所叙之事"还是"所用之叙"都带有很强的主观性,包括对细节的取舍、现场气氛的描述、心理状态的分析等,反映着参与者的教育信仰、价值观念和理论水平,而这些"弦外之音"也是研究的一部分。当然,对主观性的调控也是最难的,由于过分受到研究意图的影响而出现的"讨好效应"或"完美效应"必须加以克服。

(三) 行动性

学校教育是一种有目的、有计划、有组织的影响人的活动,所谓影响人就是要发展人的身体、心理、精神和道德的面貌。换句话说,教育活动是实践的,是"行重于言"的,教育研究对教育现实必然有着强烈的干预性。教育叙事研究真正的目的是为了帮助教师、学生或研究者自身有所提升、有所发展,而不是满足于叙事本身的生动或"好玩"。教育叙事研究不仅仅是讲故事和写故事,而在于重述和重写那些能够导致觉醒和变迁的教师和学生的故事,以引起教育实践的变革,最终目的是促进学生与教师的共同成长。

(四) 伦理教育性

这是指叙事者和研究者有比较明显的价值判断、好恶褒贬和情绪情感倾向。由于教育活动的特殊性,使得叙事者和研究者负载着更厚重的价值观色彩,更注重从教育生活"故事"中发掘对教师及学生"有教育意义"的素材,时时不忘张扬各种"课程"的"教育性"。教育叙事文本不排除美感要素、允许形式的优美和表达的生动,但无论如何,在教育环境里,唯美主义是难以存在的,校园里一切的设置:课本、教室、活动场所、校门、校服,甚至一草一木,无不渗透、散发着"伦理"、"教育"的气味、涵义,叙事者不可能超然物外地去谈论他(她)的教育生活故事。[①]

第二节 语文教育叙事研究方法的运用

一、语文教育叙事研究的结构要素

叙事研究不是日常生活中口头描述教育领域中的某个人物、事件或行动,而是以其中的某个人物、事件或行动为对象,遵循一定的叙事规范或结构,进行深度的事实描述和广泛的意义阐释。从结构上来说,叙事包含了故事、话语和叙述三个要素。教育叙事研究的结果我们可以称为"教育叙事案例",它是在真实的教学情境的基础上,为了揭示特定的教学故事或冲突性问题所蕴涵的教育信息,以叙事的方式表述的一种研究文本。叙事案例同样包含故事、话语和叙述这三个要素。[②]

"故事"是对教育事件进行的描述,一般由一个或多个相关的教育事件组成。教育叙事研究不是记流水账,而是记述有情节、有意义的相对完整的故事。比如,教师在某个教育问题或事件中遭遇困境时,就会思考和谋划解决问题、走出困境的出路,这里面就会涉及很多曲折的情节。生活中发生的许多事件并不具备"故事特征",但当需要做出决策权衡的问题出现时,"故事"就涌现了。如案例 13-1,这个教育叙事案例生动地描述了一位语文教师对于教学中"预设"与"生成"的关系的思考。把故事定位于问题解决的事件,可以使叙事研究更有可能称得上研究。叙事研究中的故事,应该能达到改善实践的目的。在教育叙事研究中,要反映真实的事件并由此揭示现实的教育意义,这样才能给别人以触动、引发教育教学反思。"故事"这个

---

① 陈振中:《论教育叙事研究的若干理论问题》,《上海教育科研》2005 年第 9 期。
② 杨明全:《教育叙事研究:故事中的生活体验与意义探寻》,《全球教育展望》2007 年第 3 期。

要素具有时间性和空间性,就是说某个教育事件具有发生发展的过程,同时又是在一定的场景中发生的。因此,在故事的叙说方面存在一定的叙事技巧,这些技巧的灵活运用会产生不同的效果。

【案例 13-1】

教案:下课之后才完成的故事[①]

广东省茂名市实验中学　任　英

这段时间我一直在思考"备课怎么备"、"教学设计如何设计"、"写教案如何写"之类的问题。在大学读书时,教《教育学》的老师在讲到"如何备课"这一节时,苦口婆心地强调要"备教材"、"备学生",以教材的"知识结构"和学生的"学情"作为选择教学方法和教学工具的依据。记得期末考试的考题就是"怎样备课"。

自己做了教师之后,我一直按"备教材"、"备学生"这两个要求来设计自己的教学。后来我发现,"备教材"、"备学生"其实是合而为一的事情而并非分开的两个要求或两个程序。我将它理解为"根据学生的学情梳理教材的知识结构"。

有一段时间,我很为自己的这个想法和做法得意。学校曾在全校范围内检查教师的教案,我写的教案作为优秀教案受到学校领导的认可和赞赏。

但做教师的时间长了,我感觉我的教案越来越没有个性、越来越没有生机。像周围其他老师一样,我发现我的教案不过是在不断"重复"昨天的、过去的故事。教案也越来越简单,有时甚至懒得做教学设计,懒得写教案。

我开始为教案的问题感到困惑。

前两天接到学校通知,说有大学的专家来听我的语文课。学校领导提醒我"要注意教学设计","专家可能要看教案的"。

我对这样的任务并不陌生,我已经习惯于上所谓的"公开课"了。

但是,在为这节"公开课"准备教案的过程中,在我自己提醒自己"要注意教学设计"的过程中,我开始反思我自己以往的"公开课"的得意与失意。我意识到我所有的得意与失意,似乎都与"教案"、"教学设计"相关。而且问题的关键似乎还不在"上课前"我如何设计教案,关键是"在课堂教学过程中"如何根据学生在课堂中的实际状况调整我原先设计好的"教案"。如果这样来看,"教案"可能不完全是在上课之前设计好的,真正的教案,是在教学之后。

我不知道我这个想法是否正确,但我很愿意按照这个想法来展开这次的"公开课"。

"话语"指的就是用来讲述故事的语言本身,它外在的表现形式就是叙事的文本。教育叙事研究不像实证主义范式下的教育研究那样追求精确、严谨和可检验性,而是在话语方面要具有独特的特征,那就是:鲜活、具有可读性。教育叙事研究文本不是实验报告和调查报告,其

---

① 任英:《教案:下课之后才完成的故事》,《人民教育》2002 年第 12 期。

撰写要体现出叙事的风格,即用词鲜活、行文活泼、叙述有吸引力。之所以提出这种要求,就在于叙事研究关注故事,故事里面有情节、有经验。

"叙述"指的是产生话语或文本的行为过程,也就是讲故事的过程本身。叙述是一种结构化的行为,通过这个行为才能产生叙事研究的文本,在"叙述""故事"时,必须考虑"结构"。首先,故事本身的结构化。故事就是把一系列人物与事件以某种方式组合在一起,使之成为有意义的关系结构。其次,叙述的结构化。通过构建某种结构可以把独立的各个事件赋予特定的意义,使之成为一个整体的各个部分。尤为重要的是,在教育叙事研究中,"叙述"不是普通的、家长里短式的闲聊,而是要"深描",也就是深度描写,通过深度挖掘,试图找到控制文本的一种普遍规律、框架性的结构。叙述是创造性的意义建构,而不仅仅是事件描述。当我们在叙事行为中意识到了我们是在自我表现或改变自我时,这种表现与改变是以叙事的陈述力为代价的。在"叙述""故事"的过程中,"我"必须使人相信"我"确实在发现"自我",而不是在"创造"自我。

二、语文教育叙事研究的一般程序

如果研究者对描述和解释团体行为或观点不感兴趣,也对形成一种基于集体经历的理论不感兴趣,而只对研究个体经历及其背后隐藏的之于该个体而言所具有的意义感兴趣的话,那么,教育叙事研究对其来说可能是一种比较适切的选择。在教育过程中,个体叙说的故事往往与学校课堂经历或学校活动有关。在重新叙说个体讲述的故事时,教育研究者通常将注意力聚焦到某一特定事件或活动上,并把这些故事按不同主题进行编码分析。虽然教育叙事研究的形式或类型不同,但教育研究者从事教育叙事研究所采用的基本操作步骤却是相似的。

首先,发现一个值得探究的内隐教育问题的教育现象。教育叙事研究的过程始于聚焦一个值得探究的内隐教育问题的教育现象。尽管教育叙事研究感兴趣的现象是"故事",但故事本身必须包含某一需要关注和探究的问题。

其次,研究者需要有目的地寻找作为研究参与者的个体或把自身作为研究参与者。研究参与者可能是一个或几个经历了某一特定问题的典型人物,抑或是一个或几个经历了某一特定境遇的关键人物。需指出的是,虽然大多数教育叙事研究只涉及一个个体,但一个研究项目有时可以有几个个体,且每个个体都拥有各自不同的经历故事,它们之间可能彼此冲突,也可能相互支持。

再次,从所选取的研究参与者身上搜集故事。搜集故事的最好的方式是通过私人对话或访谈,请研究参与者讲述其经历,但也可通过下列途径搜集:请研究参与者用日记的方式记录其故事;观察研究参与者,记录田野笔记;搜集研究参与者写给他人的信件;从其家人处搜集研究参与者的故事;搜集研究参与者的备忘录和业务函件;搜集照片、纪念品和其他个人、家庭或社会物品;录下研究参与者的生活经历。

最后,重新叙说研究参与者的故事。一般而言,文学界分析一部小说时所使用的叙事因素,常会被研究者借用,但不同的研究者会有不同的选择,如时间、地点、情节、情景等主要叙事因素往往被研究者借用来分析研究参与者叙说的故事。①

三、语文教育叙事研究的具体方法

语文教育叙事研究大致有两种方法。

(一) 教师自我叙事

这一类型是以教师叙述教育教学实践中发生的真实的教育事件或故事为重要内容的。当教师在自我叙事中讲故事时,既是叙说者,又是记述者,是"主体我"以"客体我"为主人公来构造故事或事件,也是"主体我"对"客体我"的审视和反思。② 这种叙事方式着重强调教师个人对问题的认识,夹叙夹议地陈述事件全过程,如案例13-2。

【案例13-2】

我们的"七彩节日"③

新疆乌鲁木齐 郑 英

特级教师于永正说过:"孩子的童年是一首诗。"我喜欢这句话,作为老师,就是要给这首纯净如水的诗注入生命的心香。

那是一节语文课,我和学生一起学习一首关于"六一"儿童节的儿歌。我随口问学生:"除了'六一',还有什么节日你们最快乐?"学生们说了春节、中秋节、元宵节……但似乎说得很勉强。

突然,一个孩子喊了一句:"那些都不是我们自己的节日。"教室里顿时安静了,我的心一怔:是呀,孩子们真的再没有其他属于自己的节日了,就连"六一"也常常是由父母作主。于是,我试着问学生:"那你们想过什么节呢?"孩子们眼睛亮起来了,有的说想过"玩具节",有的说想过"读书节",有的想过"绘画节",还有的想过"疯狂玩节"……好家伙,太精彩了!我欣喜地看着学生们说:"这周的班会课,咱们就征集'七彩节日'。"孩子们都一脸的期待,我想了想,提出要求:"把自己想过的节日写下来,要写清楚什么节、怎么过,班会课读给全班同学听,谁的节日越吸引人,得到的票数越多,当然就会入选啦!还有可能就用他自己的生日作为那个节日哦!"教室里一阵欢呼,孩子们迫不及待地拿出本子,头也不抬地写起来。

班会课上,我惊喜连连。参与"节日竞选"的学生说得头头是道,台下的学生也听得津津有味。最后,我和学生们一起定下了"绘画节"、"泼水节"、"玩具节"、"郊游节"、"读书节"、"好好玩一天节"和"小当家节",作为孩子们自己的"七彩节日"。他们兴高采烈地把"节日表"贴在宣传栏里,这天一下课,就听见一个学生说:"'绘画节'是哪一天,怎么还不到来呀?"我不禁笑了。

---

① 张希希:《教育叙事研究是什么》,《教育研究》2006年第2期。
② 池方浩、池哲萍:《优化教育叙事研究报告写作三策略》,《上海教育科研》2006年第8期。
③ 郑英:《我们的"七彩节日"》,《人民教育》2008年第5期。

一个阳光明媚的夏日,我伴着铃声走进教室,正准备上课,发现孩子们的小脸上都挂着诡秘的微笑。"今天班里有什么事吗?"我问。班长站起来说:"郑老师,今天是'泼水节'呀!"我恍然大悟,不好意思地对孩子们说:"对不起,老师忘记了,没有通知你们带'泼水用具'……"没等我说完,全班孩子异口同声地喊道:"我们带了!"一瞬间,我的眼前像变魔术似的出现了大大小小的瓶子、水枪。还等什么呢?我一声令下:"孩子们,把书本收起来,咱们开战!"顿时,教室里欢腾起来,水花四溅。"郑老师,我们要给你送祝福,祝你永远年轻、漂亮!"没等我回过神,满身已湿漉漉了。"这不公平,我也要把祝福送给你们。"我抢过一把水枪,和孩子们"疯"在了一起。

当天的作业就是一篇命题作文——《我们的"泼水节"》,孩子们写得很棒,这也是我意料之中的。

陶行知先生说过:"最好的教育就是教学生自己做自己的先生。"我想,只要尊重学生们自主创造、自我发展的心灵需要,尊重他们的意愿和选择,就能品尝到教育生活中的精彩和快乐。

教师自我叙述教育故事不是为了炫耀某种成果,它的最主要的目的是通过自我叙述来反思自己的教育生活,并在反思中改进自己的教育实践,重建自己的教育生活。从这个意义上说,教师进行教育叙事研究实际上会成为转化教育教学观念和行为的突破口。[①]

(二)教育研究工作者叙事

教育叙事研究的这种叙事类型,是教育研究者以教师为观察和访谈的对象,在倾听了教师的"叙说"之后对教师的"叙说"所做的整理和"记述",或者以教师所提供的"想法"和文本作为"解释"的对象,来发表对教育教学实践的认识。例如:一位教育研究者在观看了法国影片《放牛班的春天》后,获得了巨大的惊喜与震撼。电影讲述了发生在 1949 年法国乡村一所男生寄宿学校内的教育故事。这里的学生大部分都是难缠的问题儿童,就是日常生活中所说的一群以差生为主的"差校"。学生想出一切能够想出的办法,对抗教师、对抗学校、对抗教育。校长哈珊以残暴高压的手段管制这班问题儿童,每一个教师都本能地学会了面对突发事件快速处理的凶狠"手段",体罚学生在这里司空见惯,也成为正常的学校生活和学生生活状态。就在这个时候,新教师克莱蒙·马修到了这所学校,由此而发生了影片中的精彩故事,产生了复杂的人物关系,发生了人物的多样命运。研究者对电影文本进行了教育学的具体分析,通过对影片的重新叙事,释放我们对每天所面对的教育现象和教育生活的倦怠甚至麻木,发现一些超越我们现有认识和理解的新认识和新观念,使我们的教育生活和生命更为充分。换句话说,研究者是以《放牛班的春天》提供的文本为特定研究对象,以教育叙事研究的特定视角和方法,表达对教育的更深入的理解。[②]

---

① 丁钢:《像范梅南那样做叙事研究》,《上海教育》2005 年 Z2 期。

② 彭钢:《讲述:困境中的教育美丽——法国电影〈放牛班的春天〉的教育叙事研究》,《教育学报》2008 年第 8 期。

语文教育研究方法

四、语文教育叙事研究的注意事项

(一)语文教育叙事研究的基本要求

1. 叙述要求全景、丰满

叙述的过程是再现的过程,是认识和看清的过程,要求镜式反映,原汁原味、活灵活现,忠实于原故事,既不能夸大,又不能缩小。为了认识和看清楚事件本身,叙述的过程要清楚、明晰,像小学生写记叙文一样,一些必须突出强调的要素都要具备并强调,例如记叙文的六要素:时间、地点、人物、事件的起因、经过和结果。叙事研究是一种田野式的研究取向,要做全景描述,要重视细节。叙事研究对于细节的重视要像警察在破案过程中对于细节的重视一样,即便被研究者暂时认为没有意义的细节,也不能视而不见。叙述要具有情境性,要把当时的事情、感想、人物、语言等都还原出来,要让听者有如见其事、如见其人的感觉,仿佛亲历,但又不能过度渲染。叙述要连贯、有条理,要把事件的来龙去脉、前因后果呈现得清清楚楚,不能让听者有半点的模糊和不解。只有做到如此,才有利于继续研究的深入进行。叙事以描述和诠释教育经验现象为特征,是研究者围绕故事对自己的所历、所感、所为的一种深度描述和分析,是对以往教育教学事件的一种故事化、情境化和过程化的再现,其目的在于解释、深刻认识、分享和研究。

2. 研究要求深刻、无穷

叙述仅仅是前提、是铺垫,其目的在于深入研究,研究是教育叙事的继续和深化,研究是去追寻故事背后的"理"。研究其实就是要表现,要凸显有价值、有意义的部分,要找到事件的根本和问题的症结。研究就是寻找意义和发现价值的过程,研究者要能在整个事件的过程中找到值得关注之处,然后深入下去,把文章做大、做深。研究是深刻剖析,只有这样,才能清楚何处才是最有价值和意义的,然后将其凸显出来。研究的关键是要能走进教育现象深处,要能透过现象看本质,要能看清故事的寻常和不寻常之处,要能寻找到故事的事理、情理、义理、道理和哲理。研究的过程必须重视细节的价值,不能粗枝大叶,要能见微知著、由此及彼、推己及人和举一反三,但又不能迷失在细节中,要能跳到故事外解读故事,发现故事的整体意义、题外意义和警示意义。①

(二)语文教育叙事研究的误区及对策

1. 叙而无"事"

语文教育叙事研究必须关注教育的"事",显示出一定的情节性和可读性。但是一些语文教师把故事当成了教学过程,把叙述故事当成了叙述教学过程的流水账,这就导致了叙而无"事"。例如:

> 我把这节课的教学目标定为:第一,掌握人物描写的方法。第二,理解主人公纯洁善良、关爱他人的情感。这节课从"小说的三要素是什么"开始。我提问后,一位学生站起来回答:"小说的三要素是:环境、情节、人物。"学生的回答是对的,我要求学生将"三要素"

---

① 吴振利:《论教育叙事研究的要旨》,《当代教育科学》2006 年第 7 期。

齐读一遍。

这里讲述了一个语文教学过程:确定目标、提问、齐读。但是这个过程并不存在教育问题,也不具有故事的启迪价值。叙事文本的写作要求研究者通过对事件、人物、场景的深度描写,栩栩如生地刻画出事件的全貌,使读者对事件有一个整体性、动态性的把握,同时事件背后的意义要在故事讲述之中自然地显现出来。

2. 叙而无"序"

语文教育叙事讲述的是一个故事,故事一般要有一定的情节,有开端、发展、高潮、结局的结构顺序。一个故事先说什么、后说什么,叙事者必须清楚,并且要按照这样的"序"表述出来。可是有的叙事者往往不自觉地打破叙事规则,站出来讲话,充当故事讲解员的角色。例如:

> 这个环节使我想到的是:我们做教师的总是有一些很日常的、很细节的教学方式,这些日常的、细节的教学方式普遍流行于小学的课堂或中学的课堂,但做老师的好像较少考虑其中有些教学方式是否应该随着学生年龄的增长、自我意识的增强、自我教育能力的提高而有所改变。尤其当某种教学方式具有较强的控制性、强制性时,做教师的是否应该逐步减少这种控制性较强的"保姆"式的教学方式而使学生逐步养成自主学习的习惯呢?

语文教育叙事要把"事"讲完整,在叙述故事中表达自己对语文教育的理解,并以故事的形式让读者体会语文教育应该做什么,而不是直接规定语文教育应该做什么。在叙事研究中,虽然研究者的声音是必不可少的,但是研究者的评论大量出现,声音太强,导致叙事者的声音受到压制。叙事者按照研究者预设的问题叙述自己的故事,研究者驾驭着叙事者和叙事文本,使整个研究体现出研究者的主观意志。

3. 叙而无"理"

很多叙事,有事无"理",无法给读者以教学的启迪。下面是一位老师写的一则叙事片段:

> 星期三下午,全校教师济济一堂坐满了三(1)班教室,初出茅庐的我站在讲台上面对50多位教师进行"空试教"。这是怎样的"空试教"呀!没有学生,我必须把教学环节的每一句话像面对学生那样讲出来。这真是为难我了。有时刚讲几句,老校长就打断说:"停下来!这里不应该那样提问,应该这样问……"

叙事者非常细致地叙述了自己第一次"空试教"的经历,但是读完这段叙述,我们不禁要问,这种叙事要给读者以什么样的启发呢?目前的叙事研究者注重事实的描述,把叙事者的生活经历、职业生活场景用平实的语言清清楚楚叙述出来,但对叙事者产生重大影响的事件缺乏深刻的剖析,没有进一步挖掘这些事件如何影响了叙事者。另外,研究者的解释大多以评论的形式放在叙事者的故事之后,而不是融入故事之中。这样,故事与解释割裂开来,凸显了研究者的主观性,而缺乏解释力度和深度。[①]

教育意义的解释是多元和开放的,处于未完成状态,为读者留下广阔的思考空间。但在目前的叙事研究中,研究者的意义解释是一次完成的。而且,整个研究由研究者的提问引领,通过故事得出研究结论,再加上研究者的前设,使叙事研究呈现出"过程—结果"的封闭性结构。

语文教育叙事研究产生误区的主要原因是概念不清,很多研究者在进行叙事之时,首先没有意识到叙事研究是一种教育研究方法,只是讲故事,并没有进行研究。其次,多数研究者即使意识到叙事研究是一种新兴的教育研究方法,也并不了解教育叙事研究的内涵、特征、叙事类型、叙事要旨等等,讲故事并不是叙事研究的目的,叙事研究的目的是寻找故事背后蕴含的丰富意义,从另一个角度说,只有叙事丰满、细腻,意义才能得以彰显。

避免语文教育叙事研究常见误区的对策主要是关注具有问题性的教育事件,还要通过叙述启迪读者,从而使语文教育叙事转变教师教学理念和教学行为,如于漪老师的一个著名的教学案例:

> 我被学生问住,挂黑板了。自认为当时的态度是正确的,知之为知之,不知为不知,没有强不知以为知,蒙学生。课后查阅了好些书,最后在清代史学家赵翼写的《陔余丛考》中查到了"弓足",裹小脚的事……查得有根有据,才回答了学生,心里才踏实。

故事讲了被"挂黑板"以及如何处理的事,这是许多教师在教学中都遇到过的,但这一问题往往不能引起教师的足够重视,往往把"挂黑板"归因于客观,很少从自身找原因。语文教育叙事就是要关注这样的问题,以个体的经验促进读者对语文教育问题的反思,增强叙事的研究价值。

语文教育叙事研究不以抽象的概念或符号替代教育生活中鲜活生动的情节,不以苍白的语言来概括教育事实。教育是实践性很强的学科,必须用适当的方式去呈现它,寻找符合教育这门实践性很强的学科自己的话语和理论方式,也许教育叙事是更为合适的方式。教育叙事研究本身既具有优势,但同样蕴藏着不足:一是小样本,往往只有一个到几个参与者,因此研究成果无法回答普遍性问题;二是时间长,对个案进行深入研究,取得丰富资料要花费相对多的时间,当教师事务繁忙或精力不足时参与比较困难;三是评定难,对叙事研究的相对主观性标准目前还在探讨中,可借鉴的典型研究较少。教育研究者应秉持客观的态度,根据研究的实际需要,选择适切的研究方法。

思考与练习

1. 什么是语文教育叙事研究法?
2. 语文教育叙事研究的结构要素有哪些?
3. 语文教育叙事研究有哪些基本要求?

---

① 张学凯:《语文教育叙事研究的误区及对策》,《语文建设》2007 年第 9 期。

第十四章　语文教育历史研究方法

历史研究法一直是"史学"的看家本领,但作为一种研究方法,它并非是史学家们的专利,相反,它通行于所有学科的科学研究,无论是人文社会学科,还是自然学科。研究者可以在某些时候拒绝解读历史,但在学术入门之前,他不可能排斥、忽视既有历史的存在。某种意义上讲,不知历史,则不学无术。事实上,一切的历史经验与历史智慧将为我们的研究提供阔大的背景以及超越的可能。从事语文教育科研,历史研究法也不能漠视、不可或缺。

第一节　语文教育历史研究方法概述

一、教育历史研究的缘起

所谓"历史",是人类社会生活运动、变化、发展的过程,是人类所经历和创造的一切,既包括客观现实自身发展的过程,也包括人类认识客观现实的反映过程。《牛津大字典》中将"历史"一词定义为一个国家民族团体发展的研究(A Study of the nations and Communities),强调历史远过于一种记载,而是一种研究。

一切教育现象,都有个发生、发展及其演变的过程,要了解现象背后的各种关系和实质,离不开对教育历史的研究。某种意义上讲,没有科学的教育历史的研究,就不可能有真正的教育学科。通过历史研究,可以让我们清醒地面对、清晰地认识教育的过去,从而踏实、理智地研究教育的现在以及冷静、睿智地预测教育的未来。历史研究法正是借助于对相关社会历史过程的史料进行分析、破译和整理,以认识研究对象的过去,研究现在和预测未来的一种研究方法。[①]

二、语文教育历史研究的内涵

语文教育历史研究法是通过搜集、整理、考证语文教育发生、发展及其演变的历史事实,基于客观的描述,并进行系统的分析研究,从而揭示语文教育规律的研究方法。语文教育历史研究的实质在于探索语文教育本身发展的过程以及人们认识语文教育发展的过程,既要研究客观的"事"的发展,也要研究主观"人"之认识的发展;换言之,既要研究"史实",又要研究"史论"。

值得注意的是,语文教育历史研究法不等同于语文教育文献研究法,这两种研究方法既

---

① 裴娣娜:《教育研究方法导论》,安徽教育出版社 1995 年版,第 135—136 页。

有联系又有区别。毫无疑问,在语文教育历史研究中,一定要用到文献研究法来研究相关语文教育教学的历史文献,但文献研究法的使用绝不限于历史研究领域,在其他语文教育研究方法中常常都要用到文献研究法;换言之,文献研究法既可以作为一种单独的研究方法来运用,也可以作为其他研究方法的基础的、辅助的手段参与到其他研究方法之中。在语文教育历史研究法中,文献研究就是作为一个不可或缺乃至最重要的研究手段而存在的,但这并不意味着语文教育历史研究法就是语文教育文献研究法。总之,"文献"与"历史"并非同一个概念,其话语的意蕴取向是不一样的。在时间的维度上,追寻过去、阐释现在、预测未来,是语文教育历史研究方法更多着力之处。

三、语文教育历史研究的特征

(一) 基于历史取向

语文教育历史研究其基本的取经路向是基于语文教育教学的"历史"而展开的。从研究对象来看,语文教育教学的历史是语文教育历史研究的基本范畴,语文教育历史研究就是要通过考察语文教育教学过往的历史存在(包括各种人、事、物等),探索语文教育教学发生、发展及其演变的内在规律,启示当下语文教育教学的活动,并对语文教育教学的未来发展的基本趋势作出科学的预言。无论是总结"过去",启示"当下",还是预测"未来",一切的一切都是基于语文教育教学的昨天——它的全部历史来阐发的。"以史为鉴",一切从历史出发,是语文教育历史研究最大的特色所在。

(二) 依据史料文献

"历史从哪里开始,思想进程也应从哪里开始。"[①]语文教育历史研究必须遵循语文教育教学其历史的"真实"而有序进行。所有语文教育教学的历史的"真实"其现实的表现即为相关语文教育教学的史料文献。语文教育历史研究法它是一种依据语文教育教学本身历史发展而进行的,它离不对各个阶段的史料文献的追寻、考察、探究,语文教育教学历史发展的各个阶段的史料文献就构成了进行语文教育历史研究唯一的载体;从根本上讲,缺少详实而真实的语文教育教学的史料文献,也就失去了进行语文教育历史研究的可能。

(三) 偏于质性分析

语文教育历史研究法可能会用到量化研究的手段,譬如研究语文教材的发展史,可能会对各个历史时期语文教材的篇目、文体等进行统计处理,但从总体上看,语文教育历史研究法属于非实证性的研究方法范畴,因此,在绝大多数的情况下,语文教育历史研究法主要依凭的是质性分析的手段。从实际操作来看,语文教育历史研究绝不是简单地搜集历史、整理历史、描述历史就草草了事的,它必须透过历史的表层去认识语文教育教学的本质规律。而要做到这一点,必须通过概念、判断、推理等思维形式,借助逻辑分析的手段来进行。

(四) 强调批判精神

语文教育教学的"史实"是客观存在的,但当"史实"转变成实实在在的"史料"时,它将无法

---

① 恩格斯:《卡尔·马克思〈政治经济学批判〉》,《马克思恩格斯全集》第 2 卷,第 122 页。

避免地打上人——收集、整理"史实"的人的与评论"史实"的人的烙印。这正如史学家们常说的：历史是人之思想的重演或者说是重构。每个搜集、整理"史实"与评论"史实"的人都会基于自己的立场或目的行事，于是语文教育教学的历史事实上处处都存有个体的价值取向。如上所述，进行语文教育历史研究要基于历史，一切遵循着历史的本来面貌。论及至此，我们会发现，要做到这一点并非易事，其原因就在于现今的研究者与语文教育教学的历史之间还横隔着一个隐形的"人"，即搜集、整理"史实"的人的与评论"史实"的人——是他们重演与重构了语文教育教学的历史。而历史是一次性的，不能复现，因此，要进行历史研究我们只能依凭既存的史料。而要让史料尽可能地与史实贴近，我们就必须具备批判精神，不能盲从一切史料，因而对史料客观地审视与鉴定常纵贯语文教育历史研究的始终。批判精神构成了语文教育历史研究不可缺少的特质。

第二节　语文教育历史研究方法的运用

一、语文教育历史研究的基本策略

（一）顺向发掘与逆向发掘的统一

人们考察语文教育发展的历史联系有两种基本的路向，一是从过往的事实探索语文教育理论和实践产生的原因，是谓由"果"到"因"；二是从过往的事实探究语文教育理论和实践产生的结果，是谓由"因"到"果"。从研究策略来看，前者应用的是逆向发掘的策略，后者应用的是顺向发掘策略。用历史研究法进行语文教育科研，就必须用联系、发展的眼光来对待语文教育教学发展的历史。顺向发掘与逆向发掘相统一的研究策略，可以帮助我们有效地打通历史，由"果"到"因"，由"因"到"果"，从而让我们在用联系、发展的眼光来研究历史之际变得游刃有余。

（二）纵向探究与横向探究的统一

所谓纵向探究指的是，在运用历史研究法进行语文教育科研时，探究的视角是基于时间的维度，或从古到今，或从今到古。所谓横向探究指的是，在运用历史研究法进行语文教育科研时，探究的视角是基于空间的维度，即要考察世界各国在不同的历史发展中相关的语文教育教学的情况。运用纵向探究与横向探究的相统一的策略，将有助于我们的研究的视域变得立体化，从而大大拓展研究的广度和深度。

（三）历史分析与逻辑分析的统一

所谓历史的分析，是通过整理、排比史料，在错综复杂的历史中分析和清理出发展线索，明确其内在的相互关系或因果关系，论定问题的是非。历史分析的策略是以观念的形态再现语文教育历史发展的自然过程，其特点是丰富性、直观性和具体性。逻辑分析的策略，是指运用逻辑学方法去认识研究历史上的语文教育问题。基本的逻辑方法，包括形成概念的方法，分析与综合，抽象与概括，归纳与演绎，从具体到抽象、再从抽象上升到思维的具体等方法。表现的特点是概括性、抽象性和本质性。[①] 历史分析的策略它"保证"了运用历史研究法进行语文教

---

①　裴娣娜：《教育研究方法导论》，安徽教育出版社 1995 年版，第 146—147 页。

育科研的可能性;而逻辑分析的策略它"保障"了运用历史研究法进行语文教育科研的深刻性;进一步而言,是历史分析的策略提供给了语文教育历史研究法以基本场景,是逻辑分析的策略提升了语文教育历史研究法的品味格调。缺少历史分析的策略,语文教育历史研究将变得无从下手;缺少逻辑分析的策略,语文教育历史研究将沦为泛泛而谈。

值得注意的是,上述三条研究策略中,历史分析与逻辑分析的统一是语文教育历史研究最重要的研究策略,是任何一项运用语文教育历史研究法来进行课题研究不可或缺的策略。为了更加清楚地理解"历史分析与逻辑分析的统一"这一策略,这里我们不妨看两则相关的评析案例:①

【案例 14 - 1】
"关于语文教育转型的回顾、思考与展望"述评

《关于语文教育转型的回顾、思考与展望》是巢宗祺为《〈普通高中语文课程标准(实验)〉解读》(湖北教育出版社 2004 年版)写的一章,其纲目如下:

第一节　20 世纪的语文教育转型

一、20 世纪初语文教育转型的回顾

二、20 世纪对于语文教学模式的探索

　1. 对"知识—传授"教学系统的探索

　2. 对"能力—训练"教学系统的探索

第二节　21 世纪初的语文教育转型

一、对语文教育的反思

二、"素养—养成型"语文教学

第三节　语文教育重大转型的背景与原因

一、20 世纪语文教育转型的背景和特点

二、语文教育转型和语文教学模式变革的主要原因

第四节　关于当前语文教育转型的思考和展望

一、当前语文教育转型的特征

二、当前语文教育转型所面临的问题

三、关于语文教育转型问题的思考和展望

评析:

巢宗祺的这篇文章,当然可以归于语文教育史的研究范畴。但从这篇文章的整体结构来看,显然不是史述性研究,而是史论性研究,即通过对历史的描述,构建了一种历史发展模式。

首先,巢宗祺的这篇文章,通过历史的描述构建了语文教育的三种模式,即"知识—传授

---

①　李海林:《语文教育科研十讲》,浙江教育出版社 2005 年版,第 324—326 页。

型"、"能力—训练型"和"素养—养成型"。这是一种"赋型",即赋予历史以形态,对历史作一种形态学解释。

其次,立足于历史发展、历史进步的历史观,通过两条线(即"教育目标—教育内容"和"教育方法"),揭示了语文现代语文教育历史发展的具体内容。一方面,语文教育目标和内容由知识向能力扩展,由能力向素养提升;另一方面,语文教育方法由传授向训练演变,又由训练向养成递进,从而形成了一种历史发展模式。这种历史的发展模式构建本身,就是对历史本身的论证。也就是说,揭示出来的这种历史的三个阶段,也就论证了这种历史的规律。

再次,巢宗祺关于语文教育由"知识—传授型"向"能力—训练型"发展,最后向"素养—养成型"发展,不仅是对历史发展轨迹的描述,同时也是对知识、能力、素养三个概念之间和传授、训练、养成这三个概念逻辑关系的揭示。也就是说,巢宗祺在描述历史的同时,也告诉我们:能力要比知识更重要,素养则又要比能力更深厚,训练比传授更恰当,养成比训练更贴切。

【案例 14 - 2】
"文学教学取向的变迁与启示"述评

胡小敏的论文《文学教学取向的变迁与启示——以鲁迅作品为个案的研究》(《浙江师范大学学报》社会科学版 2004 年第 3 期),也是采用的历史研究方法。

一、引言

二、中学鲁迅作品教学取向的变迁

(一)建国初期的思想教育取向

(二)文学、语言分科时期的文学欣赏取向

(三)60 年代的语言训练取向

(四)文革后的文章技法练习取向

(五)90 年代的阅读方法训练取向

三、新课标教材鲁迅作品教学取向给我们的启示

(一)注重情感体验

(二)注重文学教育

评析:

胡小敏用历史研究的方法,通过对建国以来若干种中学语文课本中的选文数量、助读系统和练习系统等的分析,描述了中学鲁迅作品教学取向的变迁过程。这种历史的描述的价值不仅在搜集史料、复现历史,实际上这些史料就摆在那儿,胡小敏的工作是建立了一个分析模型和解释框架,即可以用"教学取向"来理清语文教学的发展线索,我们由此获得了一个"文学教学取向"的概念,并利用它来分析和鉴别文学教学的类型,并自动作出评价。

二、语文教育历史研究的一般程序

由于语文教育历史研究法与语文教育文献研究法二者的实际操作主要都是基于"资料"而进行的,因此,语文教育历史研究法与语文教育文献研究法它们在外在操作程序上是大体相当的。语文教育历史研究法主要包括这样几个步骤,即确定研究课题;收集与鉴别史料;分析研究史料;形成结论。下面对上述四个环节作简要阐述。

(一)确定研究课题

无疑,语文教育历史研究的课题来源一定是基于语文教育教学的历史。从历史中选题并非易事,由于时空的缘故,相对而言,从"现实"语文教育教学中选题往往一方面要容易些,另一方面还可以选到一些"热点"课题。因此,从历史中选题其课题的价值常常是需要好好斟酌的。在这一环节,我们不仅要权衡课题的价值性,另一方面还要考虑研究的可能性,即是否有较为充足的相关历史资料可资利用。

(二)搜集与鉴别史料

这一环节是进行语文教育历史研究的基础。语文教育史料,它指的是人们对相关语文教育教学的一切历史存在的记述,以及相关语文教育教学一切的实物或遗迹。从外在形态来看,它包括文字史料、实物史料、遗迹口传史料;从内在形态来看,它包括"史实"与"史论"两个范畴。搜集相关史料要尽可能全面,鉴别史料务必科学、谨慎,如同语文教育文献研究法一样,要坚持外在评价与内在评价相统一的原则。

(三)分析研究史料

分析研究史料,揭示史料背后隐藏着的相关语文教育教学发生、发展及其演变的规律,是语文教育历史研究的核心所在,也是语文教育历史研究的根本目的所在。在这一环节,我们既要遵循历史的真实,同时又不能仅仅止于历史的真实,不能止于简单的陈述历史,最终我们还要跳过具体的历史向"形而上"的层次迈进,即必须揭示出某种规律性的东西。

(四)形成结论

形成结论的环节也就是把上述对史料的分析研究诉诸书面语言文字的过程。在这一环节,要以概念化、理论化的方式阐述语文教育教学的相关规律。

三、语文教育历史研究的注意事项

(一)注意语文教育历史研究的适用范围

探讨语文教育历史研究的适用对象,要回答的是这样一个问题,即在进行语文教育科研时,什么样的研究领域适宜采用历史研究法,或者说运用历史研究法处理什么样的语文教育课题更加的切合与有效。关于这一问题,我们从以下两个视角来分析。

1. 宏观的视角

历史是人创造的,又接受人的审视。历史虽然是一个客观存在物,但从它得以再次"复活"而展现给我们的可能性来看,历史并非是纯粹的客观,而是"后来"的人对"先前"的事件的重演与重构。从这一意义上讲,是人赋予了历史的现实存在。因此,无论是历史本身的创造,还是创造后的"复活",都蕴含着人的存在——人的实践与思想的存在。客观地讲,任何一部历史,既是一部实践史,也是一部思想史。

基于上述的分析,从宏观上看,语文教育的历史事实上有两个基本维度:一是语文教育的实践史;二是语文教育的思想史。前者表征着人们创生、造就着语文教育的历史,后者表征着人们审议、重构着语文教育的历史。如前所述,语文教育历史研究法一切都是基于语文教育的历史而进行的,因此,从宏观上讲,有两个领域构成了语文教育历史研究的两个基本课题,即语文教育实践史的研究和语文教育思想史的研究。语文教育实践史研究偏重于研究语文教育教学的实践,包括各个语文教育历史发展阶段的语文教育教学的政策、语文教育教学制度、语文教育教学活动、语文教育教学措施、语文教育教学改革等等。语文教育思想史的研究偏重于研究语文教育教学的理论,包括各个语文教育历史发展阶段的语文教育教学的理念、语文教育教学思潮、语文教育教学流派以及相关语文教育教学的论著等等。

值得注意的是,作为两种研究价值取向,语文教育实践史研究与语文教育思想史研究二者并非是井水不犯河水式的截然分开的,相反,在实际研究操作中,它们常常是相互配合,相得益彰。

2. 微观的视角

从微观的角度来看,适宜采用历史研究法来研究语文教育的课题事实上是很多的,大凡涉及语文教育教学的历史的都可以用此种方法。但就目前情况来看,语文教育理论界用历史研究法研究语文教育研究得最富有成效的课题主要集中这样三个方面:一是语文教材的研究;二是语文教育家的研究;三是语文教育发展趋势的研究。这里每个方面我们不妨各举一例,从中也可窥探运用语文教育历史研究法的大体样式。

(1) 语文教材研究。例如刘占泉著的《汉语文教材概论》(北京大学出版社2004年版),这里我们辑录二、三、四章目录如下:

（2）语文教育家的研究。例如顾黄初著的《顾黄初语文教育文集》（人民教育出版社 2002 年版）中的研究叶圣陶先生的专题，这里我们辑录目录中的几条：

> * 论学习和研究叶圣陶语文教育思想
> * 叶圣陶语文教育活动七十年
> * 试论叶圣陶语文教育的理论和实践
> * 试论叶圣陶的语文教育观
> * 叶圣陶教育理论及其形成和发展
> * 叶圣陶先生与汉语文课程建设
> * 叶圣陶的语文教材观

（3）语文教育发展趋势的研究。例如倪文锦、欧阳汝颖主编的《语文教育展望》（华东师范大学出版社 2002 年版），这里我们辑录目录中的"第 4 编语文课外活动"这一条目：

> §1　课外活动的历史变迁与语文课外活动
> 　1.1　课外活动的历史回顾
> 　1.2　各国对语文课外活动的认识
> §2　课程标准视野内的语文课外活动及其特点
> 　2.1　语文课外活动兴起的原因
> 　2.2　各国对语文课外活动阐释要点
> 　2.3　当今语文课外活动的特点
> §3　三种模式：语文课外活动实践考察
> 　3.1　学科模式——俄罗斯的课外阅读指导
> 　3.2　跨学科模式——法国的"多样化途径"
> 　3.3　活动模式——日本的特别活动

（二）注意处理好几对关系

在语文教育科研中，运用历史研究法主要要处理好这样几个关系："古"与"今"的关系；"史"与"论"的关系；批判、继承与创新的关系。[①]

1. "古"与"今"的关系

"古"与"今"的关系，即研究语文教育历史与研究语文教育现实的关系。这里有一个基本原则，即通古今之变，尊重历史，古为今用。事实上，现今许多关于语文教育理论、思想观点的每一次重大变革，常常都是从考察语文教育历史本身出发的。我们必须尊重语文教育的历史，要相信它能让我们变得更加"聪明"、更加理智、更加睿智。然而，从目前情况来看，有两个问题

---

① 裴娣娜：《教育研究方法导论》，安徽教育出版社 1995 年版，第 152—156 页。

值得我们注意,一是许多时候我们常常淡忘历史,另一是由于个人的目的许多时候我们常常曲解历史。对于语文教育历史研究而言,这两点都是致命的。

尊重历史、了解历史、研究历史,某种意义上讲,不是根本目的,根本目的是为了当下的语文教育教学。缺乏鲜明的针对性和强烈的现实感的语文教育历史研究,它不能引导人们通过研究获得新的认识;缺乏时代气息和创新意识,缺乏对现实变化的敏感和清晰认识;缺乏把这种认识引入到语文教育研究中的自觉意识,这同样是进行语文教育历史研究的所忌。讲求经世致用,古为今用,是我国教育史学的传统。用历史研究法研究语文教育,不能只是止于历史,而要让历史焕发生命,要透过对历史的研究,揭示语文教育科学中最富于生命活力的深层结构,以此为基础,使之在时间上的延续和空间上的扩展统一起来。也就是说,要有历史意识,在广泛收集史料基础上发现研究课题,针对现实中迫切需要解决的问题确定论题。

2. "史"与"论"的关系

所谓"史",指的是具体的历史史料;所谓"论",是指理论的概括分析。史与论关系,实质是史料与史学关系。在理论上,一直存在"以论带史"、"论从史出"、"史论结合"等不同看法。也有人不区分叙述方法和研究方法,认为只要把史料考订准确,史料收集丰富,就能理所当然地得出研究结论。这种片面认识加上种种不严密、不准确的提法,就很容易引起混乱。而在实践中,确实存在着只热衷收集教育史料而不注意理论分析的倾向。

"史"与"论"的关系,贯穿历史研究的全过程,任何历史史料的收集,都必须在一定理论指导下进行,包括一定的教育理论以及方法论的指导。理论导引的作用在于:明确史料的性质、范围和种类,并伴随初步的鉴别、审定。史与论结合,有助于我们树立历史意识,在广泛收集史料基础上发现研究问题,针对教育现实中迫切需要解决的问题确定论题。在运用证据和解释中,正确的历史观点使我们能按正确标准评价过去的事件,科学地再现历史,而不是用今天的时尚和文化苛求古人。也就是说,理论在历史研究中的渗透性和决定性,能弥补由于受各种条件制约和主体价值标准的制约所带来的偏颇,避免限于现象的描述和史料的堆积,从形式到内容真正把握历史事实的发展演变并揭示其发展的规律。

3. 批判、继承与创新的关系

人们关注历史,其重要原因之一在于,历史作为已逝人类活动过程产物,直接地以一种文化传统或传统文化参与到人们的现实生活中,并无所不在地影响和制约着现实人们的具体行为,积极的或消极的。正是由于此,我们的继承绝不是全盘照搬,也不是全盘否定,而是在选择、批判基础上的继承。这里所谓的"批判",绝不是"打倒一切",批判也就包含着继承,继承也不是简单的依从。诸如,如何评价历史上某个教育家的功过得失,如何评价某个教育问题在教育历史发展某个阶段的研究水平等等,都要首先抱着这样的态度。譬如我们现在评价叶圣陶先生、评价叶圣陶先生阐述的语文教育的"工具性"问题时,我们就不能作简单的肯定与否定,必须和那个特定的历史时代相联系,首先要有一种包容、继承的态度,切不可藐视历史的存在。要知道,过去的未必一定就是落后的、错误的,现在的也未必一定就是先进的、正确的。

当然,我们在选择、批判基础上继承前人的研究成果,目的在于创新。历史毕竟是历史,

"历史"和"现在"毕竟是两个概念,因此,对于语文教育历史研究而言,继承和创新是同时交织在一起出现的。正确处理继承与创新的关系,将决定着历史研究的深度和广度。

最后,我们看一则运用历史研究法进行语文教育科研的案例:

【案例 14-3】
20 世纪前期的语文课外活动[①]

从 1904 年语文单独设科至 1920 年前,整体上而言,中国语文教育对语文课外学习活动的关注是极其少的。

在《奏定学堂章程》颁布以后,中小学实行分科教学,诸多学科都大量引进了新的教学内容和教学方法,而唯独语文学科却并没有因这一新的章程的颁布和实施发生根本性的改变。当时的课程名称主要有三,即中国文字、中国文学以及读经讲经,其教学内容主要是以读古文、学古文为主。《奏定学堂章程》明确指出,读经讲经的教材是"四书"、"五经"、《尔雅》、《左传》等儒家经典;而中国文字、中国文学科目所说的日用常见之字、四民通用之文理也是指向浅近的文言文而言的。当时编制的有影响的语文教材,譬如刘师培的《中国文学教科书》、吴曾祺的《国文教科书》等,虽编写体制有别,但其内容均为古文诗赋。一言以蔽之,这一阶段中国语文教育基本上是传统语文教育的延续,即脱离语言实际、脱离运用实际;课堂教学方法仍以评点串讲为主,学生则主要靠记忆与模仿。由于课堂所学与实际所用的背离——课堂所学的是文言,生活所用的是白话,在这样的情形下,语文教学是很难"开放"(事实上也无需"开放")其教学场地的,也更难想到"语文学习的外延等于生活的外延"。如此,语文课文学习活动自然提不上议事日程,期间所颁布的各种文件对语文课文学习活动也无任何反映。

辛亥革命后,临时政府 1912 年颁布了《普通教育暂行标准》,此课程标准废除了中小学的"读经讲经"一科,并将此前的"中国文字"科和"中国文学"科均改为"国文"科。这个"国文"科事实上其教学内容也主要是以文言文为主。同年颁布的《小学校教则及课程表》指出,初等小学校的教学内容主要是:"简单文字之读法、书法、作法,渐授以日用文章,并使练习语言。"高等小学校的教学内容主要是:"普通文之读法、书法、作法,并使练习语言。"同年颁布的《中学校令施行规则》则指出:"国文首宜授以近世文渐及于近古文,并文字源流、文法要略及文学史之大概,使作实用篇目之文字,兼课习字。"显然,两份文件均未提及与课文相关的任何语文学习活动。从语文教科书来看,民国之初由商务印书馆出版、吴曾祺选编的《重订中学国文教科书》,1913 年由商务印书馆出版、许国英编、张元济等校订的《共和国教科书国文读本》,以及 1914 年由中华书局出版、谢无量编的《新制国文教本》等,均是清一色的古文选编。教学内容制约着教学方法,无疑,这些古文其教学方法依旧是以课内评点串讲为主,

---

① 徐林祥主编:《历史追问:语文教育发展篇》,山东教育出版社 2008 年版,第 279—282 页。

语文课外学习活动依旧缺乏存在的理由。值得注意的是，随着西学东渐的影响，介绍国外教学方法的文章逐渐增多，如自学辅导法、自动辅导法等。既然是"自学"，教学主体必将开始由教师向学生转移，而教学场地则必将开始由课内向课外拓展，因此，语文课外学习活动在这些新的教学思想的催生下也就自然开始萌发了。

从 20 世纪 20 年代起，语文课外学习活动逐渐开始显露端倪。当然这种"显露"主要存在于教学实践中，在语文课程标准层面还没有得到正式认可。

"五四"时期全社会广泛要求"言文一致"、"国语统一"，在此大背景下，1920 年北洋政府教育部明令改"国文"为"国语"。至此，现代白话文逐渐开始进入中国语文教育。白话文教学不像文言文教学，它不需要逐句逐字地讲解，换言之，白话文在语言文字方面学生一般都可以理解，因此，当时的语文教师教学的重心是教材文本的思想内容，否则，语文教学就没得可讲了。由于倡导白话文的初衷是开启民智，当时教材所选的文本内容大多是关于社会、人生、"主义"等问题，即和现实生活联系非常紧密，这就为语文课外学习活动的产生提供了现实可能性。由于教学内容的改变，教学方法也必将作相应调整。当时西方的教育新理念不断涌入，其中关于调动学生自主性、主动性方面尤为倡导。语文教学也受其影响，当时就有人主张："盖课内教授，仅为指导课外自读之预备。国文之主课，宜于课外自读求之，不当斤斤于课内求之也"。甚至认为："对于国文教授之希望，在费课本而代以课外自读，课内之任务，仅为指示订正而已"。① 孙俍工、沈仲九在《初级中学国文读本》（1922 年商务印书馆出版）中说："国文教授，专在指导学生以研究的门径，使他们养成自己研究的能力和习惯。无论读本和其他书籍，都要学生自己阅看，做成读书录，……"显然，这些思想和陶行知先生当年大力提倡的"生活教育"、"教学做合一"等理念是一致的。总之，从 20 世纪 20 年代起，语文教学开始有意识地关注语文课外学习活动。

这一阶段在教学实践中，对语文课外学习活动关注尤为突出的要属当时誉满全国的名校即春晖中学。春晖中学由当时的前浙江第一师范校长、著名教育家经亨颐先生于 1921 年创办，创办伊始便进行了语文教学改革，主持教学改革的是夏丏尊先生。在阅读教改方面，春晖中学特别注重学生课外的阅读，专门开列了一份广泛涉及自然科学、人文社会科学在内的古今中外的优秀书目，当时的《语丝》、《新青年》、《创造季刊》等新文学刊物，都是学生们喜爱阅读的课外读物。在写作教改方面，春晖中学大力倡导学生要和社会生活相联系来写自己身边的人和事，强调从生活中学会观察和思考。学校还创办了《春晖》半月刊供学生们发表文章，学生们自己也创办了《春晖学生》和《白马嘶》两个文学刊物，专门发表自己的习作。总之，"春晖中学重视学生的课外语文学习，认为要学生学好语文，必须把课内和课外的学习很好地结合起来。学生的课外学习小组，都有专门的国文教师辅导。学生的课外学习，也有必要的考核。"②

---

① 顾黄初、李杏保主编：《20 世纪前期中国语文教育论集》，四川教育出版社 1991 年版，第 119—127 页。
② 李树编：《中学语文教学百年史话》，山东人民出版社 2007 年版，第 45 页。

从1929年起,除了于教学实践中继续对语文课外学习活动的积极关注,相关语文课外学习活动的教学内容和教学要求也开始于语文课程标准中逐渐呈现,语文课外学习活动逐步取得了"法定性"地位。

1929年颁布的《小学课程暂行标准小学国语》在"教学方法要点"中就指出:"利用课外的表演,讲演会,读书会,展览会,作文比赛会,写字竞进会,刊物投稿等,以增加学习的效率。"同年颁布的《初级中学国文暂行课程标准》在"教法要点"的"作文练习"之"野外写生"一项中也指出:"这是借用图画的习语。分学生为几组,由教师率领,到郊外实地描写景物。教师即就地指示观点的迁移,景物的远近及色彩的浓淡等,以定叙述先后的方法。"同年颁布的《高级中学普通科国文暂行课程标准》在"作业要领"中指出:"作文练习包括读书笔记,专题研究,游览参观的记录,和各种文学体裁的试作等等。教员应于课外指导学生继续练习演说和辩论。"在"教法要点"中则指出:"教员应随时用种种方法鼓励学生课外自习,并随时考查学生读书成绩,如检阅笔记,轮流报告及讨论,临时测验等"。1932年颁布的《小学课程标准国语》在"教学要点"中指出:"略读的图书,须欣赏的、实用的、参考的三项并重,但依年级而异其分量。除课内指导外,应督励儿童课外阅读,并作读书报告。"同年颁布的《初级中学国文课程标准》在"实施方法概要"中指出:"口语练习,于课外行之。或由教员命题指定学生演说,或由学生自由发表意见,或组织辩论会分组辩论。""书法练习,除于课内略为说明用笔结构等外,应注重课外行楷之练习与临摹。"同年颁布的《初级中学国文课程标准》在"教材大纲"中的"略读"一项中指出:"学生各就其性质及兴趣,由教员指导,选取整部或选本之名著,散见各书之单篇作品,及有价值之定期刊物。"1941年颁布的《小学国语科课程标准》在"教法要点"中指出:"教科书为课内精读的教材,须另编国语科补充读物,使儿童课外略读,课外阅读的补充读物,须和课内精读的教材配合。"、"作文须与各科(如笔记各科的讲述等)联络,并须与课外活动(如学校新闻、学级新闻的拟稿等)联络。"

这一阶段,在课程标准的倡导下国内许多的著名的中小学,无论私立抑或公立学校,都比较重视语文课外学习活动的开展。当时以语文课外学习活动为主的社团形式多样,譬如诗业社、文学社、戏剧社、合唱团等。许多学生自办刊物、自编自导自演节目。

综上所述,从1904年语文独立设科到建国前,语文课外学习活动经历了一个从无到有、由少渐多的过程。语文课外学习活动,从某种意义上讲,它反映的是一种教学方法的取向问题,而教学方法从根本上讲主要是由教学内容决定的。从1904年语文独立设科至1920年北洋政府改"国文"为"国语"前,由于语文教学内容主要是文言文,这就直接决定了其教学方法的运用,即以课堂教学为主、以串讲评点为主。课堂所学的文言与课外生活实际所用的白话之间的背离,致使语文课外学习活动难有存在的理由。从1920年起,教学内容向现代白话文逐步转移,使得教学方法也开始作对应的调整。与此同时,在国外相关教学思想的宣传与倡导下,语文课外教学活动终于开始崭露头角,嗣后,语文课程标准也对其作了认可。当然,这种"认可"还没有形成一个自足的独立体系,课程标准层面对语文课外学习活动的叙述还比较零散;换言之,这一阶段的语文课外学习活动还是作为一种"手段"依附于语文课内教学活动，与 21 世纪语文新课程标准中的、作为一个"课程目标"而存在的"语文综合性学习"是无法相提并论的。

思考与练习

1. 什么是语文教育历史研究法？
2. 运用语文教育历史研究法有哪些基本的策略？
3. 运用语文教育历史研究法的一般程序有哪些？
4. 运用语文教育历史研究法应注意哪些事项？

第十五章　语文教育比较研究方法

19 世纪以后,教育比较研究方法逐渐成为教育研究的一种基本方法。在语文教育研究领域,研究者利用这一方法观察语文教育的发展进程及结构,并且不断重新审视各个时期的语文教育理论与实践,从而获得对语文教育起源和发展的普遍性和特殊性的认识,对各种类型语文教育现象异同的认识。

第一节　语文教育比较研究方法概述

一、教育比较研究的缘起

公元前 4 世纪,亚里士多德曾对 158 个城邦政制《宪法》进行了比较研究,写出了著名的《雅典政制》一书。但比较研究作为教育研究的一种重要方法是在 19 世纪以后。据国外学者的考察,一般认为教育比较研究法的发展可分四个阶段:[①]

一是"旅游者的传说"阶段。研究者以直接观察者的立场,将所见到的国外统治者对年轻一代教育的情况做"口头描述"。

二是纪实研究阶段。19 世纪,研究者通过实地考察访问,搜集不同国家的教育制度和教授法资料并作简单类比,以为借鉴。如英国的马瑟·阿诺德,对欧洲各国考察后撰写了考察报告——《欧洲大陆的学校和大学》。借鉴外国先进教育观点,研究外国的教育制度,并为本国所用。这是一种带有功利与实用目的的教育借鉴活动,还不能解释现象的内在原因。

三是分析研究阶段。20 世纪前 60 年,受社会学发展的影响,一批学者逐渐采用了分析教育现象因素的方法。用理性推断法努力探究影响各国教育体制差异的根本原因,特别是对社会与教育之间关系的深刻分析。代表人物是美国的阿萨克·康得尔。他采用分析法,根据搜集到的各国情报,在客观描述的基础上进行历史的、功能性的分析。分析特定教育现象形成和发展的各种相关因素。康得尔认为制约各国教育发展的一大因素是民族主义和国民特性。他还预测,世界上几乎所有国家将会在教育目的和课程上趋于接近,只是各国用于解决教育课题的方法和手段依存于本国的传统和文化罢了。由于过分强调比较分析而陷入非此即彼的形式主义误区,单独抽取因素而整体受到肢解,导致不能真正把握事物的本质属性。

四是多样、综合的系统比较研究方法阶段。20 世纪 60 年代以后,比较研究运用社会科学的、准自然科学的方法,用定量定性资料深入分析,认识变革中的教育结构,确定各种因素在教

---

① 裴娣娜:《教育研究方法导论》,安徽教育出版社 1995 年版,第 224 页。

育发展中的作用,寻求更科学、更精密的方法。当今,比较研究方法在教育科学研究中也面临挑战,这表现在:要求改变过去那种将单一国家或个体作为惟一研究的框架,更强调区域性大型研究;强调以群体为研究对象,要求改变过去那种线性单向的输入或输出的二元比较研究格局和简单的归因分析,更强调在复杂的社会背景中进行全方位、多层次的比较分析,要求跨文化多学科的参与;要求改变过去那种对量化方法的盲目迷信,更关注实际的、生动丰富的教育实践和过程的定性研究,同时注意定量分析。而新的研究热点的出现,逐步改变了研究的方向,比较研究方法必须更现代化、更科学化。

二、语文教育比较研究的内涵

"比较"一词的意思是:根据一定的标准,把彼此有某些联系的事物放在一起进行考察,寻找其异同,以把握研究对象所特有的质的规定性。比较是认识事物的基础,一事物区别于其他事物的质的规定只有通过比较才能揭示出来。所谓比较研究法,就是人们在认识活动中,根据一定的标准,把彼此有联系的各种对象或现象加以对照分析,并确定它们之间的异同关系、共同规律、特殊本质的思维过程和逻辑推理方法。这种比较研究必须具备三个条件:一是必须存在两种以上事物;二是这些事物必须有共同的基础;三是这些事物必须有不同的特性,即研究对象必须有差异。

教育比较研究法,指的是根据一定的标准对不同时期、不同地点、不同情况下所发生的教育现象、教育理论进行考察、分析、鉴别和整理,从中找出教育的普遍规律和特殊本质,力求得出符合客观实际的结论,并运用于教育实践的一种研究方法。它是一种确定教育领域内不同理论、思想、观念、方法、现象、事实等之间异同关系的思维过程和方法。

语文教育比较研究法是从不同语文教育现象之间或各种历史形态下同一语文教育现象的关系入手,揭示语文教育现象之间深层的异同点及其内部关系,探讨语文教育发展规律的研究方法。语文教育比较研究的实质在于运用比较原理和方法,通过对某类语文教育现象不同条件下的具体表现进行对比研究,揭示该语文教育现象独特的质的规定性及语文教育发展的一般规律。语文教育比较研究的目的,主要是想通过异中求同、同中求异,发现优势与不足,吸取经验、接受教训,取长补短、优势互补,从而促进语文教育的进步。

三、语文教育比较研究的特征

首先,语文教育比较研究作为一种思维过程,是与观察、分析、综合等活动交织在一起的,贯穿于语文教育研究全过程的。我们可以通过比较研究,选定有重要价值的研究课题;通过比较研究,对搜集的文献情报与资料进行定性鉴别;通过比较研究,对教育调查和教育实践的结果进行定性与定量分析;通过比较研究,对理论研究的结果与观察、实验、实践的事实之间是否一致作出判断。

其次,语文教育比较研究作为一种研究方法,与其他研究方法不同之处在于从比较的角度把握对象特有的规定性,因而要求研究对象必须具有可比较性,从而限定了研究的内容和范围,且研究方法上以比较分析方法为主。

有系统地对语文教学进行比较研究,可以克服语文教学研究的狭隘性,使语文教学的研究能够站到宏观的高度,扩大视野,从而使我们有可能发现尚未发现的语文教学的一般规律和特殊规律。因为客观系统的比较研究有助于发现事物之间的异同,从而帮助我们形成新的思维,推进语文教育学科的发展。

第二节　语文教育比较研究方法的运用

一、语文教育比较研究的一般程序

关于比较教育研究的一般程序,各国学者有不同的见解。联邦德国的希克尔和美国的乔治·贝雷迪将比较研究分为纪实、解释、并列、比较四个阶段。纪实阶段主要是收集整理有关研究对象的资料,客观地描述事实,表明要在哪些方面进行比较;解释阶段主要是从各方面解释所描述事实的含义,以便不仅了解事物是怎样或如何进行的,而且要弄清楚事物为什么要那样;并列阶段就是将所要描述的材料按一定规则进行排列,确定比较的标准和形式,提出比较分析的假设;比较阶段是指通过对并列材料的比较,验证所提出的假设,从而得出结论[①]。虽然运用比较研究法进行教育科研没有一种固定的模式,但一般说来,总要经过明确比较什么、如何比较、比较的标准、比较的目的和内容等程序。

(一) 确定比较的问题,是进行比较研究的前提

因为语文教育上的问题很多,运用比较方法研究需要确定研究的目的、任务,内容等。要根据研究课题确定比较内容,限定比较范围,从而使比较的目标明确而集中。

具体地讲:一是选定比较的主题;二是研究比较的项目;三是确定比较的范围。例如,《国内四套语文教科书听说系统比较研究》、《大陆与香港小学语文教科书结构比较研究》等从题目所显示的信息,即可知其比较的主题、项目、范围。

(二) 制定比较的标准,是进行比较研究的依据

这一步骤就是要把比较对象的材料按可能比较的形式排列起来,使比较的内容和概念明确化,比较的数据精确化,即具有可操作性。因而制定比较标准要求被比事物要有两个或两个以上;供比较的材料必须真实可靠;被比事物之间有一定的内在联系,具有可比性;能用统一的标准去衡量。这样研究者就能根据比较的标准,不但使抽象的概念具体化,而且能利用各方比较的材料,否则,这种比较就是不科学的,甚至是错误的。运用比较方法时先确定比较的框架是许多研究者的选择,如:"本研究认为,小学语文教科书结构可以分为以下两个部分,即教科书的形式结构和内容结构。所谓形式结构是指学语文教科书外部样式结构,即小学语文教科书前封到后封之间的主要构成部分,它包括以阶段内容、编写体系、编排体例为主的宏观形式结构和以开本、封面与封底、导学、课文、插入语、插图、练习与活动为主要内容的微观形式结构;而内容结构则是指小学语文教科书为实现课程目标而选择和组织的对学生有实际用处的

---

① 杨丽珠:《教育科学研究方法》,辽宁师范大学出版社1995年版,第280—281页。

内容,即语文知识、相关能力和思想品德三者各自特点和相互关系。"①在这个实践分析框架下,比较不同版本的教科书的结构要素、结合方式与编写思路。

（三）收集、整理资料并加以分类、解释,是进行比较研究的基础

为使比较的结果客观、准确,可通过文献检索、现场调查和实验等多种方法,广泛地收集所要研究的教育现象的有关资料,并对资料进行鉴别,保证资料的客观性和代表性,能反映真实的、普遍的情况,能反映事物的本质。然后,对这些归纳好的资料作出解释,即赋予资料以现实意义,为下一步的比较分析奠定基础。在这个过程中,研究者应消除主观偏见,不带感情色彩。例如,《大陆与香港小学语文教科书道德教育要素比较研究》②,首先"从有关自身的道德内容、有关与他人关系的内容、有关与社会关系的内容、有关与自然关系的内容等四个领域构建出具体的道德教育要素分析类目,教科书德育要素比较的实践框架;在此基础上对大陆与香港小学语文教科书蕴涵的道德教育要素进行频度统计与分析,通过对两套教科书中的主副题、插图、练习与思考、课文教学目标、单元主题以及教师用书和教科书综合统计等进行不同道德教育要素的频次统计与比较,来展示教科书中的道德教育要素呈现情况。"对课文进行文本分析以进一步深入探讨两套教科书中道德教育要素及其呈现方式的特点。

（四）比较分析,是进行比较研究的重要环节

分析要从初步分析到深入分析,对收集的资料进行加工、解释和评价。不仅要说明教育现象是怎样的,而且还要说明为什么是这样的,分析其形成的原因、因素及过程。比较时应以客观事实为基础,对所有的材料进行全面客观分析。只有这样,才能把研究引向深入。例如,《大陆与香港小学语文教科书道德教育要素比较研究》内容比较部分,"分别从课文的选取、插图的运用、人物塑造、文后思考的设计等方面深入文本,比较两套教科书蕴含道德内涵的特点。"

（五）得出比较结论,从中得到借鉴或启示,是进行比较研究的目的

在以上步骤的基础上,通过理论概括、实践证明、逻辑推理等手段,顺理成章地得出比较结论。仍以《大陆与香港小学语文教科书道德教育要素比较研究》为例,作者根据统计与分析结果得出以下结论:

> 共性:大陆和香港教科书强调的顺序都是从自然到社会;"崇尚自然"为大陆和香港小语教科书的共同取向;"热爱生活"在大陆和香港教科书中都得到高度重视。大陆和香港小语教科书都比较重视文明礼貌教育;大陆和香港小语教科书主要的道德呈现方式为"单元主题"。
>
> 差异性:大陆突出社会化和学科化,香港则追求个性化和生活化;大陆重视学生社会意识的培养,香港关注学生与他人的和谐发展;香港教科书比大陆教科书更重视对学生进行生命教育;大陆教科书选材追求文学化,香港教科书则注重选材多元化;大陆人物塑造突显成层功能,香港教科书则以学生为中心;大陆重视知识的掌握,香港则关注学生学

① 陈宜挺:《大陆与香港小学语文教科书结构比较研究》,浙江师范大学 2008 年硕士学位论文。
② 许红:《大陆与香港小学语文教科书道德教育要素比较研究》,浙江师范大学 2008 年硕士学位论文。

习能力的发展。

为了使大陆小学语文教科书中所蕴含的道德教育要素更加合理，以更好地发挥其教育价值，研究者分别从增强"人际和谐"的道德观念，关注教科书所涉及的道德内涵；呈现方式追求活动化和生活化，呈现方式适应学生身心发展水平以及加强学生的主体性，注重学生的自主发展等方面提出了相关建议。在比较的每一步，都要围绕一个明确的目的，即探索教育的规律，找出合乎客观实际的结论，而不是为比较而以上比较研究的几个步骤形成一个完整的研究过程，各步骤之间是相互联系、不可分割的整体。

二、语文教育比较研究的具体方法

由于教育现象的复杂性和研究者研究视角的多样性，比较研究方法也是多种多样的。因此，根据不同的分类标准，产生了不同的比较类型的具体方法，我国学者一般把它分为以下几类[①]。

（一）同类比较法与异类比较法

这是按事物之间的同一性和差异性来划分的。

1. 同类比较法

这是对两种或两种以上性质相同的教育现象之间所具有的特征进行比较，寻找其共性特点，揭示其本质的研究方法。其目的在于"同中求同"、"同中求异"。"同中求同"即同类相同点比较，可揭示事物发生发展的共同的本质规律，而"同中求异"是同类不同点比较，可揭示事物发生发展的特殊性。于滋勇的《从特级教师的教学比较中看语文教学的理想境界》一文，即是对同为全国比较有影响的特级语文教师所进行的比较研究。其研究得出了三条带有普遍意义的结论：（1）培养浓厚的自学兴趣，是语文教学达到理想境界的前提；（2）建立严密的整体序列教学，是语文教学的达到理想境界的基础；（3）体现灵活的教学方法。[②]

一般说来，同类比较的结论带有或然性，但它能使人触类旁通、由此及彼。如通过对两个国家或地区语文课程标准中共性特征的比较研究，可以探讨语文教育、教学的本质和规律。语文教育的同类比较研究还可用于由已知现象推知与其特征相同的其他现象的研究。当然，这种由推理得出的结论具有一定的或然性，应注意保证结论的科学性。

2. 异类比较法

这是对两种或两种以上性质相反的教育现象之间的差异性或同一教育现象正反两方面的特征进行比较，以探讨其共同性，揭示其规律的研究方法。这种比较具有反差大、结果鲜明和易于鉴别等特点，如《新旧课程对初中生语文思维能力影响的比较研究》。

在教育研究过程中，研究对象之间的同一性和差异性是相统一而存在的。因而，对其共同点和差异进行的比较往往难以划定明确的界限，即对其共同性的比较联系着差异性，而对其

---

① 李秉德：《教育科学研究方法》，人民教育出版社 2001 年版，第 104—109 页。

② 于滋勇：《从特级教师的教学比较中看语文教学的理想境界》，《北京师范大学学报》1990 年第 1 期。

差异性的比较又牵动着共同性,同中求异和异中求同常常相倚而生。所以,研究实践中两类比较法往往同时使用。

(二) 纵向比较法与横向比较法

这是从比较对象所涉及的时空角度即历史发展和相互联系来分类的,是两种最常用的比较方式。

1. 纵向比较法

又叫历史比较法,是按时间顺序对某一教育现象在不同历史时期内发展变化的过程、状况,以动态的观点进行比较分析,从而确定其本质特点和发展规律的研究方法。在教育科学研究中,对一个国家在一定历史时期内或不同历史时期的发展过程、状况的研究,对某一教育领域(如职业教育、中等教育等)或某一问题(如教育投资问题等)进行的过程性对比分析研究,都属于教育的纵向比较研究。

语文教育的纵向比较研究是以不同时间语文教育现象的延续发展为线索,从历史的、分析的角度进行的研究。语文教育具有相对独立性,不同时期的语文教育发展都有其连续性和内在逻辑性,通过对语文教育发展变化的历史过程的研究,可以搞清楚其发展变化的来龙去脉,揭示语文教育在发展过程中所蕴含的规律。这种纵向比较研究可以从宏观着眼,如顾黄初的《语文教学发展的历史轨迹》[①]一文便是;也可以从微观入手,选择某个具体问题进行比较分析。这类题型的研究意义有两点:一是文献学上的意义,再现历史上语文教育的真实面貌,并且尽可能展现其实用价值,如同考古学对于每个文明民族都是不可缺少的一样,我们也有责任做好这方面的挖掘整理工作。二是实用的借鉴价值,如同历史学对于今天能起"镜子"作用一样,语文教学的历史比较分析,同样能给我们提供认识与鉴别作用。

教育的发展总是依附于一定的社会条件而存在。对教育现象的纵向比较研究,应把研究对象置于社会的大环境之中,坚持联系的、发展变化的观点,既揭示教育现象自身发展变化的过程,又揭示教育现象与其他社会现象的本质联系,阐述其发展变化的原因,避免孤立地看待教育问题以及就教育论教育的现象。

2. 横向比较法

这是按空间结构对同时并存而又有密切联系的教育现象进行平行的、相互间的对比研究的一种方法。横向比较法是对在某一时间条件下研究对象发展的横断面上进行的研究,通过对不同条件下的研究对象之间发展状况、影响因素等的对比研究,揭示教育现象的特殊本质、发展规律、发展趋势。如,国与国之间(尤其是相同的"文化圈"内)语文教学的平行比较研究型。这类模式的研究对象,主要是考察别国语文教学(或"文化圈"内)的特点、尤其是它们的先进经验和手段。其目的和意义有二:一是寻找我们可以借鉴学习的东西(如学习国外的语文练习设计方法、测试手段);二是在比较中发现我们自己的弱点与短处。例如,张承明的《中日听说教学比较研究》[②]一文便是。至于这类研究的细项,可以从时间范畴来分,可有同期比较,亦

---

① 顾黄初:《语文教学发展的历史轨迹》,《语文学习》1989 年第 9 期。
② 张承明:《中日听说教学比较研究》,《语文教学通讯》2005 年第 5 期。

可有异期比较,也可分为垂直比较与并行比较。从空间范畴来分,大可以大到东西方总体比较,如《中美阅读教学比较研究》,小可以小到两国之间并行比较以至就单个小问题进行对照分析比较,如《中德母语教科书"课文注释"比较》。总之,它可以把横向联系的问题列入研究对象,也可以把无事实联系但有共性的问题列入研究对象。此外,就某一教育现象或问题进行研究时,比较对象虽不同时,但所处条件基本接近,具有一定可比性时所进行的比较研究,也属于教育的横向比较研究。

横向比较研究可同时研究较大样本,保证研究对象的代表性;可在短时间内收集大量的、多方面的信息,有利于人们对教育现象进行全面把握。但是,该研究方法存在的问题是研究缺乏系统性、连续性、难以确定事物的因果关系等。因此,在教育科学研究的实践中,常常把纵向比较和横向比较结合起来使用。

(三) 定性比较法与定量比较法

这是根据所有事物都是质和量的统一的观点来划分的。

1. 定性比较法

这是对教育现象所具有的本质属性进行描述性的分析比较,从而确定其性质的一种方法。教育的定性比较研究局限于研究教育现象之间的内在属性、本质联系。通过比较,区分其本质特征与非本质特征,揭示教育现象的发展规律。如语文教学思想方法论比较研究,其研究对象是时代政治思潮和国家政策对语文教学的正负面影响和课程理论(如行为主义、认知主义、建构主义)对语文教学所产生的影响问题。其研究的具体方法不一而足,如可以分阶段对照比较研究等。其研究的意义,主要是为了寻找出哪种时代氛围对语文教学是最理想的,哪种教学思想对语文教学的实际效果会产生什么影响等,为采取科学的教育措施提供依据。

教育的定性比较有利于区别和认识教育现象。由于教育过程较多地涉及人的态度、言行、心理过程等内在因素,而这些方面难以进行量的比较分析,所以教育的定性比较在教育科学研究中具有更为广泛的用途和范围。

2. 定量比较法

这是对教育现象的属性进行数量的分析比较,以准确判定其发展变化的程度、过程及规律。教育的定量比较研究,是对教育现象发展过程中表现出的量的变化进行对比分析,揭示其本质、规律的研究方法。在教育研究过程中,对教育投资的数量、比例、分配的比较研究,对某一教育层次学生数量的变化、各层次学生之间比例的变化、师生比的变化等的比较研究,对学习成绩变化的比较研究,等等,都属于教育的定量比较研究。教育的定量比较研究能够简洁、明晰地说明事物发展的特征,具有较强的说服力,在教育科学研究中有广泛的用途。在教育事业的内部结构上,也有一个通过定量比较以求得一个正确的结构比例问题。所以人们从事教育科研工作,一定要树立量的观念,重视收集、整理和分析研究数据,重视定量比较。无论是制定教育事业发展规划,还是做一项教育实验或教育调查,都要进行定量比较。没有量的观念,缺乏基本的数量比较,就难以对教育现象有深入的认识。如语文教材比较研究,其研究目的是比较出各类教材的特点和适用性问题(包括风格),以便改进教材的编制和使用。这类比较可以不同语文教材为中心,对教材进行纵剖面和横断面的比较研究(包括国外的)。从规模上说,大的可以整体进行比较,小的可以单篇进行比较。又如语文教法比较研究,其研究目的同样是为了比较出各种教法的特点和适用性问题(也包括风格异同的比较),以便选择最优化最理想的语文教法来提高语文教学效果和速度。这类比较可以教法为中心,对语文教法进行纵剖面和横断面的比较研究(包括国外的)。

三、语文教育比较研究的注意事项

(一) 关于比较的适用范围

比较研究在语文教育研究中具有重要作用,无论是历史研究还是现状研究,无论是定性研究还是定量研究,无论是归纳还是演绎,似乎都要用到比较。通过比较,可以把所研究的事物纳入更广阔的背景中去认识,可以更全面地考察、分析事物,避免孤立地、片面地看问题。因此,比较研究法在语文教育研究中运用十分广泛,其适用范围主要有以下几个方面。

1. 研究语文教育有争议的问题

如研究中小学语文课程设置问题、语言与文学分科问题、语文学科的性质与任务问题、中小学语文教学方法改革问题、中小学语文教师培养制度与方法问题等,都需要用比较的方法研究其利弊得失。

2. 研究语文教育史

语文教育史的研究,是非常注意史料鉴别的。要鉴别史料,就得运用比较的方法比较史料的准确可靠的程度。

3. 研究语文教科书

对语文教科书的编制研究,有的从纵向的比较中探讨语文教科书历时与共时性的经验与问题,如《关于语文教材动态生成过程的思考》、《初中语文新旧教材差异浅析》;有的从横向的比较中寻求语文教科书内容与形式的改革与突破,如《中美教材助读系统的比较和分析》、《中外语文教材对比分析》。

4. 研究国外语文教育

目前我们关于国外语文教育的研究(包括比较语文教育研究)一般有三个层次。一是对国外母语教育的译介,着眼"资料引介",如柳士镇、洪宗礼主编的《中外母语课程标准译编》、《中外母语教材选粹》等[①],包括对各个国家的课程标准和课程内容的介绍、各国教材特点的介绍。二是对中外语文教育的比较研究,着重"现实启发"。对中外语文教育从教育理念到教育实践的全方位比较,或者聚焦于某一专题的异同,深度探寻国外语文教育的特色和规律,如王荣生的《从德国两个州的课程标准看语文课程形态的筹划》[②]。三是对国外语文教育的评述,追求"原理探寻",即立足于语文教育本身,专题探讨语文教育本身的规律,从中发现一些原理性的内容,目的是在原理层次上给我国的语文教育以启发,如洪宗礼主编的《当代外国语文课程教

---

① 柳士镇、洪宗礼主编《中外母语课程标准译编》,江苏教育出版社 2000 年版;柳士镇、洪宗礼主编:《中外母语教材选粹》,江苏教育出版社 2000 年版。
② 王荣生:《从德国两个州的课程标准看语文课程形态的筹划》,《外国中小学教育》2007 年第 8 期。

材评介》。[①]

（二）关于比较的材料

1. 比较的材料具有客观性、代表性、典型性

用于比较的材料必须真实可靠，具有客观性，否则就会导致虚假的结论。在材料真实的基础上，还要求材料能反映普遍情况，具有代表性；能反映研究对象的本质，具有典型性。这就需要研究者对国内外教育有较为深刻的认识，具有较扎实的教育理论基础以及掌握相应的工具和方法，同时还要求研究者对比较的材料有准确的理解。

2. 比较的材料具有可比性

运用比较研究法，必须注意事物之间的可比性。可比性是指比较对象之间的规定性，即对象必须属于同一范畴，有一定的内在联系，有某些本质上的共同性，并能用同一标准去衡量和评价。可比性由两方面因素构成，一是差异性和矛盾性（具有各自本身的特点才能进行比较）；二是同一性和相似性（具有某种比较的共同基础，没有共同性的材料是无法比较的）。总之，在任何教育研究中，拿来作比较的材料、事实、数据等必须是可比的。如果违反了可比性原则，其结论必然是虚假的。同时，可比性还包括比较的对象要对等、要相当。可见，坚持可比性原则是运用比较法的基本要求。而为了保证研究的可比性，必须做到比较的标准要统一，比较的范围、项目要一致，比较的客观条件要相同。

（三）进行客观、全面的比较

所谓客观，是指研究者应持科学、公正的研究态度，排除偏见与成见，不以先入为主的结论来取代科学的比较分析，要坚持从事实出发，实事求是，不能脱离基本事实。教育科学研究中的客观态度就是要对教育现象和教育问题进行深入研究和中肯分析，公正合理地作出结论，并给予合乎逻辑的评价。因此，比较结论的正确取决于所收集材料的完整、全面、客观和对所收集材料加工分析的科学合理性。这就要求比较必须从多方面去考虑。如在纵与横的关系上，有时可以纵向比较，有时可以横向比较，有时也可以纵横结合起来，进行综合比较。在同与异的关系上，有时可以同类比较，有时可以异类比较，还可以对两个既定对象的异同作全面的比较。在质与量的关系上，有时可以作定性的比较，有时可作定量的比较，定性与定量是相互补充、相互联系的。定性是定量的基础，定量是定性的精确化。

所谓全面，就是要广泛考察，不能以偏概全。全面还包括制定几种不同的方案，反复进行比较。如在教育改革问题上，要提出不同的改革办法，反复进行比较，从中选出一个最符合实际的方案。

（四）坚持本质的比较

在一项研究中，可供比较的内容可能会很多，究竟比较什么，从哪些方面进行比较，怎么比较，这些都与研究目的相关，也与研究者的认识能力有关。比较常常是从现象的比较开始的，但随着认识的深化，分析比较也在逐步地透过现象看本质，向本质的比较转化。

坚持本质的比较，要做到：明确比较目的、比较对象、比较项目，选择最基本的比较内容，既

---

① 洪宗礼主编：《当代外国语文课程教材评介》，江苏教育出版社 2004 年版。

要通过比较寻找共同点,又要通过比较分析差异,及造成差异的原因,在比较中发现值得研究的问题等。我们可以从案例15-1中发现"坚持本质比较"的清晰思路。

（五）与其他研究方法结合运用

要科学地运用比较研究法,必须正确估计比较研究法的作用,把比较研究法与其他研究方法结合起来运用。如在调查法中,要比较调查对象的种种相同或不同情况;在实验法中,要比较实验的各种变化和效果;在文献法中,要比较文献资料的真伪和社会背景;在统计法中,要比较数据的变化和结果等。

【案例 15-1】

沪港台高中语文教材比较[1]

倪文锦

一、比较目的

通过比较沪港台三地的高中语文教材,集中各地的成功经验,探索 21 世纪中国语文教材的新思路,促使汉语进一步走向世界。

二、比较对象

上海高级中学课本语文(H 版),上海教育出版社(1991 年)

香港中国语文(中四、中五),香港启思出版有限公司(1991 年)

台湾高级中学国文教科书,"国立编译馆"(1985 年)

三、比较项目

（一）教材编审制度

上海教材实行的是编审分开的招标和审查制度,由上海中小学课程教材改革委员会对教材编写进行公开招标,中标单位组织有关编写人员根据课程教材改革委员会制定的"全日制高级中学语文学科课程标准(草案)"组织编写,由上海中小学教材编审委员会审查通过,并报送国家教委中小学教材审定委员会审定,然后由教育出版社负责出版,供学校选择使用。

香港教材也采用审查制,但与上海不同的是,教材由各出版社组织人员根据香港教育署颁布的"中文科课程纲要"编撰,然后送交教育署审查,批准后印刷,供学校和教师选用。但教材的精读篇目由教育署规定,教材编写人员只能自主选编略读教材及课外读物。

台湾教材实行的是统编制,即一个课程标准,一本教材。较之沪、港的"一纲多本"来,它比较呆板,无法开展教材之间的竞争。

（二）教材编选标准(原则)

上海:有利于全面完成学科教育目标规定的任务。文质兼美,难易适度,取材多样,适合教学。注重思想性、艺术性、科学性、可读性。语言文字要规范。题材、体裁风格多样,富有

① 倪文锦:《沪港台高中语文教材比较》,《中学语文》1996 年第 9 期。

语文教育研究方法

时代气息,体现出经济文化发达地区的特点,有助于进行思想政治教育和道德品质教育。适合学生的认知特点。课文总量适当,各类文字的比例合理,以利于减轻学生的负担,全面提高学生的语文素养。文言课文占总量的20%—30%。

香港:教材(精读)是配合本科教学目标而选取的。选取的标准:文章的意识健康,写作技巧熟练,语文运用能配合学生的程度,内容能引起学生的学习兴趣等,同时兼顾文白、古今、韵散的比例,以及各种体裁、作法的配合,能照顾多方面的需要。

台湾:精读范文以简练为主,略读范文以浅近为主。选文注重思想纯正、旨趣明确、内容切时、情味浓厚、理论精辟、情意真挚、文字雅洁、篇幅适度、层次分明、文词流畅。

由此可见:①沪、港、台都坚持文质兼美的标准,尽管对"质"的内涵的理解是有差异的。②沪、港比较注重文章的多样性和兼顾多方面的需要,以及适合学生的程度。③港、台的选文比较注重"情"与"趣"。④从内容切时或富有时代气息而言,沪、台两地也有共同点。⑤上海选材个性是体现出经济文化发达地区的特点,减轻学生负担和全面提高学生的语文素养。台湾选材特点是精读范文以简炼为主,略读范文以浅近为主。相对而言,香港选材比较缺乏个性特点。

(三)教材设计思想

上海的教材,其教学内容的确定力求做到社会需求、学科体系和学生发展水平这三者的统一。即是说,它既要从社会需要出发,以社会需要作为选择教学内容的出发点,又要以学生的接受水平和发展需要作为整体安排教材内容的依据,同时,还要顾及学科的发展需要,考虑到学科自身的逻辑体系和结构。因此,它反映的不再是单一的学科中心课程的思想、学生中心的课程思想或社会效率思想,而是试图取得这三者的平衡。

台湾的教材,受传统文化的影响,教材的设计思想基本没有跳出学科中心课程的框框。

香港的教材,比较注意教材的语文运用能配合学生的程度,内容能引起学生的学习兴趣等,所以学生中心的课程倾向较为明显。

(四)教材内部结构

上海教材分阅读和写作两大部分,教材采用单元结构方式,是训练型教材。

香港和台湾教材,均以单篇课文为独立存在单位,并不采用单元结构。同属于文选型阅读教材,写作还没有摆脱从属于阅读的地位。

1. 范文系统

上海教材分讲读课文与自读课文两类:1—5册每册6个单元,每单元为4篇课文;第6册单元减少,共4个单元,17篇课文。讲读与自读的比例约为1:1。

现代文与文言文比例约为2.8:1,采用文、白混编,除第6册以外,每册教材课文约为24篇。上海教材的特色是以训练阅读能力为主线。

香港教材精读篇目共26篇,中三教材每册8篇,中四教材每册5篇。现代文与文言文比例约为1:1,文、白混编。略读教材由各校自主选择,"课程纲要"除规定"以每三周施教一次为宜"之外,对略读教材篇数并未作出规定。

台湾教材，共92篇课文，其中精读课文53篇，略读课文39篇，两者之比约为1.4∶1。每册教材篇目14到16不等，以16篇居多。按台湾高中国文课程标准的规定，文言文在高中阶段的比例，三学年分别为60％、70％、80％。它同样采用文、白混编。

台湾教材一个显著的特色是注重民族传统文化，其深厚的文化背景是儒家思想的影响。

由于意识形态不同，三地选文不一是可以理解的。除此之外，①每册教材课文篇数不一，究竟多少合适是可以研究的，因为作为教学的"例子"，它不仅在质量上是"范例"、"适例"，而且在数量也应是一个"适例"和"范例"。②文言文所占比例，台最高，港次之，沪最低，这与三地各自的课程标准规定的教学目标有关。面对21世纪，作为经济发达地区，沪、港、台能否在这一方面取得共识，这也应该研究。③上海教材的特色是以训练阅读能力为主线，台湾教材的特色是注重传统文化，香港教材的特色似乎不甚明显。④精读、略读或讲读、自读的比例三地也不一样，其中的经验教训可以总结。⑤三地应该对入选教材的范文，广泛听取第一线教师和学生的意见，然后作调整，不宜几十年不变。

2. 助读系统

上海教材的助读系统，主体是"阅读提示"，另外安排一些注释·阅读提示主要指出一个单元能力训练的要点和要求，解释训练要点的含义，介绍如何达到训练要求的基本方法和途径。

香港教材的助读系统，每课设有"作者"、"题解"、"学习重点"、"预习"、"注释"等项目。

台湾教材的助读系统，每课设"题解"、"作者"、"注解"三项。

上海教材的助读系统立足于单元，而港、台教材的助读系统，着眼于"课"。上海教材的助读系统，较之港、台教材更侧重于训练和方法指导。

3. 知识系统

上海教材的知识系统分"文化常识"和"文言知识"两大块，其余的均有机地穿插在听说读写的训练过程中。"文化常识"设有12个专题，旨在扩大阅读面，提高文化素养。其分布为：

高一(上)：我国第一部诗歌总集——《诗经》、百家争鸣的结晶——先秦诸子散文

高一(下)：我国第一位伟大的爱国诗人——屈原、史家之绝唱——《史记》

高二(上)：中国古典诗歌的高峰——唐诗、光辉灿烂的古代科学文化

高二(下)：诗乐结合的奇葩——宋词、绵绵不断的中外文化交流

高三(上)：我国古代戏曲的双峰——元杂剧和明清传奇、色彩斑斓的画卷——古代游记

高三(下)：明清小说的四部长篇名著、雄健豪迈的近代爱国诗文

文言知识：主要安排在高三总复习，内容为文字、常用实词、常用虚词、词类活用、句式、断句等六项。

香港高中教材的知识系统不像初中教材那么明晰，除了"学习重点"中的知识之外，其余的均穿插于课文教学之中。

台湾教材也没有安排专门的知识系统，各种语文知识穿插在教学过程之中，这也与语文

课还上《中国文化基本教材》有关。

4. 作业系统

上海教材的作业系统分两大层次：一个层次为课文作业，一个层次为单元作业。课文作业又分讲读与自读两种。讲读课文之后有"思考与练习"，大多为五题。

一般地说，前三题主要是落实单元的要求，指导学生理解课文内容，并提供教学思路，后两题主要是检测基础知识或复习前面单元的训练内容和要求。自读课文的前面有三个左右的"自读思考题"，主要是落实单元要求和指导学生理解课文内容。

单元作业即"单元训练题"，主要是按单元要求进行综合的训练和检测，而且往往是几篇课文联系在一起进行思考和练习。最后一题是迁移性阅读和训练，一般从课外选一则材料，根据单元要求和其他基本能力的训练要求，设计题目，检测学生的迁移能力。

香港教材每课设置"问题讨论"、"应用练习"、"学习活动"、"课文总结"等项目，可视为作业系统，但是这些作业是不属于同一层次的。

台湾教材没有安排作业系统。

当然，比较研究法也有其自身的局限性。首先，比较研究法在具体运用中是有一定范围的，比较是有条件的，超出了规定的范围，不能满足比较的基本条件，比较是无效的。其次，比较得出的结论往往是相对的。这是因为任何比较只是拿所比较事物的一个方面或几个方面来相比，而暂时地、有条件地撇开其他方面。不仅如此，其研究结论往往是从比较分析的推论中得出的，其客观性还有待于实践证明并加以验证。最后，比较研究的成功除了依赖于比较材料的真实性和可靠性，还取决于研究者的理解力和洞察力。事实上，语文教育科学研究的过程，是多种研究方法综合运用的过程。只有把比较研究法与其他研究方法结合运用，才能真正认识和掌握语文教育的客观规律。

思考与练习

1. 什么是语文教育比较研究法？
2. 举例说明如何开展语文教育比较研究。
3. 请提供一份语文教育比较研究的提纲。

第十六章　语文教育行动研究方法

　　教育研究就其性质与类型来说,可有诸种不同的选择,每位教育研究者可以根据自己的意愿及主观与客观条件做出选择。正像不必强使教育科学研究者、规范教育哲学研究者解决学校教育中的具体实践问题一样,无须按照"教育科学研究"的一般标准苛求中小学教师的教育研究成果。相对说来,"教育行动研究"是比较适合中小学教师运作的一种教育研究范式。只是教育行动研究不等于教育行动本身,也不是关于教育行动的任何解释、感想、经验总结,都可算得上是教育行动研究,因为教育行动研究有一定的理论背景和规定性。[①]

第一节　语文教育行动研究方法概述

一、教育行动研究的缘起

　　"行动"和"研究",在西方社会科学工作者那里,是两个用以说明由不同的人从事的不同性质的活动的概念。"行动"主要指实践者、实际工作者的实践活动和实际工作;"研究"则主要指受过专门训练的专业工作者、学者专家对人的社会活动和社会科学的探索。最早把这两个词结合起来,表述为"行动研究"(Action Research)是20世纪三四十年代的事情。

　　"行动研究"一词有两个来源:一是1933—1945年间,柯立尔(Coller,J.)曾与同事共同研究如何改善印第安人与非印第安人之间的关系问题。他认为,研究的结果必须能为实践者付诸实用,并利用自己的经验进行检验,因而他鼓励实践者参与研究。他把这种实践者在行动中为解决自身问题而参与进行的研究,称为"行动研究"。另一是20世纪40年代,美国社会心理学家勒温(Lewin,K.)与他的学生一道,试图深入地研究人际关系,以提高人际关系的质量。勒温工作的一个重要方面,是关注社会冲突的实践背景,很多工作是与犹太人或黑人合作进行的。这些实践者以研究者的姿态,在研究中积极地反思和改变自己的境遇。1946年,勒温把这种结合了实际工作者智慧和能力的研究称之为"行动研究",并指出了行动研究的几个特征:参与、民主、对社会知识及社会变化同时具有的贡献。他还对"行动研究"本身进行了思考,用"计划"、"发现事实"或"监察"、"实施"、"评价"等字眼,把行动研究描述成一个螺旋状逐步行进的过程。

　　将行动研究法引入教育研究领域并推广运用的是前哥伦比亚大学师范学院院长考瑞

---

① 陈桂生:《什么是比较适合中小学教师运作的教育研究范式——"教育行动研究"要义》,《当代教育论坛》2002年9月创刊号。

(Corry，S. M)。在 1953 年出版的《改进学校措施的行动研究》中，他将行动研究法引入教育行政管理、课程、教学等各个方面，详细介绍了行动研究法的理论基础、特点、实施原则、程序和注意事项。埃里奥特(Elliott. J)和埃德蒙(Adelman. C)于 1973 年至 1976 年间在英国主持了 Ford teaching project(福德教师计划)。通过行动研究把教育理论和教学实践结合起来，推动了教育行动研究的发展。①

我国语文教育研究者从 20 世纪 80 年代开始提倡行动研究并将之引进语文教育领域。新一轮基础教育课程改革后，提倡教师成为研究型的教师。有学者提出，"比较适合中小学教师的教育研究范式，还是教育行动研究。"②许多语文教师积极运用行动研究的方法投身到教育科研之中。

二、语文教育行动研究的内涵

澳大利亚学者凯米斯(Kemmis)是《国际教育百科全书》中"Action Research"(行动研究)词条的撰写人。他主要从教育角度给行动研究下了个定义："由社会情景(包括教育情景)的参与者，为提高所从事的社会或教育实践的理性认识，为加深对实践活动及其依赖的背景的理解，进行的反思研究。"③凯米斯借鉴哈贝马斯关于"知识建构兴趣(knowledge‐constitutive interests)"的分类方式，将行动研究分为三种：技术性行动研究、实践性行动研究、解放性行动研究。④

行动研究法与其他研究方法的不同之处，不在于使用一套特殊研究技术。虽然，教育行动研究者有其常用技术，如书写与实践的特定方面有关的焦点日记(focused diaries)，将上课或集会时的言语干扰予以录音，在特定的课后和学生进行团体谈话，如此等等，但这些记录技术并无很特别之处。同样，资料分析技术(如言语干扰录音带或学生作业记录册等制作物的内容分析，不同的课堂事件相对发生频度的分析，或为了解释课堂内的环境、行动和影响的相互依存性，而对课堂记录作批判的——历史的分析)也并非行动研究法一家所独有。不过，一般说来，行动研究法用以生成和积累实践证据的技术，以及分析和解释证据的技术，确实与解释性研究者(人种志学者、个案研究者、历史学家，等等)所采用的技术更为相像，而不像实验——分析研究者所采用的技术(相关分析、比较实验，等)。其所以如此，主要因为研究的对象是行动(实践)，以及赋予这些行动以意义和重要性的观点和历史环境;行动研究的"对象"并不仅仅是行为。

"教育行动研究"中的"教育行动"由"教育行为"、"教育环境"及"教育行为主体对自身教育行为与教育环境的理解"三个要素构成。一是教育行为。教育行动首先是一系列连续的教育行为组成的。由一系列教育行为组成的教育行动，是教育工作有始有终的段落，以谋求一定的

① 张夺、史立平：《国外教育行动研究的发展趋势及启示》，《考试周刊》2008 年第 41 期。
② 陈桂生：《什么是比较适合中小学教师运作的教育研究范式——"教育行动研究"要义》，《当代教育论坛》2002 年 9 月创刊号。
③ Kemmis. S. Action Rsearch：《国际教育百科全书》，贵州教育出版社 1990 年版。
④ 高慎英：《教师成为研究者："教师专业化"问题探讨》，《教育理论与实践》1998 年第 3 期。

教育效果。二是教育环境。任何教育行为都是在一定环境中发生的，并受到它所依托的环境制约；人们又可以控制并利用环境改进自己的教育行为。三是教育行为主体对自身教育行为与环境的理解。为了改变教育行为，需要变革制约教育行为的环境；无论是教育行为的变化，还是教育环境的变革，都首先取决于教育行为主体对自身教育行为和所处教育环境的理解。

语文教育行动研究法是一种以语文教育实践工作者对自身教育行为和所处教育环境的理解为中心，以研究语文教育实践中的问题，进而改进语文教育实践的研究方法。

三、语文教育行动研究的特征

一般来说，教师对自己的教育行为与所处的教育环境都有一定的认识。只是教师难免受自己专业修养认识水平、价值观念的限制及习俗观念的影响，对自己教育行为及环境理解程度不同，也可能发生误解。因此，对语文教育行动研究，还可以围绕其以下"行动"特征进一步理解。

（一）从研究的目的看，是"为语文教育行动而研究"

传统上的教育研究目的在于发现普遍规律，是"为理论而研究"。这种研究的目的一方面使教育第一线中对教育最有发言权的广大教师望而却步，另一方面，又使美好的教育理论仅仅停留在文字记载。尽管有的人试图让教师成为使教育理论变成教育实践的中转站，但这种观点把教育理论与实践的关系估计得过于简单了。理论与实践的最好结合，要求行动与研究的密切结合。语文教育行动研究的根本目的不是为了语文教育理论上的产出和普通规律的发现，其中或许包含语文教师对自己教育经验的总结，只是这种总结是为了语文教育行动的改进、实践的改进，而不只是显示自己的成就和供别人参考。但这并不是说它轻视理论，而是它重在以先进的语文教育理论指导行动和实践的改进。

（二）从研究对象看，是"对语文教育行动进行研究"

教育行动研究是抓住教育行动中值得关注的对象作为研究的问题的。其他研究也会对行动进行研究，但它们没有教育行动研究这么专一。教育行动研究要分析问题之所在，提出解决问题的策略方法，最后达到解决问题，但是其他种类的研究往往只针对某一方面。有的只调查分析现状，有的可能还进一步提出解决问题的设想，但谁去解决问题，能否解决问题则不管。而语文教育行动研究要求把研究问题和解决问题结合起来，关注学生语文学习行动的改进，通过关注语文教师或其他学校教育人员教育行动的改进来实现学生语文学习行动的改进。

（三）从研究环境看，是"在语文教育范围之内的研究"

语文教育行动研究既不是在实验室里进行，更不是在图书馆里开展。语文教育行动研究的环境是语文教师工作于其中的实际环境。语文教师研究的是自己工作中涉及的具体人、事、物，其研究结果——问题的解决及由此得到的经验只限于自己特定的工作范围内有效，不一定能普遍应用。语文教师在自身的教育教学中发现问题，分析和研究问题，解决问题，从而改进自身工作，这把语文教育研究和语文教育行动结合起来。

（四）从研究人员看，是"行动者进行语文教育研究"

教育行动研究的主体构成主要有三种类型：一种是以教师或教师集体为代表的教育实际

工作者;第二种是教师与专业研究者;第三种是教师、专业研究者和行政人员以及其他社会人士。[①] 从教育实践研究的角度,起核心作用的是教师。开展语文教育行动研究的人就是语文教师。语文教师为了从根本上提高教育成效和自己的专业水平,自觉地研究自己的教育行动,即对教育行动中连续的教育行为及其环境,不断进行观察和分析,澄清对教育行为及环境的认识,及时改进教育工作,积累日常教育成效,而使整个教育行动最终取得良好的成效。语文教师一边工作一边研究,研究的结果又运用于改进自己的工作,从而把探索研究结果与运用研究结果结合起来,研究结果的产出者和应用者同集于一身,这比起其他种类的研究来说是绝无仅有的。

（五）从语文教育行动研究进程和方法看,是"边行动边调整"

语文教育行动研究要通过研究者行动上的干预来达到对对象的改变。行动干预的进程和方法没有一个严格的程序,也无法预先完整地设定。它具有弹性或动态性,由研究者根据情况边实践边修改。因此它要求语文教师要有对实践问题的敏感能力、适时调节研究方法或侧重点的应变能力。这类似于中医治病,通过病人吃药后的反应和变化,多次调整处方,最后达到治愈的目的。

（六）从语文教育行动研究结果看,是"行动的改进和发展"

语文教师为了改进自己的教育行动而进行的研究,这种研究的成果,主要不是漂亮的文章,而是教育行动的成效。语文教育行动的改进和发展具有双重含义。一是学生语文学习行动的改进和发展:学习行为、品德行为、社会性行为;二是语文教师教育行动的改进和发展:语文教师获得专业知识和能力的提高。正因如此,近年来语文教育行动研究作为一种语文教师专业发展的途径越来越受到人们的重视。

从以上分析,我们可以看到,与其说语文教育行动研究是一种研究方法,倒不如说这是一种研究形式。

第二节 语文教育行动研究方法的运用

一、语文教育行动研究的结构要素

语文教育行动研究不一定需要在全校范围内进行,实际上,它主要由教师个人或教师团队在班级中开展,多采用非正式的方式来开展。我们以美国一位语文教帅的行动研究为例对语文教育行动研究进行要素分析。森特（Senter）小姐是一位语文老师,她试图通过行动研究在自己的教学中引入有关幻想的内容。[②]

（一）兴趣与需要

对于作为文学基本要素的幻想,森特（Senter）小姐非常感兴趣,并希望在自己的教学中引入有关幻想的内容。她相信一些关于魔法的小说激起了相当多青少年读者的兴趣,她认为可

① 鞠玉翠:《行动研究何以联结教育理论与实践》,《山东教育科研》2002 年第 7 期。
② ［美］C. M. Charles 著,张莉莉等译:《教育研究导论》,中国轻工业出版社 2003 年版,第 247—249 页。

以利用这种兴趣来鼓励学生们阅读更多的书籍,并对幻想加深了解。

(二) 信息与资源

森特小姐向其他文学教师征求意见,但很快就发现要完成这个项目还得靠她自己的主动性和积极性。她跑到图书馆,在那里找到了一些有关幻想在文学和现实生活中的作用的文章,这些文章进一步坚定了她的信心。凭借自己以往对书籍的了解,她确定了幻想单元的核心阅读材料。

虽然可以在科幻小说中直接找到现成的教学内容,但森特小姐发现,目前还没有单纯针对幻想的教学材料,因此她决定编写一套长达 9 周的幻想教学指导单元,将它作为她所在学校 11 年级文学课程的主要内容。

森特小姐最终将下列内容列为她教学单元中的主题:

(1) 幻想是一种独特的文学形式,它强调想像和魔法,常常出现在小说中充满想象的故事情节当中;

(2) 幻想小说与其他形式的小说有共通之外,如人物、环境、情节和主题;

(3) 幻想小说有两个或多个内涵;

(4) 小说发展的顺序:开场、发展、高潮、结局。

(三) 目标与活动

作为学生活动的基础,森特小姐选择了三部所谓的幻想小说,它们是:由圣埃克佩里(Antoine de Saint – Exupery)写的《小王子》(*The Little Prine*),由吉恩(Ursula Le Guin)写的《海洋中的男巫》(*A Wizard of Earthsea*)以及由麦卡弗里(Anne McCaffery)写的《飞龙》(*Dragonf light*)。

森特小姐希望通过该项目达到下列目标:

(1) 知道什么是幻想;

(2) 给定三部小说,找出幻想小说的基本特征;

(3) 在给定的三部小说中,找到至少两层涵义;

(4) 总结三部幻想小说中的情节是如何发展的;

(5) 描述三部幻想小说中的主题;

(6) 能够对以下名词做出解释:主角、对手、原型、隐喻、倒叙;

(7) 批判性地分析作为一种文学形式的幻想。

森特小姐给每一部幻想小说都设计了许多特殊的活动,例如就《小王子》这部小说来说,活动如下:

阅读:(1)《小王子》;(2)关于作者的传记;(3)有关这部小说的简介和评论。

观看:(1)电影《小王子》;(2)故事发生地的地图。

聆听:(1)小说的片段。

写作:(1)小说情节概述;(2)简要描述小说中你最喜欢的一个人物;(3)为故事设计一个不同的结尾。

讨论:(1)幻想小说的情节和人物特征;(2)幻想小说的情境;(3)小说中涵义的层次;(4)小

说中的特殊事件。

创作:(1)体现小说主题的张贴画;(2)表现小说情景的拼贴画。

(四)监控与改进

森特小姐在其教学过程,随时关注进展情况,项目的哪些方面实施得比较好,哪些方面还有不足,她都一一记录下来。碰到的问题包括:学生抱怨三部小说太多了,而且《小王子》显然是一本儿童读物。同时森特小姐也注意到,当学生们在小组中做交流和讨论时,总是爱跑题,行为上也比较散漫,而且浪费了很多时间。于是,森特小姐重新审视了一个这个项目,去掉了所有针对《小王子》这部小说的教学活动,还有上课前精心策划小组讨论,使讨论程序更清楚具体。森特小姐也让学生有更多的时间在规模小的小组中,直接在教师的指导下完成作业,因为学生似乎比较喜欢这种方式。

(五)评价与反思

森特小姐为所有的学生都准备了三部小说的复制版本,她还准备了学习指南,设计了考试来评价学生的学习。此外,她还为不同年级的学生制定了不同评价标准,并为所有学生提供相应的帮助。森特小姐还准备就行动研究的长期成效进行反思。

二、语文教育行动研究的一般程序

(一)找到语文教育行动研究的起点

在行动研究中,起点是一个发展的远景。教师要在自己认为重要的领域中,或者迫切需要解决的问题中寻找自己的研究起点,并以此来推进自己的工作和能力发展。

通常有三种研究的起点:

(1)一个兴趣。例如,尝试一种新的写作教学想法,开发一种新的阅读学习活动方法,或以更周到或高效的方式来处理平时的语文教学例行工作。

(2)一个困难。例如,要改善一个困境,解决一个问题,或弥补一个缺失(如语文教材中遗漏的内容或不足等)。

(3)一种不明的情况。语文教师常因一些大大小小的"疑惑"而开始他们的研究,通常是缘于课堂上的意外与无法解释的体验,这些意外与体验可以看作是进行语文教育行动研究、发展语文教学策略的一个有用的起点。

(二)规划语文教育行动研究的过程

1. 一般教育行动研究程序

第一个环节是"计划",也是理智的工作过程的第一环。

"计划"环节包含三个方面的内容和要求。计划始于解决问题的需要和设想,设想又是行动研究者(行动者和研究者)对问题的认识及他们掌握的有助于解决问题的知识、理论、方法、技术和各种条件的综合。计划还需以大量的"勘察",即发现事实和调查研究为前提。

计划包括"总体计划"和每一个具体行动步骤的计划方案,尤其是第一、第二步行动计划。计划必须有充分的灵活性、开放性。人们对问题的认识需要逐渐深入,计划时必须考虑和包容已知的制约因素、矛盾和条件,又要允许不断地修正计划,把意料不及、未曾认识和在行动中显现出的各种情况和因素纳入计划。在这个意义上说，计划是暂时的、开放的、承担着一定风险和试验性的，是允许修正、变更的，即研究者不仅可以依据逐步深入的认识和实际情况修改总体计划，而且可以更改研究的课题。

第二个环节是"实施"，即实施计划，是指按照目的和计划行动。

在行动研究中，实施行动应该是行动者在获得了关于背景和行动本身的信息，经过思考并有一定程度的理解后，有目的、负责任，按计划采取的实际步骤。这样的行动具有贯彻计划和逼近解决问题之目标的性质。实施计划的行动又是重视实际情况变化，重视实施者对行动及背景的逐步加深的认识，重视其他研究者、参与者的监督观察和评价建议，行动是不断调整的。所以行动又是灵活的，包含着行动者的认知决策。

第三个环节是"观察"。

在行动研究中，观察既可以是行动者本人借助于各种有效手段对本人行动的记录观察，也可以是其他人的观察，而且多视角的观察更有利于全面而深刻地认识行动的过程。观察主要指对行动全过程、结果、背景以及行动者特点的观察。由于社会活动，尤其是教育活动受到实际环境中多种因素的影响和制约，而且许多因素又不可能事先确定和预测，更不可能指望全部控制。因此，观察在行动研究中的地位就十分重要了。在行动研究中，观察是反思、调整计划，是确定下一步行动的前提条件。

第四个环节是"反思"。

反思是一个螺旋圈的终结，又是过渡到另一个螺旋圈的中介。反思这一环节至少包括：整理和描述，即对观察到的、感受到的与制定计划、实施计划有关的各种现象加以归纳整理，描述出本循环过程和结果，勾画出多侧面的生动的行动过程；评价解释，即对行动的全过程和结果做出判断评价，对有关现象和原因做出分析解释，找出计划与结果的不一致性，从而形成基本设想总体计划和下一步行动计划是否需要修正，需作哪些修正的判断和构想。

2. 语文教育行动研究

在语文教育过程中教师如何进行行动研究，我们以《资讯融入语文领域之行动研究》[①]为例，来观照语文教育行动研究的过程。

（1）问题背景与研究动机

语文教育目的在使学生能用语文表情达意，扩充经验，发展思维。语文能力的培养，必须经过大量阅读、反复练习、实际应用、自我修正的历程才能达到精熟正确的阶段。然而，因生字教学的教学时间相对性减少，学童到了高年级时，写字能力普遍低落许多，这样的语文能力着实令人担忧。

基于信息融入教学的优点及研究者在语文科教学现场中所碰到的困境，我国台湾地区武林国民小学易谙峥、谢伶芬于 2001 学年度下学期，着手自编一套交互式生字教学教材，探讨信息融入生字教学对学童语文程度提升之效能，以作为其他教师实施语文领域中生字教学的

---

① 易谙峥、谢伶芬：《资讯融入语文领域之行动研究——资讯融入生字教学对学童语文程度提升之效能》，http://www.tpde.edu.tw/temp/files/board/91。

参考。

（2）研究范围

本行动研究第一阶段之实施日程为 2001 学年度下学期期中考结束后至期末考前,为期约两个月。第二阶段实施日程自 2002 学年度上学期开学至第一单元结束后,为期约一个半月。此时原研究观察对象已自三年级升上四年级;所使用之语文教材由康轩版教材更换为南一版教材(此为本校教科书公开评选之后的结果)。

（3）研究步骤

在研究历程中,实施过程分为计划、行动、观察、反省等四个步骤。

第一步:计划。

当问题发生后,广泛搜集国内外相关文献资料,并做综合整理归纳分析。

根据文献探讨结果与教学现状评估,拟定各项研究工具的架构与内容。

根据该学年度所决定的语文科教材,着手编写交互式网页教材。

准备研究过程中所需之表格文件及问卷,以作为教学纪录及施测之用。

第二步:行动及观察。

学童于课前预习生字新词,并回复于讨论板上。课后学童填写《学生学习卷宗(上机记录)》。

透过网页互动性教材,进行生字教学活动。课后教师填写《教学日志》;学童填写《学生学习卷宗(课堂记录)》;观察员随堂填写《观察员手札》。

给予充足时间,辅导学童于在线进行课程复习及自我学习评量。并于自我学习评量完成之后,请学童填写《学生学习卷宗(上机记录)》。

于单元学习结束之后,实施形成性评量,并定期举行总结性评量。

于每阶段学习历程结束时,分别请学生、家长填答实施问卷。

回收、整理、分析各学生学习卷宗、观察员手札、教学者日志。并运用 SAS 计算机统计软件包针对问卷及测验成绩进行统计分析。

第三步:反省与修正。

分析学生识字能力、语文程度及参与度是否因信息化教学而有所改变。

分析研究前后学童学习成就之差异性及研究施行的优点。

做教学反省与修正,并完成研究报告。

第四步:于校内实施教学演示,及研究结果的研讨和分享。

（4）学习成效相关分析与讨论

一是就参与讨论人数而言。不论从个别发表机会或讨论板上的响应人数来看,相较于之前的教学方式,课堂参与讨论人数皆可见明显增加许多。

二是就作业表现而言。学童易错字的书写错误比例经由下降至维持平稳,足见在新的教学方式之下,因其参与度提高,学习动机增强,连带的也降低易错字书写错误比例。

三是就总结性评量而言。虽然在第一阶段中,A 班的期末测验成绩分布离散情形明显变小;在第二阶段中,A、B 两班之学年排名略有提升,但 A、B 两班学童之学习成就并未有显著的进步。

（5）未来研究建议

一是未来研究上，取样可扩大范围至四或五个班群的学生，以进一步验证信息多媒体融入语文生字教学的各项成效。

二是语文能力之养成并非一朝一夕，研究时程应有长时间的观察与记录，方为适宜。

语文教育行动研究的过程与一般教育行动研究程序并无太大差别，只不过需要根据行动研究的内容与目标要求做些适当调整，因此，语文教师需要掌握一般教育行动研究的操作程序，并在此基础上选择行动研究的策略。

（三）形成语文教育行动研究的策略

我们以一位中学老师《教学行动研究在中学语文阅读教学中的应用》[①]来谈语文教育行动研究策略的选择。

1. 发现问题

教师进行教育科研，要能及时捕捉教育教学过程中发生的问题。如在中学阅读教学中，大多数学生表现出对阅读的文章不感兴趣，阅读速度慢，理解有偏差，表达时词不达意等现象，而且有随着年级的增长而越来越严重的趋势。同时也影响了学生其他学科的学习与提高。

2. 表述问题

仅仅意识到问题还不够，还应该将问题明确化、具体化。将发现的问题分解为容易解决的子问题之后，进行问题解决才能收到良好效果。通过学生上课的表现，结合阅读练习分测验，我们分析出现上述问题的原因有以下几点：学生对目前的阅读文章不感兴趣；学生基础词汇（核心词汇）掌握不牢固，语言材料贫乏，语感差；学生在回答问题时存在着心理问题，诸如畏难情绪、惧怕教师等；教师在教学中过分注重讲解，学生缺乏相应的训练，没有掌握相应的阅读技巧；学生阅读量偏少，对阅读所需要的背景文化知识缺乏了解，各科知识的融会贯通能力差。

3. 计划与行动

在实践中，教师容易凭自己的经验和感觉进行研究，这样做既会使研究没有理论深度，也容易使研究中途夭折。通过查阅文献，可使问题进一步明确化。教师制定研究计划时应与参加研究的人员仔细讨论，从解决问题的需要出发，列出总计划和各个阶段的分计划，同时包括遇到各种可能情况时的应变措施。该教师在查阅文献的基础上，与研究人员、学生讨论之后，制定并实施如下研究计划：

（1）掌握核心词汇，扩大词汇量

尽管是母语教学，学生对核心词汇的掌握也存在很多问题。掌握不牢固，运用不熟练，以致出现不能准确识文断句，把握不准句意，表达不清也就不足为奇了。针对这种情况，在教学中，教师采用了多读多背的读书方法，培养学生的语感，使学生掌握核心词汇，增加词汇量；同时借助于作文教学、课堂教学中的准确表达，锻炼学生的准确理解与准确表达的能力。词汇的多彩常可以反映出思维的多彩。

---

① 顾卫：《教学行动研究在中学语文阅读教学中的应用》，《阅读与鉴赏（教研版）》2006 年第 12 期。

语文教育研究方法

（2）结合讲读篇目，培养阅读能力

应该说课本上的文章是很好的阅读分析材料，倘若能够充分利用，学生的阅读分析能力的培养与提高应不成问题。但是由于种种原因，很少有学生达到了教学大纲所规定的要求。针对此问题，教师在教学中放弃追求速度的想法，结合学生实际，对学生进行阅读能力的培养，诸如通过对段首句的把握来概括段意，通过抓住阅读引导来把握文章的大意与结构，及时对学生的回答进行引导纠正并使之回答完整，等等。在语言教学中，还应注意一点就是语言习惯的形成离不开训练，大量的有梯度的训练显然会对阅读教学大有裨益。

（3）提供背景材料，促进知识融合

阅读的不准确与学生的掌握的背景材料知识结构有很大关系，诸如作者经历，文章中所涉的各国的历史文化背景，以及其他学科知识与常识。提供背景材料有助于学生的阅读，可以使阅读更为准确，同时可以拓宽学生的知识面，促进学科知识的融合，也为今后的其他各科的提高打下一个良好的基础。

（4）根据学生兴趣，选择阅读篇目

教科书中所选择的篇目真正受学生欢迎的很少，在目前教师对此现状很难改变息，知识陈旧，阅读篇目难、繁，不便阅读。在目前，教师对此现状很难改变。但教师可以改变的是在选择课外阅读篇目时完全可以根据学生的特点和兴趣来进行选择。教师可以选择学生喜欢的材料，选择适合学生的材料，同时要注意阅读材料的难度与梯度。

4. 评估与改进

评估一定要及时，根据评估结果适时调整方案。在本案例中，该教师在边调查、边反思、边调整中，经过跟踪调查，发现学生的学习积极性有了明显的提高，学习的方法与技巧也有了明显的进步，能力与成绩也较往日有了明显的进步。评估主要从学生学业成就方面展开：

（1）学生的阅读兴趣

学生阅读兴趣的提高是语文教学效果显著的一个明显特征。课堂教学中学生不再视阅读为畏途。有学生说："这样的阅读使我懂得了许多知识，我觉得越读越有兴趣，我喜欢阅读。"随着阅读的深入，教材中的文章在许多学生眼里也不再枯燥乏味，几乎每一课都能听得有滋有味。学生的表达能力也有了提高，文章写得流畅简洁，不时闪现出思想的火花。此外，学生的其他各科成绩也有了提高，形成了一种良性循环。

（2）学生的自信心

学生的阅读能力的提高对学生的学习产生了积极的影响。学生的学习自信心在课堂教学中体现得尤其充分，学生思维积极，发言踊跃，不时闪现出创新思维的火花。学生的交往自信心在生活中也有积极的体现，他们能很好地表达自己的意愿。随着能力的增强，又促进了自信心的提高。

（3）学生的理解能力

阅读理解能力的提高表现在能够把握文意，突出的表现是在阅读文章时能够快速找到关键词、关键语句，并且在表达时，思路清晰，分析有理有据，语言简洁流畅明了。阅读能力提高的效果不仅体现在语文这一门功课上，而且还表现在其他科目上。经常有其他学科的老师反映说某某学生的领悟能力好,领悟能力有提高,这种情况也应归功于阅读能力的提高。

（4）阅读技巧的提高

阅读技巧的提高包括两个方面：一是阅读速度的提高；二是阅读方法的熟练应用。行动研究者发现在以往的阅读中,学生有很多不良习惯。如：习惯于逐字逐句的阅读,习惯于阅读时念念有词,这严重影响了阅读速度。阅读教学中强调多读,强调改变不良的阅读习惯。于是采用多种方式来训练学生的阅读技巧,提高阅读水平,例如范读、演讲比赛等手段。强调背诵,强调语感训练,这些措施对阅读速度的提高也起了相当大的作用。在教学中介绍了一些读书方法,比如,整体性阅读方法,从完整的篇章内容去把握全文而不是逐字逐句去阅读。有学生说："我按照书上的方法,在阅读时把注意力放在对理解内容起关键作用的某些关键词或关键句上,从而掌握了全文。"

（5）教师的自身收获

教学行动研究对学生的学习产生了积极影响,这种教学过程使学生感到了学习的必要性,从而主动参与到学习中去,更有效的是学习行为发生变化。这种教学过程从实践上验证了反思性教育理论的理论基础。教师也在实践中增强了自我意识,在实践中学习了理论,提高了能力。教学行动研究是一个循环反复的过程。在评价教学行动结果之后,还必须在前面分析评价的基础上重新确定教学问题,以便进行下一轮的研究,从而达到教学效果的最优化。

5. 总结与反思

通过总结与反思,继续"行动"与"研究",发现新的问题,开始新一轮的研究。行动研究就是这样一个循环往复、螺旋上升的动态过程。

三、语文教育行动研究的注意事项

第一,对语文教育教学要有敏锐的问题意识。教师可以通过以下途径提高对问题的敏感性：无中生有,有中生新,如开展语文合作学习行动研究,质疑语文合作学习的意义与教育价值,语文合作学习的形式与内容有哪些,语文合作学习的现状与效果如何；化熟悉为新奇,对熟悉的各种语文教学方法与规则,如口语交际内容、阅读指导方法、作文评改形式等,重新审视,或赋予其新的意义；改造已有问题,如重新审视语文教科书中的练习、作业,从不同角度再提出新问题；从反面看问题,如一般人都认为议论文是以理性分析为主的文体,是否能以情感感悟为主组织语言学习活动,能否以理性分析的方式学习散文的语言。

第二,要有进行科学研究的意识,并掌握一定的方法。学校可以为教师安排相关讲座,教师可以阅读教育研究方法方面的书籍等。

第三,养成随时收集资料的习惯。尽可能使用、分析第一手资料,所听、所闻、所想、所感,都可做资料。

第四,树立反思意识,养成反思习惯。语文教师的工作就是由一个又一个的语文教育教学行动构成的。这些行动有些是有意识、有计划、有明确目的的,有些则是无意识、偶然的、随机的,而且由于学校工作的标准化、程式化,教师的许多教育教学行动甚至是不需要考虑的"惯性动作"或"机械操作"。当语文教师的职业生活被这些大大小小、有意无意的行动填满了的时候,便无暇深虑或忽视了这样一些问题:繁忙行动背后隐藏的教育真谛是什么？行动的理由和动机都是合理的吗？我应该怎么做？我还能做什么？怎样使行动的效率、效果、效益更好、更大、更有创造性？若要回答和解决这些问题,语文教师就需要对自己的教育行动进行一番研究,或者说使行动接受研究的监督和指导。如果这样做了,我们就已经打开了行动研究的大门。

思考与练习

1. 什么是语文教育行动研究法？
2. 举例说明如何开展语文教育行动研究。
3. 语文教师如何具备行动研究的能力？

参考文献

1. 叶澜、施良方选编:《教育研究方法》,人民教育出版社 1988 年版。

2. 陈波等编著:《社会科学方法论》,中国人民大学出版社 1989 年版。

3. 赫德元、周谦编译:《教育科学研究法》,教育科学出版社 1990 年版。

4. 董奇著:《心理与教育研究方法》,广东教育出版社 1992 年版。

5. 裴娣娜著:《教育研究方法导论》,安徽教育出版社 1995 年版。

6. 叶澜著:《教育研究方法论初探》,上海教育出版社 1999 年版。

7. 袁振国主编:《教育研究方法》,高等教育出版社 2000 年版。

8. 郑金洲编著:《案例教学指南》,华东师范大学出版社 2000 年版

9. 杨小微主编:《教育研究的原理与方法》,华东师范大学出版社 2002 年版。

10. 陈向明著:《质的研究方法与社会科学研究》,教育科学出版社 2002 年版。

11. 温忠麟主编:《教育研究方法基础》,高等教育出版社 2004 年版。

12. 杨小微主编:《教育研究方法》,人民教育出版社 2005 年版。

13. 华国栋主编:《教育研究方法》,南京师范大学出版社 2005 年版。

14. 朱德全主编:《教育研究方法》,重庆出版社 2006 年版。

15. 陈时见主编:《教育研究方法》,高等教育出版社 2007 年版。

16. 孙菊如等编著:《学校教育科研》,北京大学出版社 2007 年版。

17. 陈桂生著:《教育研究空间的探求》,福建教育出版社 2007 年版。

18. 杨小微主编:《教育研究的理论与方法》,北京师范大学出版社 2008 年版。

19. 郭根福著:《小学语文教学科学研究方法》,广西教育出版社 1991 年版。

20. 董菊初著:《语文教育研究方法学》,语文出版社 1998 年版。

21. 朱绍禹著:《语文教育科研导引》,东北师范大学出版社 2001 年版。

22. 张孔义、方龙云著:《语文教育科研导论》,浙江大学出版社 2003 年版。

23. 李海林著:《语文教育科研十讲》,浙江教育出版社 2005 年版。

24. 张家胜编著:《语文教育研究导论》,科学普及出版社 2007 年版。

25. 魏本亚著:《语文教育研究方法论》,高等教育出版社 2008 年版。

26. 倪文锦、欧阳汝颖主编:《语文教育展望》,华东师范大学出版社 2002 年版。

27. 张中原、徐林祥主编:《语文课程与教学论新编》,江苏教育出版社 2007 年版。

28. 徐林祥主编:《历史追问:语文教育发展篇》,山东教育出版社 2008 年版。

29. ［美］威廉·维尔斯曼著,袁振国主译:《教育研究方法导论(第六版)》,教育科学出版社

1997 年版。

30. ［美］梅雷迪斯·D·高尔等著,许庆豫等译:《教育研究方法导论(第六版)》,江苏教育出版社 2002 年版。

31. ［美］C. M. Charles 著,张莉莉等译:《教育研究导论(第三版)》,中国轻工业出版社 2003 年版。

32. ［美］理查德·沙沃森、丽莎·汤编,曹晓南等译:《教育的科学研究》,教育科学出版社 2006 年版。

33. ［美］乔伊斯·P·高尔等著,屈书杰等译:《教育研究方法实用指南(第五版)》,北京大学出版社 2007 年版。

34. ［美］罗伯特·C·波格丹等著,钟周等译:《教育研究方法:定性研究的视角(第四版)》,中国人民大学出版社 2008 年版。

35. Anselm Strauss Juliet Corbin. *Basics of Qualitative Research：Grounded Theory Procedures and Techniques*, Newbury Park：Sage Publications, USA, 1990.

36. Joseph Maxwell, *Qualitative research Design*, Newburk Park：Sage Publications, USA. 1996.

后　记

　　我国自 1996 年设置教育硕士专业学位，1997 年教育硕士专业学位正式招生，至今已有十多年的发展历程。然而与之颇不相称的是，至今还没有一套完整的语文学科教学教育硕士专业学位研究生教材。2008 年 7 月，华东师范大学出版社组织召开语文学科教学教育硕士专业学位研究生教材编写研讨会，自然得到了各教育硕士研究生培养单位的响应和支持。本书即是根据这次会议的分工，专门编写的语文学科教学教育硕士专业学位研究生教材。2009 年，本书又列为扬州大学出版基金资助的研究生教材。

　　其实，"语文教育研究方法"，不但以此为名的研究生教材至今还没有，而且与此相关的研究著作与通俗读物也少得可怜。这与语文教育改革和发展的形势、与语文学科教育科学研究的需要，也是颇不相称的。为此，我们设想做成一本既能适应语文学科教学教育硕士专业学位研究生教学需要的教材，又能给一般语文教育工作者从事语文教育科学研究作参考的读物。

　　本书由徐林祥、屠锦红、乔晖、许艳共同编写。在编写过程中，我们曾参考了国内外教育研究方法乃至语文教育研究方法方面的论文著作，以及语文教育研究的案例，其中主要的参考文献已附于书后，在此，我们谨向这些论著和案例的作者表示衷心的感谢。

　　著名教育学家、首届全国教育硕士专业学位教育指导委员会委员兼秘书长、北京师范大学博士生导师裴娣娜教授审阅了全部书稿，并专为本书作序，不仅对本书给予了肯定，而且对如何开展语文教育研究提出了宝贵的指导性意见，在此，我们特别要向她表示衷心的感谢。

　　教材的编写是一项系统工程，需要编写者沟通合作；教材的编写又是一个动态过程，更需要编写者精益求精。由于编者水平有限和编写时间仓促，书中一定存在不足之处。我们真诚期望相关专家和广大读者，特别是使用本书的师生批评指教，以便在本书修订时得到改正，使之日趋完善，适应语文教育科研和研究生教学的实际需要。

徐林祥

2009 年 8 月 3 日

语文教育研究方法